LILLY SINGH

COMMENT DEVENIR LA MÉGABOSS DE TA SUPER VIE

#AM

COMMENT

MÉGA

DE TA

LILLY

DEVENIR LA BOSS SUPER VIE

SINGH

Traduit de l'anglais (canadien)
par Anaïs Maniaval

CRÉDITS PHOTO

Adam Bettcher/Getty Images for WE, WE Day Minnesota, 2016 (p. 59), Scooter Braun (p. 292), Danielle Levitt (pp. i, vi, 2, 8, 14, 20, 26, 32, 38, 44, 50, 56, 62, 68, 80, 88, 94, 100, 106, 112, 118, 122, 128, 134, 140, 146, 152, 158, 164, 170, 176, 184, 190, 196, 202, 208, 214, 222, 228, 232, 238, 244, 250, 260, 266, 272, 276, 282, 288, 294, 300, 306, 320), Lilly Singh (pp. 71, 83, 92, 110, 155, 174, 211, 242, 246, 314), avec l'aimable autorisation de la Maison-Blanche (p. 155)

Titre original :

HOW TO BE A BAWSE

(Première publication : Ballantine Books, un label de Random House, un département de Penguin Random House LLC, 2017)

À LA PERSONNE

QUE J'ÉTAIS

IL Y A SIX ANS.

JE T'AVAIS DIT

DE

T'ACCROCHER.

MERCI DE M'AVOIR ÉCOUTÉE.

SOM
MÉGA
BOSS

MAIRE

PARTIE 1
MAÎTRISE TON ESPRIT

1 JOUE À LA CONSOLE 3
2 À LA CONQUÊTE DE TON ESPRIT 9
3 UNE PART DE MYSTÈRE 15
4 SORS DE TA ZONE DE CONFORT 21
5 MOINS D'ÉMOTIONS 27
6 NE RÉFLÉCHIS PAS TROP 33
7 FAIS TON AUTOCRITIQUE 39
8 CREUSE EN PROFONDEUR 45
9 PRATIQUE LE SELF-CONTROL 51
10 AU-DELÀ DE LA SURVIE 57
11 L'AMOUR, TOUJOURS 63
12 APPUIE SUR « PAUSE » 69
APRÈS LA PLUIE 76

PARTIE 2
BOSSE

13 TIENS TES ENGAGEMENTS 81
14 DIS NON AU FOMO 89
15 PROGRAMME TON INSPIRATION 95
16 RÊVE TA VIE 101
17 VISE HAUT 107
18 LE MYTHE DE L'ALPHABET 113
19 UN GESTE VAUT MILLE MOTS 119
20 APPRENDS LES RÈGLES DU JEU 123
21 GRAVIS LES ÉCHELONS 129
22 UNE MARCHE APRÈS L'AUTRE 135
23 FIXE-TOI DES DÉLAIS 141
24 ÇA PASSE OU ÇA PASSE 147
25 LA CARTE DU SUCCÈS 153
26 BOUGE ! 159
27 ÉLIMINE LE STRESS 165
28 RECYCLE TES ÉCHECS 171
29 UNE AUTRE ÉCHELLE 177
APRÈS LA PLUIE 180

PARTIE 3
ATTIRE L'ATTENTION

30 TU N'ES PAS UN TICKET DE MÉTRO 185
31 PROTÈGE TA VISION 191
32 SOIS LA PLUS BÊTE 197
33 INVESTIS DANS TA PERSONNE 203
34 BYE BYE, LE PROTOCOLE ! 209
35 DU CHARISME 215
36 DIS CE QUE TU PENSES 223
37 NON, TOUT LE MONDE NE TE DÉTESTE PAS 229
38 LE SENS DES PRIORITÉS 233
39 SOIS ABSOLUMENT TOI-MÊME 239
40 JEU DE MAINS, JEU DE MALINS 245
41 TON EX N'ÉTAIT PAS LA PERSONNE QU'IL TE FALLAIT 251
APRÈS LA PLUIE 256

PARTIE 4
SOIS UNE LICORNE

42 TU ES UN CAMÉLÉON 261
43 BOUCHE COUSUE 267
44 UNE FORCE QUI TE DÉPASSE 273
45 NE PORTE PERSONNE 277
46 DES VALEURS, PAS DES HOBBIES ! 283
47 SOIS SYMPA 289
48 METS EN AVANT CE QUE TU AIMES 295
49 DE LA GRATITUDE 301
50 SOIS SYNCHRO 307
APRÈS LA PLUIE 312

Introduction X >
Règles de lecture XIV >
Conclusion 315 > Remerciements 316 >
L'auteure 319 >

MΜ%@E ALORS, J'EN REVIENS PAS : J'AI ÉCRIT UN LIVRE !

INT

Hum. Pardon, je rembobine. Salut ! Moi, c'est LILLY… Et Mµ%@E ! J'ai écrit un livre ! Si tu lis ces lignes, c'est sûrement pour l'une des TROIS raisons suivantes :

1 TU REGARDES MES VIDÉOS YOUTUBE et tu me connais en tant que Superwoman. Si c'est le cas, merci de me soutenir en dehors de la sphère virtuelle et de m'avoir laissée traverser l'écran pour arriver jusque chez toi, un peu comme cette meuf ultra-flippante dans *The Ring*. D'ailleurs, maintenant que j'y pense, on a un peu la même chevelure, elle et moi, donc je te prie de m'excuser pour cette comparaison effroyablement pertinente. *SEPT JOURS !* Oh, ça va, on peut rigoler.

2 TU AS TROUVÉ CE LIVRE dans la chambre de ta fille. Ta curiosité a été piquée et tu veux t'assurer que mes écrits ne vont pas pervertir ton bébé d'amour. T'inquiète ! Ce livre est 100 % familial et contient juste ce qu'il faut d'impertinence. Mon but, c'est d'encourager ta petite chérie à travailler dur et à accomplir de grandes choses. Je serais toi, j'en achèterais même trois exemplaires de plus que je laisserais en évidence un peu partout dans la maison, au cas où…

3 TU N'AS PAS LA MOINDRE IDÉE de qui je suis ou tu as juste vaguement entendu parler de moi. Aucun problème. Tu cherches peut-être à devenir une mégaboss ou simplement à donner du peps à ton quotidien.

RODUCTION

Dans tous les cas, je suis bien contente que tu sois là. Merci pour ton temps (précieux) et ton argent (durement gagné). Pour ceux qui ne me connaissent pas, je publie des vidéos YouTube drôles et inspirantes. Je suis également diplômée en psychologie, je milite pour l'égalité des sexes, je suis une sœur, une fille, une licorne, une rappeuse à mes heures perdues et, désormais, une auteure.

Ces dernières années, j'ai vécu des choses incroyables : j'ai embrassé Seth Rogen alors que j'étais déguisée en ma propre mère, j'ai vu mon visage apparaître sur les écrans géants de Times Square et j'ai aidé à scolariser des jeunes filles au Kenya. J'ai toujours voulu écrire un livre, mais je voulais attendre d'avoir vraiment des choses à dire pour le faire. Bon, ne t'inquiète pas, ce ne sont pas non plus mes Mémoires que tu tiens entre tes mains – je ne suis ni assez vieille ni suffisamment sage pour ça ! –, plutôt une sorte de recueil de toutes les leçons que j'ai apprises et dont je veux te faire profiter. C'est grâce à elles que je suis devenue une *mégaboss*. Qu'est-ce qu'une mégaboss, me diras-tu ? Excellente question !

Une mégaboss, c'est comme une boss, mais en carrément mieux. C'est pour ça que j'ai ajouté « méga » devant. Le mot *boss*, en anglais, au sens strict, ne s'applique qu'au milieu professionnel. Mais une mégaboss, excelle à la fois dans son travail et dans sa vie personnelle. Elle respire la confiance, attire l'attention, sait se remettre des coups durs, communique efficacement et est constamment proactive. J'espère que ce livre réveillera la mégaboss qui sommeille en toi et te donnera les outils nécessaires pour prendre les commandes de ta vie au lieu de la regarder défiler.

Ce livre est divisé en quatre parties, chacune constituée de chapitres où j'expose une leçon que j'ai apprise et où j'explique comment tu peux l'appliquer à ta propre situation. À la fin de chaque partie, tu trouveras une section intitulée « Après la pluie… ». Ces passages sont très importants pour moi, parce qu'ils racontent l'époque où je luttais contre la dépression et me permettent de la mettre en perspective avec un moment de ma vie d'après. Or, il est essentiel pour moi que tu saches qui je suis réellement et d'où je viens. J'ai traversé un paquet d'épreuves et payé le prix fort pour ces leçons que je te restitue aujourd'hui. Je ne te vends pas de remède miracle, simplement ce qui a marché pour moi, m'a sortie d'une dépression profonde et permis de connaître un succès dont je n'aurais jamais osé rêver. Regardons les choses en face : tu ne vas pas suivre mes conseils uniquement parce que j'ai des millions d'abonnés et un milliard de vues sur Internet. Par contre, j'espère que les passages « Après la pluie… » sauront te convaincre de le faire.

Je ne suis pas une coach de vie et je ne prétends pas l'être. En revanche, j'ai vécu des expériences uniques qui m'ont forgée. J'ai écrit ce livre pour la même raison que celle pour laquelle j'ai commencé à faire des vidéos YouTube : avoir une influence positive sur le monde. Ce bouquin n'est pas un produit marketing ou une croix de plus sur ma *to-do list*. C'est bien plus que ça. Dans ma période la plus sombre, il arrivait qu'une toute petite étincelle transforme une journée horrible en journée passable. Tu as des rêves et des objectifs, et tu souhaites les atteindre, comme tout le monde. Que le succès te tende déjà les bras ou que tu galères pour boucler tes fins de mois, je veux que ce livre soit cette étincelle. Je veux que tu puisses cocher toutes les cases de ta liste à toi. En revanche, laisse-moi te prévenir : ça ne va pas être facile.

Être une mégaboss n'est pas de tout repos. Ça demande une dose inimaginable de travail et d'engagement. Les pages suivantes ne contiennent pas d'astuces ou de tuyaux douteux pour devenir riche en un claquement de doigts. Je ne vais pas t'indiquer des raccourcis ou t'offrir une amulette magique. En revanche, je vais muscler ton éthique de travail, t'ouvrir l'esprit, t'aider à combattre tes peurs et t'apprendre à démolir les obstacles qui se présenteront sur ta route.

Si tu es prête à partir à la conquête de ta vie, tourne la page. Le moment est venu de mégabosser.

Je suis là pour toi.

Amitiés,

CE LIVRE N'EST PAS REMPLI
DE PENSÉES FUTILES,
DE GRIGRIS OU DE
CITATIONS SUPERFICIELLES.
IL NE CONTIENT PAS
DE PASSAGE SECRET
VERS UNE VIE ÉPANOUIE,
TOUT SIMPLEMENT PARCE
QU'IL N'EXISTE PAS
D'ESCALATOR VERS
LE SUCCÈS, LE BONHEUR.
POUR Y ACCÉDER, IL FAUT
PRENDRE LES ESCALIERS.
CE LIVRE SERA TON COACH
PERSONNEL ET T'AIDERA
À MONTER CES MARCHES,
ALORS COMMENCE TOUT
DE SUITE À T'ÉCHAUFFER.

RÈGLES DE LECTURE

1 COMME SOUVENT, LA PLUPART DES RÈGLES DE CE LIVRE comportent des exceptions. D'ailleurs, ne commençons pas à parler des conseils que je te donne dans ces pages comme de « règles ». Voyons-les plutôt comme des principes généraux. Inutile de t'amuser à aller chercher LE cas particulier qui met à plat mon argumentation. Autrement dit, ne sois pas cette personne agaçante qui se sent obligée de plomber l'ambiance dans les commentaires de mes vidéos. Si je dis « Souris », ne réponds pas « Et comment fait-on si on ne peut plus sourire en raison d'une paralysie faciale due à une fracture de la mâchoire causée par un accident de saut à l'élastique ? » Au lieu de chercher les exceptions, focalise-toi sur ce que tu peux apprendre. Surtout que, si tu as eu un accident de saut à l'élastique et que tu t'en es tirée avec seulement une fracture de la mâchoire, tu as plein de bonnes raisons de sourire !

2 AVANT DE COMMENCER, il faut que tu mettes sur pause tes mécanismes de défense. Enlève ton armure de protection et mets-la de côté. Chaque fois que tu te crisperas, je serai là pour te rappeler à l'ordre. Je vais pointer du doigt des problèmes qui te mettent mal à l'aise et auxquels tu préférerais éviter de penser. Je ne tolérerai ni excuse, ni justification, ni apitoiement. Reste ouverte d'esprit en lisant ces chapitres, et résiste à l'envie de te vexer ou de te renfermer sur toi-même.

3 CE LIVRE CONTIENT BEAUCOUP D'INFOS. Je le sais, puisque j'ai mis cinquante ans à l'écrire (en gros). Ne culpabilise pas si tu oublies des trucs ! Je te conseille d'ailleurs de lire et relire certains chapitres, car on ne devient pas une mégaboss du jour au lendemain. Prends des notes. Déchire des pages et affiche-les sur tes murs. Fais ce qu'il faut pour que ça te rentre dans la tête.

4 DANS DE NOMBREUX CHAPITRES, je raconte comment j'applique chaque règle de mégaboss à ma vie perso. Si ma manière de faire ne te convient pas, pas de problème. L'idée, c'est de saisir le principe et de l'appliquer à ta propre situation. Je ne fais que te donner un cadre, à toi de l'ajuster.

5 NE TOMBE PAS DANS L'AUTOFLAGELLATION ou le découragement. Ce livre t'offre une chance de faire le point sur ta vie, d'essayer de nouvelles choses, de te tromper et de t'améliorer. Considère ça comme un cheminement vers quelque chose de positif, pas comme une énième session d'autocritique.

ALLEZ, ON Y VA !

(Échauffe-toi, on va passer aux choses sérieuses.)

musique de *Rocky*

TU ES PRÊTE ?

(Tape-toi la poitrine avec un air déterminé.)

AUJOURD'HUI !

(Ce serait super si tu pouvais serrer les poings.)

MAINTENANT !

(Commence à respirer super fort. Points bonus si tu plisses les yeux.)

3 . . . *(Sautille sur place.)*

2 . . . *(Encore mieux : rugis !)*

1 . . .

C'EST PARTI ! LE MOMENT EST VENU D'ÊTRE UNE MÉGABOSS.

PARTIE 1
MAÎTRISE TON ESPRIT

Notre esprit est à la fois notre plus grand atout et notre obstacle le plus redoutable. C'est notre meilleur outil, mais si on s'en sert mal, à quoi bon ? Dans cette section, tu vas apprendre à l'apprivoiser, à le contrôler et à mieux le connaître. Je te parlerai des pièges qu'il peut te tendre et je t'expliquerai comment les éviter. Si tu veux devenir une mégaboss, il va falloir que ton esprit s'y mette aussi.

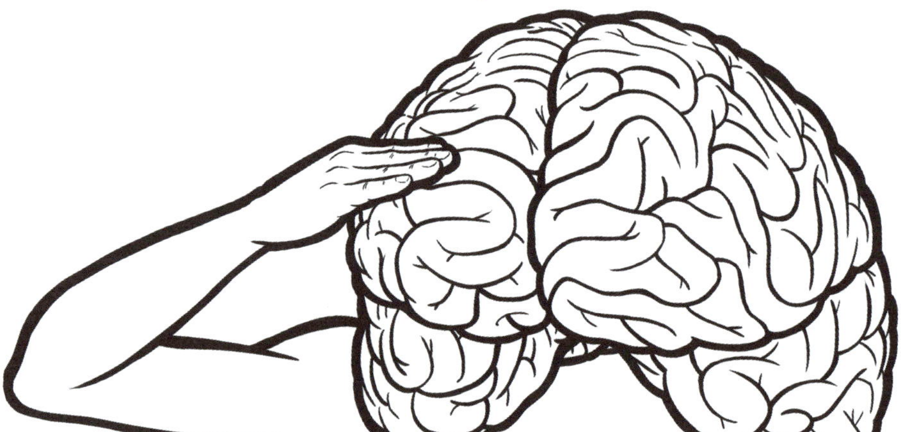

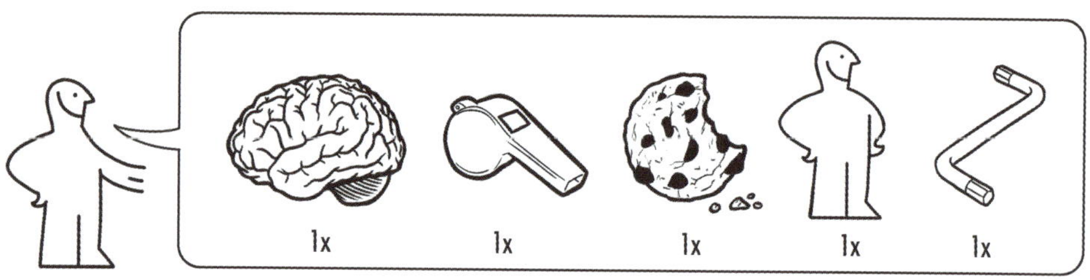

1
2
3
4

CHAPITRE 1

JOUE À LA CONSOLE

JE TRANSPIRE

dans ma salopette bleue à la seule vue des obstacles qui se dressent devant moi. J'ai trois options : (1) me cogner la tête contre cette brique dans l'espoir qu'une étoile en sorte, (2) courir et sauter par-dessus l'ennemi, (3) écraser la tête de cette tortue pour la forcer à rentrer dans sa carapace. Quelle que soit ma décision, le Koopa Troopa va rester là. Je ne peux ni le déplacer ni le convaincre qu'il est une Tortue Ninja et qu'il s'est trompé de jeu. Pas grave, ça fera plus de pizza pour moi, et ça, c'est forcément une bonne nouvelle, puisque je suis italien. Comme le Koopa Troopa ne va pas m'écouter, je dois me concentrer sur ce que je peux vraiment contrôler, c'est-à-dire moi : Mario.

Les jeux vidéo, c'est comme la vraie vie : tu passes des niveaux, tu t'écrases contre des obstacles et tu affrontes plein d'ennemis. Ce qui est cool, c'est que plus la difficulté augmente, plus tu deviens intelligente, rapide et habile. Quand tu joues, c'est toi qui décides quand ton personnage va sauter, courir, se baisser et attaquer. Enfin, ça, c'était à mon époque, quand la manette de ma Super Nintendo n'avait que deux boutons. Aujourd'hui, elles en ont presque autant que les claviers, alors imagine les possibilités ! Je suis sûre que si tu appuies sur A + Y + Z tout en faisant pivoter ton joystick gauche, ton perso se met à entonner l'hymne national... Quoi qu'il en soit, s'il y a bien une chose qui n'a pas changé, c'est que, jusqu'à preuve du contraire, tu ne contrôles que ton personnage. Les ennemis vont continuer à t'attaquer, les murs à se rapprocher et le temps à s'écouler. Ton job, c'est de progresser dans un environnement que tu ne maîtrises pas.

C'est exactement comme ça que tu devrais voir la vie. Une mégaboss sait qu'elle ne peut pas tout contrôler et que ça ne sert à rien de s'énerver à cause de ça. Ne pas avoir de prise sur les gens et les situations ne te rend pas impuissante. Tu dois juste raisonner différemment. Décider de la manière dont toi, tu vas réagir, par exemple, et te préparer à toutes les éventualités.

Avant de lancer ma chaîne, j'étais à la tête d'une petite troupe de danse (si on peut appeler ça comme ça), à Toronto. On a débuté avec très peu de danseurs, tous spécialisés en danse indienne, mais, avec le temps, j'ai voulu que le groupe s'agrandisse et étende ses horizons. Du moi tout craché : depuis toute petite, j'ai la folie des grandeurs. J'ai la simplicité et la médiocrité en horreur, alors chaque fois que je fais quelque chose, il faut que ce soit le top du top. Des groupes de danse, il y en a des milliers, et je ne voulais pas être un nom de plus en bas d'une trop longue liste. J'ai consacré des journées entières à bâtir un empire dont j'espérais qu'il allait dominer le monde. J'y croyais, vraiment. On allait être des Power Rangers qui dansent et sauvent le monde sur leurs pointes, à grands coups de pirouettes. J'ai converti ma cave en véritable bureau. On a fait passer des auditions à des danseurs de hip-hop, de classique et de fusion pour élargir notre répertoire. J'ai organisé des séances photo et des tournages pour nous faire de la pub. J'étais à fond, et aucune blessure, aucun problème financier, aucun rival ne pouvait me détourner de mon objectif. J'ai réalisé trop tard que le plus grand obstacle se trouvait sous mes yeux depuis le début. C'était le groupe lui-même.

J'avais de grands rêves et je travaillais dur. Je passais des nuits entières à m'occuper de la promo, je dépensais tout mon argent dans du matériel pour la troupe, et mon unique sujet de préoccupation, c'était d'arriver à trouver de nouvelles manières de nous démarquer. Mais à chaque répétition, je me retrouvais à devoir gérer les retards des uns et les absences des autres, tout en répondant à ceux qui voulaient partir plus tôt. Maintenir tout ce petit monde motivé était une lutte de tous les instants. Un exemple : notre troupe se produisait souvent à des mariages, où on devait suivre un *dress code* adapté. Pourtant, il arrivait que des danseurs viennent en short et en tongs. Ça me rendait folle, parce que je faisais énormément d'efforts pour réaliser mon rêve. Plus tard, j'ai compris que c'était justement ça, le problème : ce rêve, c'était le mien, pas le leur.

> “ TU DOIS JUSTE **RAISONNER** DIFFÉREMMENT. DÉCIDER DE LA MANIÈRE DONT TOI, TU VAS **RÉAGIR,** PAR EXEMPLE, ET TE **PRÉPARER** À TOUTES LES ÉVENTUALITÉS.

“

LES JEUX VIDÉO, C'EST COMME LA VRAIE VIE : TU PASSES DES NIVEAUX, TU T'ÉCRASES CONTRE DES OBSTACLES ET TU AFFRONTES PLEIN D'ENNEMIS.

”

J'avais essayé de les contrôler et de les impliquer pendant des années dans un projet qui ne comptait pas autant pour eux que pour moi, et ça n'avait pas fonctionné.

Mes ambitions de danseuse se sont évanouies, lentement, et le processus s'est accéléré quand j'ai découvert YouTube. Lorsque j'ai mis ma première vidéo en ligne, je me suis sentie revivre. J'en avais écrit le script, je l'avais enregistrée, montée et publiée. Je n'avais eu besoin de personne, et ce sentiment d'indépendance était carrément grisant. J'étais plus déterminée que jamais à faire grandir le personnage de Superwoman. Cette fois, je n'avais plus à mobiliser une vingtaine de personnes chaque fois que je voulais qu'un truc soit fait. La seule personne que je devais contrôler était aussi la seule sur laquelle j'avais une emprise : moi.

Bien sûr, aujourd'hui, j'ai une équipe qui m'entoure et m'aide à développer mes activités. Mais la base de Superwoman, c'est toujours Lilly. Le succès de ma chaîne et l'échec de ma troupe de danse m'ont appris une leçon très importante : concentre-toi sur ce que tu peux contrôler. Cette règle s'applique à plein de situations. Tu ne supportes plus les critiques incessantes de tes parents et tu claques la porte à chacune de leurs remarques ? Tu ne les changeras pas, alors arrête d'essayer. Utilise plutôt cette énergie pour contrôler tes propres réactions. Aucune étoile ne te rendra invincible, mais tu peux prendre sur toi et apprendre à devenir plus patiente. Et si ça ne marche pas, trouve le tuyau vert le plus proche et téléporte-toi loin de la conversation.

Ça t'est déjà arrivé de perdre à un jeu vidéo pour te rendre compte à la fin que tu avais regardé le mauvais côté de l'écran pendant toute la partie ? Tu ne comprenais pas pourquoi la manette ne marchait pas, alors qu'en fait tu essayais de faire avancer le mauvais personnage. C'est exactement comme essayer de contrôler les autres dans la vraie vie. On voudrait qu'ils se comportent de telle ou telle manière, et on en oublie de se concentrer sur soi.

La meilleure façon d'éviter que les gens contrarient tes projets, c'est d'arrêter de dépendre d'eux et de prendre le contrôle de ta propre vie.

A + Y + Z, joystick gauche.

« Allons, enfants de la patriiiiiie... »

CHAPITRE 2

À LA CONQUÊTE DE TON ESPRIT

TOUCHE-TOI LE NEZ.

Sans rire. Arrête de lire et touche ton nez de la main droite. Allez.

Et voilà ! Le corps humain est vraiment merveilleux, non ? Tu sais ce que tu viens de faire ? Une idée t'est venue et tu l'as concrétisée. Ton cerveau a envoyé des signaux via des neurotransmetteurs dans ton corps, jusque dans ton bras, et lui a ordonné de se mouvoir pour que tu touches ton joli nez.

Pourquoi je t'ai demandé de faire ça ? Parce que je suis une mégaboss et que je fais ce que je veux. Je plaisante, c'était pour te montrer que c'est TOI qui contrôles ton cerveau, et pas l'inverse. Tu t'en es servie pour toucher ton nez. Comprendre le pouvoir de son esprit est essentiel pour devenir une mégaboss. Imagine pouvoir arrêter d'être pessimiste, jalouse, ou d'avoir peur. On pense souvent qu'on est les esclaves de nos émotions. On dit des trucs du genre « je ne contrôle pas mes émotions » ou « je n'y peux rien, si je suis jalouse ». Alors qu'en fait on peut s'entraîner à penser de façon plus positive. Autrement dit, en comprenant le fonctionnement de la grosse éponge qu'on a dans le crâne, on peut conquérir son esprit.

Qu'est-ce que ça implique ? Tout d'abord, que tu vas pouvoir porter un super costume de guerrière, ce qui est objectivement très cool. #lookdujour. Mais ça signifie aussi que tu dois saisir le pourquoi de tes émotions, ce qui te pousse à faire certaines choses et dans quelles circonstances tu prends de mauvaises décisions. Comprendre son esprit, c'est un peu comme avoir les *cheat codes* de ta vie. Tout ce qu'il te reste à faire pour avoir accès à des armes mentales supplémentaires, une meilleure armure et une carte complète, c'est entrer les bonnes données. Tu remarqueras que j'ai dit TA vie, et non LA vie : on est tous différents. Tes *cheat codes* ne seront pas forcément applicables au monde entier. Je ne te demande pas d'étudier la biologie de ton cerveau (certes, c'est fascinant, mais qui en a le temps ?), mais plutôt d'analyser tes pensées.

Personnellement, j'ai dû apprendre à gérer mes émotions à cause de mon job. Pendant six ans, j'ai publié des vidéos sur Internet deux fois par semaine. J'en ai plus de 500 sur ma chaîne YouTube principale et autant sur ma secondaire. Ça en fait plus de 1 000 que le monde entier peut regarder et juger aussi durement qu'il le souhaite. Internet, c'est merveilleux et révolutionnaire, mais, soyons francs, c'est un endroit qui peut aussi être extrêmement cruel. Les gens se sentent le droit de dire tout ce qu'ils veulent, quand ils sont bien installés derrière leur écran, dans l'anonymat le plus total. Quand j'ai commencé à publier des vidéos, j'ai reçu beaucoup de soutien – surtout parce que mes amis et ma famille se sentaient obligés d'être sympas, mais aussi parce que j'utilisais un deuxième compte pour m'envoyer des fleurs (garde ça pour toi). Mais, peu à peu, j'ai reçu des commentaires malveillants, et je ne savais pas trop comment réagir. En voici quelques exemples (véridiques) :

« Crève, sale p%#e de Pakistanaise. J'en ai marre de voir ta sale tête partout. J'espère que tu vas choper le cancer ou que ta mère va crever d'une mort lente et douloureuse. Dégage de YouTube, s$ù%#e ! »

« Voilà pourquoi les femmes ne devraient avoir aucun droit. »

« Cette vidéo m'a filé le cancer. »

« C'est naze ! Ses vidéos marchent parce que c'est une bonnasse, mais elle en reste pas moins une grosse c^%&e. Que quelqu'un l'achève. »

MERCI, LES GENS !

Est-ce que ce genre de commentaires me blesse encore ? Parfois, mais beaucoup moins qu'avant. Comment je fais ? Je me suis endurcie, mais, surtout, j'ai appris à maîtriser mes pensées. Voici mon raisonnement :

On me laisse des commentaires négatifs.

Pourquoi ?

Peut-être parce que mes vidéos sont pourries.

Toi aussi, tu dis des méchancetés quand tu trouves que les gens sont nuls ?

Non, à moins que je ne passe une sale journée ou que je ne sois de mauvaise humeur.

Peut-être qu'eux aussi et que c'est la raison de leur commentaire.

Mais ils me font douter de moi.

Est-ce que tu aimes tes vidéos ?

Oui.

Est-ce que tu devrais te laisser influencer par ce que pensent les autres ? Tu veux être ce genre de personne ?

Pas du tout.

Alors ne laisse pas leurs opinions négatives prendre le dessus sur les tiennes.

Peut-être que je devrais quand même arrêter de faire des vidéos.

Est-ce que faire des vidéos te rend heureuse ?

Oui, très.

Des commentaires négatifs sont-ils plus importants que ton bonheur ?

Non. Mais peut-être que je devrais réagir ?

Consacre plutôt ton temps et ton énergie à répondre à ceux qui te soutiennent pour les encourager à continuer.

Peut-être que tu trouves ce genre d'analyse terriblement naïve : tout le monde voudrait ignorer les commentaires négatifs, mais c'est plus facile à dire qu'à faire. C'est pourquoi il est important de bien étudier ce raisonnement pour découvrir les *cheat codes* qui s'y cachent.

1 « Peut-être qu'ils passent une mauvaise journée. » **CHEAT CODE 1 :** Lilly, quand les gens disent ou font des choses blessantes, il y a une chance pour que, en fait, ils soient contrariés par tout autre chose.

2 « Est-ce que je devrais me laisser influencer par les opinions des autres ? » **CHEAT CODE 2 :** Lilly, parfois, les critiques te feront douter. Assure-toi que tes convictions sont bien solides avant de te confronter aux autres.

3 « Je ne veux pas arrêter de faire des vidéos, parce que ça me rend heureuse. » **CHEAT CODE 3 :** le bonheur l'emporte sur la peur. Tu auras la force de lutter contre tes angoisses tant que tes vidéos te rendront heureuse. Fais en sorte de donner la priorité aux activités qui t'épanouissent, sans quoi la peur et la négativité prendront le dessus.

4 « Peut-être que je devrais réagir face aux critiques. » **CHEAT CODE 4 :** admets-le, tu veux juste te défouler. Dans ce genre de situation, prends du recul et trouve du réconfort ailleurs, dans quelque chose de plus constructif.

Ces *cheat codes* m'ont servi dans de nombreux domaines. Quand quelqu'un me coupe la route en voiture, j'utilise le premier pour ne pas réagir de façon disproportionnée. Cette queue de poisson n'était pas dirigée contre moi. Quand une marque m'offre une grosse somme d'argent pour faire une vidéo dont le sujet ne m'intéresse pas, j'utilise le troisième : les contenus que je crée doivent me rendre heureuse, sinon la négativité va s'insinuer dans ma vie. Quand je me dispute avec quelqu'un et que je lui fais une réflexion gratuite, juste pour avoir le dernier mot, j'essaie de m'arrêter à temps, parce que je sais que c'est uniquement pour me défouler (*cheat code* 4). Lorsque je me retrouve dans une situation pénible, c'est le plus souvent parce que j'ai ignoré un de ces principes ou que j'ai agi contre mes convictions.

C'est vrai, conquérir ses pensées ne se fait pas en un jour ni même en quelques semaines. C'est un effort continu qui suppose de s'adapter constamment, car notre esprit est en perpétuelle évolution. Il faut se poser beaucoup de questions et en analyser honnêtement les réponses. Dès aujourd'hui, demande-toi systématiquement pourquoi tu ressens ce que tu ressens, ce qui t'a poussée à agir de la manière dont tu as agi et ce que tu pourrais faire à l'avenir pour éviter d'avoir à revivre cette situation. Ce que tu découvriras est important pour identifier tes schémas comportementaux et utiliser ton cerveau de façon efficace. Ton cerveau est ton meilleur outil, mais il ne te sera utile que si tu apprends à t'en servir correctement. C'est vrai, quoi. Par exemple, tu n'irais pas bien loin en essayant de réparer une imprimante avec une agrafeuse. Crois-moi, j'ai essayé. J'ai fini aux urgences.

CHAPITRE 3

UNE PART DE MYSTÈRE

MA MÈRE M'A DIT UN JOUR :

« Plus les gens en savent sur toi, plus tu es vulnérable. » (Cette perle de sagesse s'est insérée entre « Qu'est-ce que j'ai fait pour mériter des enfants comme ça ? » et « Tu n'as toujours pas mis de musique sur mon iPod ! ».) J'ai fini par comprendre qu'elle avait raison. Au début, j'ai trouvé ça cynique. Dans ma tête, ça voulait dire : « Ne fais confiance à personne. » Mais, peu à peu, j'ai compris qu'il y a une différence entre faire confiance aux autres et cultiver son jardin secret. C'est agréable, parfois, de se confier à son partenaire, mais je pense que personne ne devrait tout savoir sur toi. À partir du moment où tu te connais bien, il n'y a pas de mal à garder pour toi quelques-unes de tes forces et de tes faiblesses.

J'entends déjà les cris de protestation des défenseurs des relations ultra-ouvertes. Je vous arrête tout de suite : j'aurais peut-être pris le temps d'écouter vos complaintes si j'avais un barman à mon service, disposé à me servir un nombre illimité de cosmos, mais là, non. (D'ailleurs, pourquoi est-ce que je n'en ai pas ? Note pour moi-même : embaucher un barman.) Une relation saine, quelle que soit sa nature, n'exige pas nécessairement qu'on dise tout à l'autre. Laisse-moi m'expliquer.

C'est une autre mère avisée qui m'a montré à quel point savoir garder une part de mystère pouvait se révéler utile : Daenerys Targaryen, mère des dragons, première du nom, briseuse de chaînes et voleuse des cœurs de la moitié de la planète. Bon, premièrement, si tu n'as jamais regardé *Game of Thrones*, tu devrais revoir tes priorités dans la vie, qui sont très discutables. Ensuite, si tu comptes regarder la série, saute le passage qui suit parce que...

ATTENTION, SPOILER ! On t'aura prévenue.

... tout le monde meurt.

Je rigole.

Ou pas.

Au moment où j'écris ces lignes, la saison 6 vient de s'achever, alors concentrons-nous sur ce qui s'est passé avant, en espérant que, lorsque ce livre paraîtra, il n'y aura pas trop d'éléments nouveaux qui viendront anéantir cette brillante démonstration. (Il paraît que ça prend plus que quelques jours pour publier un livre. Étonnant.) Pour résumer, on dirait que tout sourit à Daenerys. Elle a une grosse armée, des partisans fidèles, trois dragons (la classe) et une chevelure de malade. Elle veut conquérir les sept royaumes (le monde, en gros), et il n'y a pas beaucoup d'obstacles sur sa route. D'ailleurs, j'entends souvent ses fans dire qu'elle a beaucoup de « chance », parce que les solutions à ses problèmes semblent tomber du ciel. Et là, je coupe net la conversation, j'éteins les lumières et je lance ma prés' PowerPoint qui explique que ce n'est pas de la « chance », qu'elle doit son succès à son intelligence et à sa capacité à garder une part de mystère en toutes circonstances.

(Ce serait super si tu pouvais aussi éteindre les lumières et lire ce passage avec une lampe de poche pour un effet plus dramatique. Vas-y, j'attends...)

...

...

SAISON 1, ÉPISODE 1 ! On voit Daenerys pour la première fois, dans une scène où son frère lui parle avec mépris et lui manque de respect. Elle ne réagit pas. Elle l'écoute docilement et laisse les spectateurs penser qu'elle est faible, impressionnable, et qu'on peut facilement se servir d'elle. Avant la fin de cette scène émouvante, il se passe une chose très importante, mais en apparence anodine (à tel point que mon pote fan de *Game of Thrones* ne l'avait jamais remarquée avant mon PowerPoint imaginaire) : elle prend un bain. L'eau est visiblement brûlante, elle fume. D'ailleurs, quand elle entre dans la baignoire, sa servante lui conseille d'attendre que l'eau refroidisse. Pourtant, Daenerys s'immerge dans le bain sans sourciller. Et... fin de la scène.

Tu es toujours là ? Ne t'inquiète pas, tu vas vite voir où je veux en venir.

Quelques épisodes plus tard, les choses ont bien dégénéré, façon *Game of Thrones*. On tue son horrible frère sous ses yeux, en lui versant de l'or en fusion sur la tête. Elle le regarde mourir brûlé, impassible, et se contente de dire : « Ce n'est pas un dragon, le feu ne peut tuer un dragon. » Et... fin de la scène.

Accroche-toi, on y est presque !

Pour son mariage, Daenerys reçoit trois œufs de dragon : de simples objets de décoration, lui dit-on. On la voit les fixer du regard tout en les tenant près d'un feu. Cool. Tu te dis : « Encore un passage où elle est dans les vapes, occupée à fixer les flammes avec un air d'illuminée... » Erreur. La scène se termine sur Daenerys qui passe les œufs à sa servante... laquelle retire immédiatement ses mains parce qu'ils sont hyper chauds. Elle est incapable de les tenir sans se brûler, contrairement à sa maîtresse.

Qu'est-ce que tout cela signifie ?

Les pouvoirs de Daenerys ne lui sont pas tombés dessus un beau jour où elle était en veine. Elle a toujours su qu'elle avait le sang du dragon, mais elle ne l'a dit à personne avant d'être sûre de pouvoir exploiter son pouvoir. Elle a été mariée de force, battue, insultée, mais, pendant tout ce temps, elle s'est accrochée à l'idée qu'elle était la mère des dragons. Elle a gardé le secret de sa force, y compris face à son frère et à son mari, jusqu'au moment parfait pour en user. Si elle l'avait révélé dès le départ, son frère aurait essayé de la tuer, elle aurait pu être kidnappée, et on ne lui aurait certainement pas offert des œufs de dragon (ça aurait été comme offrir un marteau à Thor et lui demander de ne pas s'en servir). Daenerys était consciente de son pouvoir et l'a gardé secret pour, le moment venu, l'utiliser pleinement. Elle a régulièrement recours à cette technique pour obtenir ce qu'elle veut.

Tout ça pour dire que si tu sais garder quelques secrets pour toi, tu pourrais devenir reine, avoir des dragons, et coucher avec un mec super sexy qui fait du cheval et s'appelle Daario Naharis.

Je sais ce que tu te dis : ta vie, ce n'est pas *Game of Thrones*, et toi, tu n'es pas la mère des dragons (mais tu es super forte à *Candy Crush*, et c'est déjà cool, si tu veux mon avis). Crois-moi, je comprends. Je passe une bonne partie de mon temps à bader parce que je ne possède aucun dragon. Je ne dis pas non plus que, pour réussir, il faut se laisser marcher sur les pieds. Ce que je dis, c'est qu'il faut que tu te voies comme une forteresse. C'est comme ça que tu devrais percevoir ton esprit, ton corps et ton âme. Il faut que tu connaisses toutes les entrées et les passages secrets. Tu es libre d'inviter qui tu veux pour des banquets, des bals ou n'importe quelle soirée. Mais plus tu parles de ton château fort, plus tu révèles ses faiblesses. Et plus la forteresse s'affaiblit, plus elle est facile à attaquer. En un mot : ne révèle pas tous tes secrets et tout ce qui te rend vulnérable. Tu n'es pas obligée de tout dire à tout le monde. C'est toi qui décides quoi révéler et quand.

Voilà. Tu avais raison, maman. Pour les secrets et pour la musique sur ton iPod.

Je vais m'en occuper, promis.

“

NE RÉVÈLE PAS TOUS TES SECRETS ET TOUT CE QUI TE REND VULNÉRABLE. TU N'ES PAS OBLIGÉE DE TOUT DIRE À TOUT LE MONDE. C'EST TOI QUI DÉCIDES QUOI RÉVÉLER ET QUAND.

”

CHAPITRE 4

SORS DE TA ZONE DE CONFORT

« **TOUT CE QUE TU RECHERCHES** se trouve juste en dehors de ta zone de confort. » Je ne sais pas qui a dit ça, mais faisons comme si cette personne d'une intelligence sans bornes, c'était moi. *Yes !* C'est moi qui l'ai dit !

(Bon, d'accord, j'avoue, c'est de Robert G. Allen, auteur de livres à succès. Mais peu importe.)

On perçoit souvent l'inconfort ou le fait d'être mal à l'aise comme une mauvaise chose. D'ailleurs, quand on entend « situation inconfortable », on pense tout de suite à des trucs glauques, comme un ascenseur rempli de personnes qui sentent la transpiration ou un gars bizarre en train de nous mater depuis l'autre côté de la pièce. Ou alors, on s'imagine en train de regarder le clip d'*Anaconda*, de Nicki Minaj, avec nos parents. Au secours !

Pourtant, se mettre dans des situations inconfortables est **CRUCIAL** pour développer de nouvelles compétences et gagner en expérience. Je sais que Drake dit qu'il est passé d'un coup de 0 à 100, mais je peux te promettre que, en fait, il est passé de 1 à 2, de 2 à 2,2, puis de 2,2 à 3. Ce n'est qu'après avoir bravé à plusieurs reprises d'horribles moments qu'il a atteint 100. Pour la petite histoire, à ses débuts, alors qu'il se produisait dans sa ville natale, Drake s'est fait tellement huer qu'il a dû quitter la scène (ce n'est pas vraiment ce que j'appellerais « vivre une situation confortable »).

Je peux affirmer en toute confiance que je suis devenue une vidéaste douée, parce que j'ai survécu à la publication de mes dix premières vidéos. J'ai dû passer par ces moments étranges où l'on doit déterminer ce qui marche et ce qui ne marche pas. Certes, c'était terrifiant, mais si je n'avais pas fait ces dix premières vidéos, je n'aurais jamais pu faire les 500 autres en ligne aujourd'hui et qui comptent plus d'un milliard de vues. C'est facile, de regarder en arrière et de m'autocongratuler pour le chemin que j'ai parcouru, mais ça l'est moins de me rappeler que je dois continuellement repousser mes limites. Je sais que sortir de ma zone de confort m'a aidée à réussir sur YouTube. Alors pourquoi ai-je tellement peur de le refaire en passant des auditions pour le cinéma ?

La réponse est dans la question : parce que ça fait peur ! Se tenir dans une pièce où la tension est palpable, en récitant un texte devant un inconnu, ce n'est pas vraiment ce qui me vient à l'esprit quand je pense au confort.

C'est dans ces moments-là qu'il faut faire appel à sa mégaboss intérieure. Cherche les situations qui te mettent mal à l'aise et lance-toi. Je ne suis pas en train de te dire que tu dois risquer ta vie en marchant sur le rebord du toit d'un immeuble, pas besoin de faire littéralement TOUT ce qui te terrifie. Entraîne-toi plutôt à faire ce qui est nécessaire pour atteindre ton objectif. Et si ton objectif, c'est de marcher sur le rebord d'un immeuble, c'est cool (mais tu es folle et je vais peut-être envoyer une corbeille de fruits à ta mère pour lui témoigner ma sympathie).

« CHERCHE LES SITUATIONS QUI TE METTENT MAL À L'AISE ET LANCE-TOI.

Un de mes objectifs, c'est de jouer dans des films. Je n'ai pas suivi de formation en art dramatique et je n'ai jamais vraiment été sur un tournage d'envergure. Tu peux donc t'imaginer ma réaction quand mon manager m'a appelée pour m'annoncer que j'avais obtenu une audition pour jouer un rôle majeur dans un film à gros budget. Ce serait mentir de dire que je ne me suis pas un peu fait pipi dessus.

Mon premier réflexe a été de dire « plutôt mourir », parce que j'étais terrifiée et que, en toute honnêteté, je n'avais aucune chance d'obtenir le rôle. Ils cherchaient certainement une actrice confirmée et expérimentée, pour une saga de cette taille. Je n'ai pas vraiment le droit de donner le titre du film, mais on va dire que ça parle de batailles dans l'espace. Oui, celui-là. Par chance, mon emploi du temps était incompatible avec les dates d'audition proposées, j'avais donc une excuse pour ne pas y aller. Ah, comme c'est agréable, le confort.

Deux semaines plus tard, mon manager m'a rappelée pour me dire que le directeur du casting voulait organiser une autre audition pour moi. Alors non, je ne crois pas vraiment au destin, mais quand une occasion se présente deux fois, je ne peux pas m'empêcher de penser que Beyoncé, Kelly et Michelle sont avec moi (les Destiny's Child, tu piges ?). J'ai pris mon courage à deux mains et j'ai accepté, me jetant ainsi dans une situation des plus inconfortables.

Le matin de l'audition, j'ai eu une petite discussion avec moi-même. Je me suis rappelé que j'étais toujours nulle les dix premières fois que je faisais quelque chose de nouveau, MAIS que ces dix premières fois étaient essentielles pour réussir la onzième. L'objectif, pour moi, n'était pas d'obtenir le rôle, mais de passer l'audition. Si je sortais de la salle avec l'impression d'avoir survécu à une combustion spontanée, alors j'aurais le sentiment d'avoir réussi.

> « CONSIDÈRE L'INCONFORT COMME LE **PRIX À PAYER** POUR APPRENDRE DES CHOSES **ESSEN-TIELLES.**

J'ai failli m'évanouir en entrant dans le bâtiment. Il était rempli de filles super jolies et ultra-décontractées. J'ai souri à l'une d'elles, qui m'a mis un vent. Je me suis de nouveau fait pipi dessus.

Je me suis inscrite, puis je suis allée m'asseoir et j'ai pris de grandes inspirations. Comme je n'avais pas eu le script à l'avance, j'ai dû tout apprendre sur place. Petit détail sympa : je ne connaissais rien à cette saga de l'espace, et lire un script rempli de galaxies aux noms étranges n'a fait qu'exacerber mon stress. Je butais sur chaque nom propre, me demandant une fois sur deux s'il s'agissait du nom d'un personnage important ou si le chat du scénariste avait marché sur son clavier.

Après que j'eus passé une heure à mémoriser des paragraphes de texte plutôt ardus, ils m'ont appelée et je suis entrée dans la ~~chambre de tor~~... salle d'audition. Je me suis présentée, et on a aussitôt commencé. Je me suis mise à bafouiller et à m'emmêler les pinceaux dès les premières répliques. OMG, c'était tendu, et mon cœur battait à cent à l'heure. J'ai quand même réessayé et, cette fois, j'ai réussi à ne rien oublier. Mais, surtout, j'étais encore en vie !

Après coup, j'ai discuté avec la responsable du casting, qui m'a dit qu'elle avait été impressionnée par ma performance. Est-ce qu'elle a menti ? OSEF. L'important, c'est que j'y sois allée. ET JE N'AI PAS PRIS FEU SPONTANÉMENT. En sortant, je me sentais incroyablement bien.

Évidemment, inutile de préciser que je n'ai pas eu le rôle. Si ça avait été le cas, est-ce que je serais là, dans mon appart pourri, à manger des restes de pizza tout secs ? Je ne pense pas.

Ce qui importe, c'est que la prochaine fois que je devrai passer une grosse audition, ce sera un peu plus facile. Et de moins en moins terrifiant. Pour réussir, il faut s'extraire de sa zone de confort, centimètre par centimètre. Considère l'inconfort comme le prix à payer pour apprendre des choses essentielles. D'ailleurs, le but n'est pas toujours de décrocher la médaille d'or. Ça peut parfois être les étapes en elles-mêmes, les médailles de bronze et d'argent qui un jour te permettront d'arriver à la première place.

Rappelle-toi : sur la route du succès, la peur et l'inconfort ne sont que des ralentisseurs. Ne les transforme pas en stop.

Que la gravité soit avec toi. C'est comme ça qu'on dit, non ?

Sors de ton petit confort

Cite trois choses que tu aurais besoin d'accomplir pour réussir, mais qui te font terriblement peur.

1. ______________________________

____

2. ______________________________

____

3. ______________________________

____

ÉMOTIONS

CHAPITRE 5

MOINS D'ÉMOTIONS

LES ÉMOTIONS, C'EST SUPER.

Quand on est à un mariage, à un enterrement, à la remise du diplôme de sa fille, ou quand on regarde *Le Roi lion*. C'est merveilleux, ces moments qui nous font ressentir des trucs intenses et vrais. Ta petite chérie s'avance sur scène, reçoit son diplôme, et tu verses une larme. Elle est presque adulte, maintenant. Avec toutes ces études, tu es sur la paille. C'est dur, je sais. Pleure autant que tu veux. Mais, dans la sphère professionnelle, je t'invite à mettre tes émotions en veilleuse, car elles peuvent fausser ton jugement et nuire à ta productivité. Ce n'est pas seulement mon avis, c'est un fait. Un fait que je viens d'inventer, mais un fait quand même.

Je ne te dis pas de devenir un robot sans cœur, je t'encourage simplement à mettre certaines émotions de côté quand tu dois bosser, surtout en équipe. Tu as peut-être un paquet de bonnes raisons d'être contrariée, mais en plein tournage, quand ton équipe est au taquet, tu ne rendras service à personne en étant susceptible ou colérique. C'est difficile, je te l'accorde, mais une mégaboss comprend l'importance de savoir passer en mode bulldozer. Il faut parfois mettre de côté ce qui nous chiffonne pour aller de l'avant, surtout si d'autres personnes dépendent de nous.

Personnellement, je deviens un peu (complètement) tarée quand je passe en mode « créa ». Je veux que tout soit parfait et, quand je tourne une nouvelle vidéo, je deviens un tel bulldozer qu'il m'arrive de ne plus faire attention aux petits hérissons qui se mettent sur mon chemin. C'est un avantage, mais parfois aussi un inconvénient. Ça fait mal, de devoir freiner brutalement pour éviter les petits hérissons. J'ai les cervicales bien trop abîmées, pour une fille de mon âge.

Sur le tournage du clip de *#LEH*, mon pote et coproducteur Humble et moi-même étions dans le même délire créatif. Comme moi, il a des objectifs précis, et il sait que maîtriser ses émotions est essentiel pour concrétiser un projet. C'est pour ça qu'on travaille si bien ensemble. On est tous les deux comme l'homme de fer-blanc dans *Le Magicien d'Oz* : quand on passe en mode boulot, on n'a pas de cœur, mais on est déter. La seule différence, c'est qu'on se fiche totalement de Dorothée, sauf si elle est impliquée dans notre projet. En revanche, on a conscience que tout le monde ne fonctionne pas comme nous.

Le premier jour de tournage, on a réuni toute l'équipe pour mettre les choses au point. On avait une *deadline* à respecter, et le temps était compté. On devait tourner un clip entier et plusieurs scènes d'action (voitures, extras, accessoires et changements de costumes) en seulement quelques heures. Par conséquent, on allait devoir être très directifs, sans pouvoir nous répandre en politesses. Tout ce qui se passerait sur le tournage, du coup de gueule du réalisateur à la séquence qu'il faudrait faire et refaire, serait pour le bien du projet. Boucler ce clip était notre seul objectif pour les heures à venir, et ça devait également être la priorité de chacun. Si quelqu'un devait se mettre à crier, il fallait que ce soit pour accélérer les choses, dans l'intérêt du projet, pas pour faire de la peine à Kim. Personne n'avait marqué « faire de la peine à Kim » sur sa *to-do list*. Alors, Kim, arrête de chouiner.

Le résultat ? Un tournage ultra-efficace. Certaines personnes se sont fait crier dessus, moi y compris (par Humble, et vice versa), c'est vrai, mais personne ne l'a pris personnellement. On a eu la chance de travailler avec des gens capables de mettre leur ego de côté pour une journée, mais ce n'est pas toujours le cas.

En tournée, l'an dernier, j'ai dû faire face à des situations vraiment stressantes. Parfois, quelques minutes avant le début d'un spectacle, il manquait un costume, un danseur n'était pas prêt, ou, mieux encore, mon oreillette se mettait à buguer. Un jour, juste avant une représentation, un membre de mon équipe qui n'arrivait pas à accéder à sa loge s'est tellement énervé qu'il s'est mis à pleurer. Chaque fois que quelqu'un essayait de l'aider, il l'envoyait bouler en lui disant que tout allait bien, ce qui n'était clairement pas le cas. Quand quatorze personnes dépendent de toi et de ton travail, la dernière chose à faire, c'est de laisser libre cours à tes émotions. Non seulement ça crée une mauvaise ambiance, mais, en plus, ça affecte ton boulot.

> « LAISSE-TOI GUIDER PAR TES **OBJECTIFS,** PAS PAR TES **ÉMOTIONS.**

Tu penses peut-être que je suis une mauvaise personne, et c'est ton droit. Les êtres humains éprouvent des émotions qu'ils n'arrivent pas toujours à canaliser. Je ne te dis pas de devenir un monstre impitoyable, simplement d'entraîner ton cerveau à se concentrer davantage sur un résultat, et moins sur des pensées parasites. Laisse-toi guider par tes objectifs, pas par tes émotions. Quand tu travailles en groupe et que de mauvaises pensées t'envahissent, demande-toi toujours si elles vont t'aider à avancer. Si la réponse est non, mets-les de côté. C'est dur, mais, à choisir entre l'orgueil et la productivité, il vaut mieux parfois mettre son ego de côté. Quand il te reste deux heures pour en filmer quatre, on se fiche de savoir qui a tort ou raison. Ce qui compte, c'est de venir à bout de ton projet.

> « PROFITE DE CHAQUE **ÉPREUVE** ET SOUVIENS-TOI QUE L'EXPÉRIENCE QUE TU EN TIRERAS SERA *TOUJOURS* **BÉNÉFIQUE.**

L'exemple parfait du mec qui maîtrise ses émotions, c'est Kyle, mon manager. Il a rejoint l'équipe récemment, et j'espère qu'au moment où tu liras ce passage il travaillera toujours avec moi et qu'il ne m'aura pas quittée pour devenir président de la planète (tout à fait probable). Que ce soit clair, Kyle est ultra-sensible. Lorsqu'on est partis au Kenya dans le cadre de la campagne #GirlLove (dont je te reparlerai plus tard), on a passé une partie de nos nuits à discuter et à se confier l'un à l'autre. Eh bien, c'est lui qui a pleuré le premier. Deux fois. Mais pour ce qui est du boulot, il sait mettre ses émotions et son orgueil de côté. Quand un malentendu est à l'origine d'un problème, Kyle prend la faute sur lui. À plusieurs reprises, il s'est excusé auprès de moi pour des erreurs qu'il n'avait pas commises, mais qui m'avaient causé du stress, et il m'a aidée à trouver des solutions. Il sait que je ne suis jamais aussi performante que lorsque mon niveau de stress est au plus bas et qu'au final cela bénéficie à toute l'équipe. La productivité l'emporte sur l'orgueil.

Bien sûr, si quelqu'un s'est mal comporté avec toi et que cela te reste en travers de la gorge, tu peux lui en faire part. Tu n'es pas un paillasson. Tu ne dois pas hésiter à rappeler aux gens quelles sont tes limites. Évite simplement d'aborder le sujet en plein chaos. Imagine... Ton équipe s'affaire, les papiers volent, les gens courent dans tous les sens à l'approche de la *deadline*, et là, quelqu'un vient te voir pour te dire : « Plus tôt dans la journée, tu m'as dit un truc qui m'a blessé, et je voudrais t'en parler maintenant. » On n'est pas dans *Sept à la maison*. Arrête les violons tout de suite. Chaque chose en son temps.

Je pense qu'on est tous d'accord désormais pour dire que, d'un point de vue professionnel, mieux vaut ne pas laisser nos émojis intérieurs affecter notre productivité. Et d'un point de vue perso, alors ? Dans ce cas, tu as une plus grande marge de manœuvre, puisque cela ne concerne que toi (et peut-être tes parents, si tu vis chez eux). Faut-il étouffer ses émotions pour gérer ses problèmes personnels ? Eh bien, oui... et non. Non, parce qu'une émotion est faite pour être ressentie et non refoulée. Je préfère pleurer toutes les larmes de mon corps que laisser la colère me ronger de l'intérieur. Pour autant, à trop te laisser envahir par tes émotions, tu prends le risque de passer à côté des précieuses leçons que t'offre la vie quand tout s'effondre autour de toi.

En gros, il faut souffrir efficacement.

Chaque fois que j'ai une peine de cœur, je pleure, hurle, et je m'arrache les cheveux. Mais une fois que j'en ai terminé avec cette phase, je dissèque ma souffrance et j'en tire des leçons. On n'empêchera jamais les gens d'être tristes après une rupture, mais qu'ils n'en apprennent rien parce qu'ils sont submergés par leurs émotions, ça n'a pas de sens ! Surtout s'ils doivent souffrir à nouveau plus tard. Si cela t'arrive, sers-toi de la douleur comme d'une armure pour tes futures batailles. Il ne s'agit pas de te transformer en reine de glace, mais plutôt de te souvenir que souffrir aujourd'hui te rendra plus forte demain. Profite de chaque épreuve et souviens-toi que l'expérience que tu en tireras sera toujours bénéfique.

On a tellement de raisons de s'émouvoir, dans la vie. Phœbe et Joey qui ne finissent pas ensemble dans le dernier épisode de *Friends*. Drake qui a avoué, à l'âge de 29 ans lors de son discours aux MTV Music Awards, être amoureux de Rihanna depuis ses 22 ans (sept ans dans la *friend zone*, tu imagines ?). Ou encore Apple qui, dans trois nouveaux modèles d'iPhone va changer la forme du port d'alimentation et tous nous obliger à acheter de nouveaux chargeurs. Si tu veux pleurer à chaque petite contrariété, fais-toi plaisir (mais rien que d'y penser, ça me fatigue). En revanche, quand il s'agit de mener à bien un projet et d'apprendre de précieuses leçons, ne laisse pas tes émotions se mettre en travers de ton chemin.

CHAPITRE 6

NE RÉFLÉCHIS PAS TROP

C'EST GÉNIAL, DE RÉFLÉCHIR.

J'adore ça. Je suis sûre que les peluches ont bien les boules de ne pas pouvoir le faire. Sauf Ted, bien sûr, qui pour le coup n'est pas du genre à se poser trop de questions. (Ted est le héros de deux films. C'est un nounours qui parle et qui se marie avec une humaine. #Cestbeaulamour.) Le problème, c'est qu'à trop cogiter on oublie parfois de suivre son instinct. Souvent, on veut tellement bien faire, en décortiquant le pourquoi du comment, que ça en devient contre-productif. Ça arrive même aux meilleurs d'entre nous. À trop penser, on finit par perdre en efficacité et par ne plus avancer. Une mégaboss sait quand prendre le temps de la réflexion et quand se décider en un claquement de doigts.

Tourner et retourner un problème dans ta tête ne t'aidera pas à le résoudre. Imaginons par exemple que ton copain te dise qu'il a besoin de te parler. Avant de l'appeler, tu vas passer quarante-cinq minutes à réfléchir à ce qu'il peut bien avoir à te dire. « Est-ce qu'il m'a trompée ? Et si je l'avais trompé sans m'en rendre compte ? Est-ce que j'avais bu ? Peut-être qu'il a des photos ! Peut-être que je suis dans *Closer* ! Ou peut-être qu'il a un cancer ! Oh non... En fait, c'est un robot. Je le savais. Je sors avec C-3PO. » Tout cela ne sert à rien. Prends ton téléphone et appelle ton mec. Tu risques de te sentir un peu débile d'avoir autant psychoté quand il te demandera simplement si tu peux conduire ce soir.

J'essaie de ne pas trop réfléchir non plus lorsque je crée mes vidéos YouTube. Je ne pourrais jamais faire deux vidéos par semaine si je passais mon temps à cogiter sur la moindre prise de vue et la moindre réplique. Mes vidéos hebdomadaires deviendraient annuelles. C'est notamment pour ça que je galère toujours un peu quand je dois collaborer avec des entreprises pour faire des vidéos sponsorisées. D'un point de vue juridique, je comprends pourquoi leurs équipes doivent faire attention aux détails, même les plus insignifiants. Je sais aussi qu'elles disposent de gigantesques budgets de production et qu'elles se sentent obligées de dépenser de l'argent pour des choses qui, selon moi, ne sont pas vraiment importantes.

Nous n'avons pas les mêmes valeurs.

Je me souviens notamment d'un tournage qui suivait une trame basique. Je devais faire une intro, surprendre une personne, puis discuter avec elle. À l'aise, Blaise. On a mis des heures à tourner cette vidéo, pourtant très simple, alors que trente minutes auraient amplement suffi. La raison ? Le décorateur passait son temps à ajuster tel ou tel objet qui allait de toute façon finir flouté en arrière-plan. Le cameraman voulait systématiquement trois prises différentes pour chaque micro-scène. OK, pas de souci. Je comprends, vous avez de super jouets et vous voulez vous amuser. Mais avoir les compétences et l'équipement nécessaires pour faire quelque chose ne signifie pas qu'on doive le faire pour autant. Cette obsession du détail finissait par affecter le sens de la narration et, plusieurs fois, je me suis retrouvée à leur dire : « Euh... Ça ruine complètement l'effet de surprise. » Ce à quoi on me répondait : « Ah oui, c'est vrai, la surprise ! »

Le scénario devrait toujours être une priorité. Le public comprend-il ce qui se passe ? Est-ce que le message est clair ? Si ce n'est pas le cas, peu importe qu'on utilise un Steadicam avec un stroboscope et une plante superbement placée en arrière-plan. Ne confonds pas minutie et perte de temps, prends du recul. C'est essentiel. D'ailleurs, on devrait littéralement en faire un clip. *TAKE A STEP BACK*. PRENDS DU RECUL. *YEEES*. Je vois d'ici le milliard de vues.

Mmmh, à la réflexion, ça ressemble un peu à *Lean Back* de Fat Joe. Mince. Fat Joe, espèce de rabat-joie.

Les gens ont tendance à tout compliquer parce qu'ils réfléchissent trop. Mais si tu sais prendre du recul et te rappeler tes priorités, prendre des décisions devient tout de suite plus facile. Dans ce genre de situation, pose-toi des questions simples. Si c'est l'argent qui t'intéresse, demande-toi si ton job paie assez. Si c'est ton bien-être personnel, demande-toi s'il te rend heureuse. Laisse-toi guider par tes priorités et ignore le reste. Si tu veux créer un produit exceptionnel, peu importe que quatorze personnes aient travaillé comme des dingues ou que tu aies passé un temps fou dessus ; demande-toi si sa qualité est à la hauteur de tes attentes. Parfois, on réfléchit trop parce qu'on refuse de voir qu'il n'y a pas de bonne décision. La première fois que j'ai eu un gros problème avec un de mes employés, j'ai tourné et retourné la question dans ma tête jusqu'à m'en rendre folle. Pourquoi fait-il toujours la même erreur ? Qu'est-ce que je peux faire différemment ? Comment le sanctionner ? Comment mieux le former ? Tous les soirs, je me couchais en me disant qu'il n'y avait pas de solution.

“

LES GENS ONT TENDANCE À TOUT COMPLIQUER PARCE QU’ILS RÉFLÉCHISSENT TROP. MAIS SI TU SAIS PRENDRE DU RECUL ET TE RAPPELER TES PRIORITÉS, PRENDRE DES DÉCISIONS DEVIENT TOUT DE SUITE PLUS FACILE.

”

En fait, il y en avait bien une : le licencier. Cette idée me déplaisait, donc je refusais de l'envisager. Parfois, la bonne décision est celle qui est la plus difficile à prendre.

La prochaine fois que tu tournes en rond, demande-toi : es-tu un manège ? une grande roue ? la planète Terre ? On est d'accord pour dire que tu n'es pas la planète Terre ? Donc arrête de tourner en rond et utilise ton précieux temps pour prendre de bonnes décisions, aussi difficiles soient-elles. Sors de ce labyrinthe complexe de pensées que tu as créé et prends l'autoroute vers Clartéville. Les choses deviennent très simples dès lors qu'on prend un peu de recul.

TAKE A STEP BACK, PRENDS DU RECUL, *YEEES*.

Prends ça, Fat Joe. On va te mettre la pâtée.

CHAPITRE 7

FAIS TON AUTOCRITIQUE

SE TROMPER, C'EST COOL.

On croit généralement qu'il n'y a que les faibles, les débiles ou les nuls pour commettre des erreurs, mais, en vérité, chacune d'entre elles nous rapproche du succès. Il n'y a pas de chemin universel vers la réussite et, quand on veut accomplir quelque chose, que ce soit apprendre l'art du tressage ou devenir le P-DG d'une boîte de marketing, il faut passer par pas mal d'échecs. C'est la seule façon de savoir ce qui marche et ce qui ne marche pas. La personne qui a inventé le premier téléphone n'a pas créé un iPhone 7, et je suis sûre que celui qui a inventé le parachute a dû récolter un paquet de bleus en chemin. Si tu te trompes, c'est que tu es en train de comprendre comment les choses fonctionnent. Si tu es persuadée qu'il y a dix façons de faire quelque chose et que tu viens de te planter, félicitations. Tu viens de découvrir que la quatrième ne fonctionne pas. C'est un progrès ! Ne pas se tromper signifie qu'on ne fait rien pour atteindre son but. Je répète : se tromper, c'est cool.

Les erreurs n'existent pas seulement pour nous faire culpabiliser. Ce sont des opportunités qu'on ne devrait ni ignorer ni éviter. Les gens paient pour suivre des cours à la fac, alors que les erreurs courent les rues, prêtes à les éduquer gratuitement. Le but, c'est de les reconnaître, de prendre conscience de ce qu'elles nous ont apporté, et d'essayer de ne pas les reproduire à l'avenir. Pour ça, j'ai identifié quatre étapes importantes.

1 PRENDS TES RESPONSABILITÉS

Prendre ses responsabilités, c'est comme aller à l'école : c'est une bonne manière d'apprendre. Si tu refuses d'admettre une erreur, c'est comme si tu séchais les cours et que tu gaspillais tes frais de scolarité. C'est difficile, parce que ça nécessite de faire taire ses mécanismes de défense, parmi lesquels l'orgueil, la peur et l'ego. C'est la raison pour laquelle on fait tout pour gérer nos erreurs sans avoir à reconnaître notre part de responsabilité. Par exemple, si tu devais rendre un projet à 16 heures et que tu ne l'as pas fait, voici quelques façons typiques de ne pas prendre ses responsabilités :

RENVOYER LA BALLE :
« Je n'ai pas rendu le projet parce que Carl des RH ne me l'a pas rappelé alors qu'il avait dit qu'il le ferait. »

DÉVIER L'ATTENTION :
« Ouais, mais Samantha n'a pas non plus rendu le sien. »

LE DÉNI :
« Je ne savais pas qu'il fallait le rendre aujourd'hui. »

FAIRE COMME SI DE RIEN N'ÉTAIT :
(À 19 heures.) « Voici mon projet. Bonne soirée. »

Non seulement c'est pénible pour tes collègues, mais en plus ça t'empêche de trouver une solution. En admettant ton erreur, tu te laisses une chance de la réparer, alors que si tu restes dans le déni, qui va résoudre le problème ? Une mégaboss ne se sert pas de ses mécanismes de défense pour éviter d'avoir à nettoyer le chantier derrière elle. Elle ne prend pas non plus ses responsabilités à moitié.

MOITIÉ DE RESPONSABILITÉ :
« Désolée du retard. Carl devait me rappeler la *deadline*, mais il ne l'a pas fait. Quand même, je suis vraiment désolée. »

RESPONSABILITÉ DE MÉGABOSS :
« Je suis consciente que j'aurais dû rendre le projet à 16 heures et qu'il est 19 heures. Il n'y a pas d'excuse à ça, et je suis vraiment désolée. »

2 FAIS TON AUTOCRITIQUE

Si tu n'as pas rendu ce projet à temps, remets-toi en question, avant que quelqu'un d'autre ne le fasse. Tu te connais mieux que quiconque, alors pourquoi attendre que l'on te fasse une réflexion pour comprendre ce qui s'est passé ? Avant de rendre des comptes à tes boss, mets les choses au point avec ta mégaboss intérieure. Tu dois trouver la cause de ton erreur pour ne pas la reproduire, et pas seulement parce que tes supérieurs vont te demander une explication. Quand tu auras trouvé, sois honnête. Souvent, on utilise les meilleurs mécanismes de défense contre soi-même. Par exemple, tu te dis peut-être que tu n'as pas fini parce que tu n'as pas eu assez de temps. C'est peut-être vrai. Mais peut-être aussi que tu as consacré ce temps à d'autres choses ? Tu es allée à une soirée ? Tu as traîné avec ton mec ou ta meuf ? Tu as regardé toute une saison d'*Orange Is the*

New Black ? Si tu hoches la tête, voici la véritable explication : tu n'as pas fait passer ton travail en priorité. Quand tu fais des erreurs, sois franche. Arrête de te rouler par terre. On n'est pas sur un terrain de foot, ici.

« LES ERREURS N'EXISTENT PAS SEULEMENT POUR NOUS FAIRE CULPABILISER. CE SONT DES OPPORTUNITÉS QU'ON NE DEVRAIT NI IGNORER NI ÉVITER.

3 TROUVE DES SOLUTIONS

Les erreurs ne sont utiles que si l'on comprend comment ne pas les reproduire. Si tu rends tes trois prochains projets en retard, c'est que tu n'as pas vraiment appris ta leçon, si ? Une fois que tu as identifié honnêtement la cause de ton erreur, trouve une solution. Si c'est parce que tu n'as pas eu assez de temps, organise-toi différemment. Crée un système de récompense qui te permet d'aller à une soirée uniquement si tu finis x tâches. Tu ne peux pas continuer à répéter les mêmes comportements en espérant obtenir des résultats différents. C'est absurde. Il faut que tu trouves des solutions, et pas des clichés du genre « tu feras mieux la prochaine fois ». De vraies solutions, comme « résilier mon abonnement à Netflix ». On ne rigole pas !

4 COMMUNIQUE

Une fois que tu as appris à prendre tes responsabilités, à faire ton autocritique honnêtement et à trouver des solutions, apprends à t'excuser sincèrement. Toute erreur, grande ou petite, nécessite des excuses, et aucun ego ne devrait être trop gros pour ça. La plus grande erreur serait de penser que s'excuser ne sert à rien. S'excuser, ça veut dire qu'on s'implique et ça montre qu'on est un adulte responsable, et pas un enfant de 6 ans. Aussi, que tu aies fait une petite bourde, comme avoir oublié de répondre à un e-mail, ou un truc bien plus gros, comme avoir blessé un ami, prends le temps de t'excuser et d'expliquer comment tu vas t'y prendre pour que ça ne se reproduise plus.

EXCUSE À DEUX BALLES :

« Je suis désolée. La prochaine fois, je ne demanderai pas à Carl de me rappeler la *deadline*. Quand il oublie, c'est pénible pour tout le monde. »

Arrête ton bla-bla, tu peux faire beaucoup mieux que ça.

EXCUSE DE MÉGABOSS :

« Je suis désolée d'avoir rendu mon projet en retard. C'est entièrement ma faute. J'ai trouvé une façon de m'organiser pour que ça ne se reproduise plus. Tu peux t'attendre à mieux la prochaine fois. »

C'est bon, Carl, te voilà tranquille, maintenant.

Qu'il s'agisse de recevoir une récompense ou d'admettre une erreur, une mégaboss gardera la tête haute parce qu'elle sait que les deux expériences contribuent à son développement. Quand on a le courage d'admettre ses erreurs, on peut accomplir de grandes choses. Et quand on a l'honnêteté d'en accepter la responsabilité, les autres le remarquent. Alors fais confiance à ton arbitre intérieur, accepte ce carton jaune et rapproche-toi du succès.

CHAPITRE 8

CREUSE EN PROFONDEUR

PARFOIS, EN PLEIN MILIEU DE LA JOURNÉE, je me rends compte que j'ai une tache sur mon tee-shirt. Et quand je dis « parfois », en fait c'est tous les jours, parce que je mange comme un cochon. Ma technique ? Je mets une veste ou un badge pour la cacher. Problème résolu. Pareil, quand j'ai un bouton (quasiment tous les jours aussi), je mets du fond de teint. Quand je renverse mon verre sur la moquette et que ça ne part pas, j'achète une plante et je la place sur la marque. Ça marche super bien jusqu'à ce que j'en renverse quatre autres. Là, mon salon commence à ressembler au décor de *Jumanji*.

La plupart du temps, il est facile de trouver des solutions rapides pour masquer les petits ratés du quotidien. Mais pour ce qui est de ta vie professionnelle, personnelle ou sociale, ça ne va pas suffire. Tu vas devoir faire mieux que ça et creuser à la racine du problème. Tu devrais te connaître au point de pouvoir dessiner une notice Ikea expliquant simplement ton mode de fonctionnement. (Oui, j'ai mis « simplement » et « notice Ikea » dans la même phrase. Il ne faut jamais dire « jamais ».) Si tu veux maîtriser ton esprit (voir le chapitre « À la conquête de tes pensées ») et te connaître vraiment, il faut creuser et s'attaquer aux problèmes de fond.

Comprendre le pourquoi et le comment d'un comportement implique de traverser au minimum trois couches. Surprise, tu es un tiramisu ! La couche du haut représente la façon dont on explique ses actes aux autres. C'est la plus facile à digérer parce que c'est la plus légère, c'est elle qui rend le dessert présentable. Celle du milieu, c'est l'histoire qu'on se raconte à soi-même. Elle est un peu plus lourde et cachée, et parfois on ne peut pas la voir de l'extérieur, parce qu'elle est recouverte de crème. Enfin, on arrive à la couche du bas, composée des causes profondes qui expliquent nos actes. C'est la plus difficile à trouver puisqu'elle est recouverte par les autres ; il faut bien creuser. Ce n'est pas forcément celle qui a le meilleur goût, et ce n'est vraiment pas la plus belle, mais c'est sur elle que repose tout le dessert.

Maintenant que tu as bien les crocs, je vais illustrer tout ça avec des exemples personnels.

COMPORTEMENT :
Je dis à tout le monde que je ne veux pas de relation sérieuse pour le moment.

COUCHE 1 : CE QUE JE DIS AUX AUTRES.
Je suis trop occupée par ma carrière, je n'ai pas besoin d'un mec. *claquement de doigts* #singleladies.

COUCHE 2 : CE QUE JE ME RACONTE À MOI-MÊME.
J'aime trop ma carrière, je n'ai pas de temps à perdre en histoires de couple. Ça m'empêcherait de réaliser mes rêves. Je ne veux pas être mise en cage.

COUCHE 3 : LA VRAIE RAISON.
Je ne sais pas comment avoir une relation sérieuse tout en poursuivant mes rêves, alors quand une relation se noue avec quelqu'un, je fuis. J'ai peur des effets négatifs que le couple pourrait avoir sur moi, peu importe avec qui je suis.

Découvrir la troisième couche m'a aidée à faire le premier pas vers des relations plus saines. Après avoir creusé davantage et être revenue sur mon enfance, j'ai découvert que mon désir d'être célibataire n'était pas simplement dû à mon admiration pour Beyoncé et à mon goût pour l'indépendance. Bien sûr, ce sont des facteurs qui entrent en ligne de compte, mais ce ne sont pas les vraies raisons. La vraie raison, c'est que les relations amoureuses me font peur.

Tu te souviens quand j'ai dit qu'on avait tous au MINIMUM trois couches ?

Parfois, il y en a une quatrième, cachée encore plus en profondeur, qui ne se découvre qu'avec le temps. C'est un peu comme si l'âge et l'expérience faisaient fondre les trois premières pour révéler une connaissance de soi plus poussée.

COUCHE 4 : LES INGRÉDIENTS DU TIRAMISU.
Comme je n'ai jamais vraiment connu de relation saine en grandissant, je ne crois pas à leur existence. Je pense que la vie de couple fait ressortir le mauvais côté des gens, en toutes circonstances.

Je donne rarement une chance à mes relations amoureuses, et découvrir cette quatrième couche m'a aidée à comprendre pourquoi. Creuser profondément m'a permis de comprendre le caractère irrationnel de mon

raisonnement et d'agir pour le modifier. Il faut quand même préciser que c'est normal, d'avoir des idées bien ancrées et illogiques. Ne va pas culpabiliser ou avoir honte des leçons auxquelles tu as été exposée en grandissant. On est tous un peu névrosés à notre façon.

Voici un autre exemple personnel.

COMPORTEMENT :
Je m'entoure de couleurs vives et de citations positives.

COUCHE 1 : CE QUE JE DIS AUX AUTRES.
Je suis une licorne et je respire le bonheur !

COUCHE 2 : CE QUE JE ME RACONTE À MOI-MÊME.
Je m'aime et je veux être heureuse. Je m'entoure de trucs qui me font me sentir bien, pour pouvoir donner le meilleur de moi-même.

COUCHE 3 : LA VRAIE RAISON.
Je sais ce que c'est que d'être déprimée, et je suis terrifiée à l'idée de rechuter. Je dois faire tout mon possible pour me sentir bien.

Identifier la racine de nos problèmes, ça libère, mais ça permet aussi de trouver des solutions durables. Dans l'exemple précédent, ce n'est qu'après avoir découvert la troisième couche que j'ai vraiment pu m'en occuper. Si j'ai ultra peur de la dépression et que j'ai l'impression de toujours devoir être heureuse, une solution envisageable peut être de m'entourer de citations inspirantes, mais il faut surtout que je fasse la paix avec mes émotions, positives ou négatives. M'en rendre compte m'a permis d'apprendre à m'accepter et à aimer ma vie, même quand je suis triste. J'ai compris que ce n'était pas grave d'être déprimée et qu'une mauvaise journée n'équivalait pas à une méga grosse dépression. Avec le temps, j'ai appris à me dire que la tristesse faisait partie de mon développement émotionnel, et ça, ça n'aurait pas été possible si j'avais continué à ne manger que la crème sur le tiramisu et à laisser le reste.

Bien souvent, on a peur d'aller au cœur de ses problèmes parce qu'on pense qu'on ne trouvera pas de solution. Parfois, ça demande juste un peu de temps, d'efforts et de créativité. D'autres fois, notre peur est absolument justifiée et il n'y a rien à faire. Je ne suis pas naïve au point de croire que chacun de mes problèmes de fond est résolu, mais peut-être que la clé, c'est simplement d'en avoir conscience. S'il y a un robinet qui fuit dans ton subconscient et que tu as essayé plein de fois de le réparer, en vain,

achète-toi un seau, préviens ton entourage qu'il y a une fuite, et prépare-toi à être un peu mouillée. Après tout, personne n'est parfait

Par exemple, la fidélité est primordiale, pour moi. J'ai fait l'analyse de mon tiramisu, et il y a plusieurs raisons pour lesquelles j'ai du mal à pardonner la trahison. J'ai fait beaucoup d'efforts pour y remédier et, même si j'ai avancé, je galère encore. Du coup, chaque fois que je me mets en couple, je dis clairement à l'autre que c'est quelque chose que je ne peux pas accepter. Ce n'est pas que je ne veux pas, c'est que je ne sais pas comment faire autrement. De cette façon, si l'infidélité devient un problème, ma réaction ne surprend personne. Au moins, quand j'expose mes limites, on peut en discuter et les prendre en considération. C'est le seau sous mon robinet qui fuit.

Comprendre pourquoi tu es comme tu es demande une honnêteté totale, alors trouve une loupe et passe au crible ton existence. Tu es Sherlock Holmes, et c'est l'enquête de ta vie.

Maintenant tu m'excuseras, mais faut que j'aille acheter un cactus. J'ai encore renversé un verre.

À ton tour

Pourquoi tu travailles dur ? Ou pourquoi tu ne te foules pas trop ? Creuse profondément et pars à la découverte de tes couches.

Couche 1 : ______________________________

____

Couche 2 : ______________________________

____

Couche 3 : ______________________________

____

Couche 4 possible : ______________________________

____

CHAPITRE 9

PRATIQUE LE SELF-CONTROL

CONSIDÈRE LE SELF-CONTROL

comme le muscle le plus important d'une mégaboss. Comme tous les autres, si on veut le renforcer, il faut le faire travailler. Malheureusement, il y a tellement d'autres trucs plus sympas à faire… Oh, attends, j'ai une notification. Je te jure ! J'en ai pour une seconde. Ma pote vient d'annoncer ses fiançailles sur Facebook. Je suis contente pour elle, mais j'ai aussi un peu les boules. C'est vrai, quoi, la dernière fois que je l'ai vue, sa sonnerie, c'était *Single Ladies* ! Ah, elle a ajouté des pho… Ah ! « Les 10 trucs que les gens qui réussissent font tous les jours ». Il faut absolument que je lise cet article BuzzFeed. Il paraît que le numéro 4, c'est un truc de fou ! Je veux savoir. Je passe direct au numéro 4.

Trois heures plus tard.

Comme je le disais, savoir se maîtriser, quand on veut être productive, c'est important. Mais, autant se l'avouer, c'est plus facile à dire qu'à faire. Comment s'y prendre ? Comment s'améliorer ? Après tout, ce ne sont pas les tentations qui manquent. Céder, c'est tellement plus simple ! En fait, il suffit de créer un programme d'entraînement qui te correspond.

Voici trois exercices pour t'aider à renforcer ton self-control.

1 FIXE-TOI DES OBJECTIFS

Si tu as besoin d'accomplir quelque chose, il y a plusieurs façons de te fixer des objectifs. La première, c'est de te créer un programme et d'essayer de terminer une tâche en un temps donné. Par exemple, pour l'écriture de ce livre, je m'accordais un certain temps pour finir chaque chapitre. Ensuite, je faisais de mon mieux non pas pour atteindre cet objectif, mais pour le dépasser. Si je finissais avec cinq minutes d'avance, je m'autorisais à consacrer ce temps bonus à ce que je voulais. Cinq minutes de danse Bollywood dans ma brassière de sport avant de m'atteler au prochain chapitre ? J'allais me gêner ! Je n'avais le droit de me divertir que si j'avais fait mieux que mon objectif. Plus j'étais productive, plus j'avais de temps pour danser.

Une autre technique consiste à décider qu'on arrêtera de bosser pour la journée une fois un certain nombre de tâches accomplies. Par exemple, quand je m'occupe de la boîte mail de Superwoman (un vrai puits sans fond), je me dis que je pourrai prendre une pause après avoir traité 200 e-mails.

Se fixer des objectifs amène à travailler efficacement et se dire qu'on doit finir x tâches en un temps donné aide à voir la lumière au bout du tunnel.

2 ACCORDE-TOI DES RÉCOMPENSES

Quand tu t'es fixé un objectif et que tu l'as atteint, accorde-toi une récompense. Ça peut être une pause entre deux tâches (genre un petit encas) ou bien un truc plus important une fois la journée finie. Fais attention à bien la mériter et à ce qu'elle soit raisonnable. Répondre à deux e-mails et s'accorder une sieste de quatre heures, c'est n'importe quoi. Par contre, voici un bon exemple : après avoir écrit trois chapitres, aujourd'hui, je pourrai regarder Netflix pendant une heure ; du coup, je vais taper à la vitesse de la lumière.

Le système de récompense fonctionne tant que tu ne triches pas. Si je n'écris que deux chapitres aujourd'hui, je ne vais pas m'autoriser à regarder Netflix pendant une heure. Eh oui, le self-control, ça demande du self-control. Pour éviter tout problème, confie la clé de la récompense à quelqu'un d'autre. Par exemple, je peux demander à un pote de changer mon mot de passe Netflix et de ne me donner le nouveau qu'une fois que je lui aurai montré mes trois chapitres. Peut-être qu'on va se prendre la tête quand j'en aurai marre au bout de deux, mais, au moins, je ne pourrai pas gruger.

Voici d'autres solutions :

- Ton ami change ton mot de passe Facebook jusqu'à ce que tu aies fini d'étudier.
- Il confisque ton portable jusqu'à ce que tu aies fini de bosser.
- Il change le mot de passe de ton wifi jusqu'à ce que tu rentres de la gym.

3 METS-TOI AU DÉFI

Quand on veut renforcer un muscle, on augmente progressivement la difficulté des exercices ou le poids des haltères. Tu peux appliquer le même principe à la volonté. Par exemple, je ne dis pas de gros mots. Je n'ai rien contre ; d'ailleurs, j'aime bien quand les autres jurent, mais moi, je préfère m'abstenir. Bien sûr que, parfois j'en ai super envie : moi aussi, je regarde *Game of Thrones*. Tu crois que j'étais dans quel état, devant les « noces pourpres » ? J'ai eu envie de jurer comme un charretier pendant l'heure qui a suivi. Mais rester polie, c'est quelque chose que je fais par choix, et, pour tout te dire, c'est le genre de truc qui m'aide à me contrôler dans d'autres domaines. Ça m'a permis de prêter moins attention aux commérages, de mieux garder les secrets et de ne plus répondre sur un coup de tête pendant les interviews.

Tu n'es pas obligée de changer du jour au lendemain, mais tu peux te fixer des défis. Pense à une habitude dont tu voudrais te débarrasser et prépare-toi des miniséances d'entraînement.

Voici quelques idées :

- **Si tu as l'habitude de jurer, arrête pendant vingt-quatre heures.**
- **Tu es une grosse viandarde ? Deviens végétarienne pendant deux jours.**
- **Si tu te ronges les ongles, retiens-toi pendant un jour. À chaque fois que tu craques, le chrono repart de zéro.**

Je ne suis pas en train de dire que jurer et manger de la viande, c'est mal. Ce n'est pas le sujet de la discussion. On parle ici d'apprendre à se maîtriser pour en finir avec une mauvaise habitude. Plus tu t'entraînes, plus ce sera facile pour toi de te contrôler dans d'autres situations, comme quand tu es censée bosser et que tu te laisses happer par Buzzfeed. Je peux te jurer que le numéro 4 n'est pas si incroyable.

En exerçant ton self-control, tu gagneras en endurance. Quand j'ai emménagé à Los Angeles, je n'ai pas eu d'assistant pendant deux mois. J'ai donc dû travailler deux fois plus pour que tout soit fait. Le plus difficile, c'était de monter mes vlogs quotidiens, tâche dont mon assistant s'occupe généralement. Après avoir travaillé pendant des heures sur le scénario d'une vidéo, le simple fait de m'imaginer passer encore vingt minutes à monter un vlog était une véritable torture. Tous les soirs, je me traînais jusqu'à mon lit, j'allumais mon ordinateur portable et je me mettais au boulot. Je pleurais littéralement de fatigue. Pourtant, non seulement ces

vingt dernières minutes rendaient ma nuit de repos encore plus ouf, mais elles m'ont aussi aidée à en faire plus pendant la journée. Tout à coup, je prenais vingt minutes supplémentaires pour travailler sur un scénario. Je pouvais écrire dix e-mails de plus avant d'éteindre mon ordinateur. Là où, avant, j'allais me coucher en ignorant l'évier plein d'assiettes sales, je me suis surprise à retrousser mes manches et à faire la vaisselle. J'avais renforcé ma volonté COMME UNE PRO !

Voici de quoi te donner à réfléchir : si tu galères toujours pour finir ton travail, peut-être que tu devrais te remettre en question. On me demande souvent comment je fais pour bosser douze heures d'affilée, et je ne sais jamais trop quoi répondre. Je n'ai pas l'impression de me forcer, parce que j'aime ce que je fais, tout simplement. Si tu aimes ton taf, tu es automatiquement motivée. En gros, le self-control, c'est plus facile quand on fait ce qu'on aime.

Derrière chaque personne qui réussit se cache une éthique de travail à toute épreuve, une capacité à bloquer les distractions et une maîtrise de soi en béton. Trouve des façons originales de renforcer la tienne et exerce-toi. Ce n'est pas comme les abdos : il faut qu'elle reste ferme même en hiver, alors au boulot.

Maintenant, pardon, mais Netflix ne va pas se regarder tout seul.

Au boulot

Fais une liste de challenges pour exercer ta volonté. Commence par un défi de vingt-quatre heures, puis allonge progressivement sa durée.

1. ______________________________

____

2. ______________________________

____

3. ______________________________

____

CHAPITRE 10

AU-DELÀ DE LA SURVIE

REGARDE AUTOUR DE TOI

Es-tu au milieu de l'océan ? Est-ce que ton bateau vient de couler ? Si tu n'en es pas sûre, regarde sur ton iCal, pour voir si tu as récemment pris place à bord du *Titanic*. Si la réponse est oui, s'il te plaît, arrange-toi pour faire tenir deux personnes de plus sur cette porte flottante. Au pire, restez-y à tour de rôle, histoire que personne ne meure. Si la réponse est non, pourquoi te comportes-tu comme si tu étais en apnée, là, tout de suite ? Rassure-toi, tu as dans ce livre tous les outils nécessaires, non pas pour survivre, mais pour partir à la conquête de ta vie.

Avant, je ne connaissais pas la différence entre survivre et conquérir. Je pensais que le but était de venir à bout de mes tâches les unes après les autres, peu importait la façon dont je m'y prenais. C'est lors de ma première tournée que j'ai compris la différence entre faire le minimum et aller au bout des choses. Je devais assurer 31 spectacles dans 26 villes du monde entier. C'était éprouvant, tant sur le plan physique que mental. Les premières dates avaient lieu en Inde, à l'autre bout du monde. Il a fallu nous adapter au climat, à un fuseau horaire et à une alimentation différents. Cela ne faisait qu'ajouter au challenge déjà élevé que représente la production d'un bon spectacle. Nous avons enchaîné les six premières dates dans six villes indiennes, entre lesquelles il fallait prendre l'avion. Quand tu commences dans ces conditions, tu passes directement en mode survie, et, dès les premières étapes, je me suis transformée en personnage de *The Walking Dead*. Chaque soir, avant la représentation, je me répétais la même rengaine : « OK, tu vas aller jusqu'au bout de ce spectacle, Lilly. Tu peux le faire. » Je montais sur scène sous les encouragements du public, je déroulais ma prestation sans prendre de risques, et, deux heures plus tard, je terminais, satisfaite d'avoir survécu à une nouvelle représentation.

J'ai continué comme ça pendant quelques dates et, à la neuvième, j'ai décidé de tenter une nouvelle approche. J'étais particulièrement en forme ce jour-là, et le public aussi ! Ils étaient dé-chaî-nés. Étaient-ce les quelques heures de sommeil supplémentaires glanées la nuit d'avant ou les super

bonnes frites du midi ? Toujours est-il qu'une petite voix m'a dit : « Tu sais quoi ? Ne te contente pas de faire juste le job. Vas-y et donne le meilleur de toi-même. » Je me suis fait la promesse d'enchaîner les *punchlines* comme jamais, de dérouler mes chorégraphies avec assurance, mais surtout d'offrir à ces gens le meilleur des shows possible. Ce spectacle, ce n'était plus une simple date à rayer sur ma *to-do list*. J'allais changer des vies. Avant de m'élancer sur scène, j'ai fait le plein de motivation, bu une grande gorgée d'eau, et me suis promis, juré, craché que j'allais réussir. J'avais une énergie incroyable. Je bondissais littéralement d'enthousiasme pendant ma choré, chose que je n'avais jamais faite auparavant. Mes danseurs l'ont remarqué, et ça les a encore plus motivés. Mes blagues étaient plus drôles qu'à l'ordinaire, mes grimaces plus débiles, mes déhanchés toujours plus marrants et mes poses plus stylées. À la toute fin, au moment du discours de motivation, je n'ai pas seulement récité mon texte, j'ai ressenti intensément chaque mot.

Deux heures plus tard, à la fin du spectacle, et comme le veut notre tradition, mes danseurs m'ont accueillie dans les coulisses à bras ouverts. Le spectacle avait beau être terminé, ils étaient tous encore très excités par cette énergie nouvelle que j'avais insufflée. Le public avait mieux réagi

que lors de nos précédentes dates, on l'avait tous senti. Évidemment, j'étais deux fois plus lessivée, mais aussi deux fois plus fière de ce que j'avais accompli, et, en plus, je m'étais vraiment éclatée. À compter de ce jour, il ne serait plus question de survie, mais de conquête. Tous les soirs qui ont suivi, j'ai bougé avec plus de conviction, ri à mes propres vannes et, surtout, établi une connexion plus forte avec le public. Avant chaque spectacle, je me demandais comment faire mieux que la fois précédente. Parfois, j'ajoutais une ligne à mon script ; d'autres fois, je changeais un détail pour surprendre mes danseurs.

Il a fallu beaucoup de travail pour franchir ce cap et créer un meilleur spectacle. J'ai dû me montrer plus exigeante avec moi-même : maîtriser chacune de mes chorégraphies à la perfection, connaître mes blagues sur le bout des doigts et m'adapter à des publics et à des cultures chaque fois différents. Cela signifiait plus de répétitions, donc moins de temps libre pour faire la fête et plus de sommeil pour toujours être en forme. J'ai aussi dû vaincre mon trac et ma nervosité pour m'assurer que tout ce que je ressentais avant de monter sur scène, c'étaient de la confiance et de la passion.

Cela dit, la vie nous réserve parfois de mauvaises surprises. Tu peux être forcée de passer en mode survie pour des problèmes financiers ou des ennuis de santé. Difficile de partir à la conquête de sa vie quand on se bat contre la maladie ou qu'on a du mal à finir le mois. Soyons réalistes, on passe tous en mode survie à un moment ou à un autre. Et c'est normal. Le risque est de rester dans cet état d'esprit et de ne pas prendre les rênes de sa vie pour en profiter. En chacun de nous, il y a un interrupteur qui permet de passer de SURVIE à CONQUÊTE. Quand les choses s'arrangent, rien ne nous oblige à vivre en permanence avec un gilet de sauvetage sur le dos.

Ne te contente pas de réussir ton exam, cartonne. Tu peux payer tes factures ? N'en reste pas là, économise pour t'offrir un voyage. N'écris pas un scénario uniquement pour faire un film, vise l'oscar. C'est ça, la différence entre survivre comme une galérienne et conquérir le monde comme une mégaboss.

Si tu es en train de couler, mets ton gilet de sauvetage, commence à battre des pieds et à remuer les bras. Mais une fois que tu auras appris à nager, ne fais pas les choses à moitié. Lâche la bouée, pars en crawl jusqu'au rivage, remonte la plage et vise le haut de la colline, parce que tu **VAS** arriver au sommet, je te le garantis.

Quand tu fais un truc, fais-le à fond.

“

NE TE CONTENTE PAS **DE RÉUSSIR TON EXAM,** CARTONNE. **TU PEUX PAYER TES FACTURES ? N’EN RESTE PAS LÀ,** ÉCONOMISE POUR T’OFFRIR UN VOYAGE. **N’ÉCRIS PAS UN SCÉNARIO UNIQUEMENT POUR FAIRE UN FILM,** VISE L’OSCAR. **C’EST ÇA, LA DIFFÉRENCE ENTRE** SURVIVRE COMME UNE GALÉRIENNE **ET CONQUÉRIR LE MONDE** COMME UNE MÉGABOSS.

”

CHAPITRE 11

L'AMOUR, TOUJOURS

ÊTRE AMOUREUX,

c'est enivrant. On a des papillons dans le ventre et quelqu'un à qui envoyer des textos avant de s'endormir. On veut ce qu'il y a de mieux pour ceux qu'on aime. Qu'ils réussissent ou qu'ils galèrent, on est toujours là pour eux. Parfois, on va même jusqu'à acheter un tee-shirt légèrement plus foncé que celui qu'on a déjà pour être ce genre de couples bizarres, toujours parfaitement assortis. Rouge cerise ou framboise, la différence est énorme quand on est amoureuse, pas vrai ?

Si les comédies romantiques, les romans et les chansons nous ont appris une chose, c'est que tout notre amour est tourné vers les autres. On a même des jours qui leur sont dédiés : la fête des Mères pour les mamans, la fête des Pères pour les papas, et la Saint-Valentin pour les fleuristes... Encore faut-il commencer par s'aimer soi-même. Dans le cas contraire, on ne fait que projeter ses peurs et ses angoisses sur l'autre, et ça nous empêche de le voir tel qu'il est vraiment. D'ailleurs, sans amour-propre, on n'est pas vraiment heureux, donc on ne donne pas autant d'amour qu'on le pourrait.

Tu dois te dire : « OK, mais c'est quoi le rapport entre ça et devenir une mégaboss ? » Figure-toi que les deux sont quasiment cousins au premier degré. S'aimer, ça veut dire prendre soin de soi. Une personne dont on s'occupe bien a plus de chances d'être heureuse, productive et en bonne santé. S'aimer, ça signifie aussi être fière de soi, se consoler et s'encourager dans l'adversité, mais aussi se défendre et se battre pour être traitée comme une mégaboss.

Je ne me suis pas toujours aimée. Il a fallu que je tombe amoureuse de moi-même, et le premier rendez-vous n'a pas été facile. J'étais dépressive et suicidaire, démotivée et terrorisée. Quand on est seule, non pas par accident, mais par choix, parce qu'on ne ressent pas le besoin d'être au contact des autres, la seule personne sur qui on veut compter, c'est soi-même. Je ne sais pas comment j'en suis arrivée là, ni comment je m'en suis

convaincue, mais un soir où j'étais vraiment au fond du trou, je me suis fait un câlin. J'avais tellement pitié de moi. C'était comme si je me voyais de l'extérieur, et ma réaction naturelle a été de me prendre dans mes bras. Après tout, c'est ce qu'on fait quand on voit quelqu'un de triste, non ? Je me suis enlacée jusqu'à m'endormir, et j'ai passé la nuit comme ça.

Durant les semaines qui ont suivi, je suis sortie en tête à tête avec moi-même, et j'ai commencé à m'apprécier. Je n'étais peut-être pas si naze, après tout. J'ai compris qu'il y avait plus en moi que ce que j'imaginais. J'ai commencé à me parler davantage et à penser à moi spontanément pendant la journée. Je savais même de quelle couleur étaient mes yeux.

Apprendre à vraiment m'aimer est ce qui m'a sortie de la dépression. Jusqu'alors, je ne pensais pas avoir droit au bonheur. Je pensais être faite pour la tristesse, alors je n'essayais pas de changer. Mais ce n'est pas comme ça qu'on traite quelqu'un qu'on aime. On n'accepte pas que cette personne souffre. On fait son possible pour la rendre heureuse. Ce nouvel amour-propre a marqué le début de ma reconstruction.

Tout cela, je l'ai compris en surmontant ma dépression. Mais c'est lors d'une rechute que j'ai appris comment m'aimer réellement. Quiconque a connu cet état sait qu'il ne disparaît jamais pour de bon. Il y aura des jours, voire des semaines, où on rechutera et où on aura l'impression de repartir de zéro. Dans ces moments-là, je me suis donné davantage d'amour et d'attention. Je ne voulais pas retomber dans la dépression, alors je suis devenue ma meilleure amie de plusieurs façons :

1 **JE N'AI PAS ÉTÉ TROP DURE AVEC MOI-MÊME.** Connaître une rechute ne signifiait pas que j'étais faible, nulle, ou que je la méritais. C'était simplement un mauvais moment à passer.

2 **JE ME SUIS ENCOURAGÉE,** parfois à haute voix. Je me suis dit que j'étais forte et que ce n'était pas une mauvaise journée qui allait gâcher toutes les bonnes choses que j'avais dans ma vie.

3 **J'AI ÉTÉ PATIENTE** et j'ai compris que ce n'était pas grave de ressentir de la tristesse. Que je sois triste, heureuse ou effrayée, l'important était de savoir que j'étais là pour moi, pour me serrer dans mes bras et assumer fièrement mes émotions, quelles qu'elles soient.

Aujourd'hui, même si les rechutes sont rares (#merci), je m'aime toujours autant et je me considère comme ma meilleure amie. Maintenant, quand je passe une mauvaise journée, je me parle avec empathie. Je me dis, par exemple : « OK, aujourd'hui, c'était dur, et tu te sentais mal, mais tu as tenu le coup, et ça, c'est top. Tu mérites un câlin. Demain, ça ira mieux. » Quand je réussis quelque chose dont je suis particulièrement fière, je me donne littéralement une petite tape dans le dos et je me dis : « Lilly, je suis ultra fière de toi. » Ça paraît bizarre, mais ça ne devrait pas. Quand on aime quelqu'un, on communique ouvertement.

Dans une situation difficile, on a tendance à réfléchir aux conséquences que nos actions pourraient avoir sur les autres. Si je prends cette décision, qu'est-ce que ma mère va penser ? Comment mon mari va-t-il le prendre ? Est-ce que ça va affecter mon frère ? Est-ce que ça va offenser quelqu'un ? C'est super, de penser aux autres, mais n'oublie pas de penser aussi à toi. Arrête-toi un instant pour réfléchir à comment TOI, tu te sentirais. Prends ensuite une décision qui tient compte de ceux que tu aimes. C'est ça, la différence entre amour-propre et égoïsme.

Avant, j'étais terrorisée à l'idée de passer du temps avec moi-même. Maintenant, j'adore me retrouver seule de temps en temps. Comme toutes les relations, celle qu'on entretient avec soi demande du temps et des efforts. Ne te flagelle pas en te disant que tu ne mérites pas d'être aimée. C'est n'importe quoi. Va tout de suite chanter la sérénade à ton reflet dans le miroir. Je te suggère *Crazy in Love* de Beyoncé, c'est exactement ce que tu devrais ressentir en te voyant.

« COMME TOUTES LES RELATIONS, CELLE QU'ON ENTRETIENT AVEC SOI DEMANDE DU TEMPS ET DES EFFORTS.

Si tu ne t'aimes pas, tu ne pourras pas atteindre tes objectifs. Tu ne réaliseras pas tes rêves si tu détestes la personne qui les a formulés. Quand on veut être une mégaboss, il faut apprendre à se kiffer sincèrement.

Écris une chanson d'amour

Fais la liste de cinq trucs que tu aimes chez toi. Ne sois pas superficielle : je ne veux pas entendre parler de tes cheveux, de tes yeux ou de tes jambes ! Sois honnête.

1. ______________________________

____

2. ______________________________

____

3. ______________________________

____

4. ______________________________

____

5. ______________________________

____

CHAPITRE 12

APPUIE SUR "PAUSE"

ON ME DEMANDE SOUVENT

si j'ai un clone. Une mégaboss peut faire tellement de choses en une journée que les gens s'interrogent : « Quand trouve-t-elle le temps de se reposer ? » Rassure-toi, je dors et j'adore ça. Mais une fois réveillée, je suis à 200 % ! J'occupe chacune des heures de ma journée comme si je devais rattraper le temps passé dans mon lit. Le soir venu, j'en ai tellement fait qu'en posant ma tête sur mon oreiller j'ai le sentiment d'avoir mérité ma nuit de sommeil. Plein de gens que j'admire partagent cette qualité, cette éthique de travail implacable qui leur permet d'enchaîner les tâches. Mes amis disent souvent en rigolant qu'ils se sentent obligés de faire semblant de travailler quand ils sont avec moi. Je ne te dis pas ça pour me la péter (même si c'est un peu la classe), mais parce que je vais te révéler mon secret : pour travailler dur, il faut savoir faire des pauses.

Tu ne peux travailler H24 que sur un truc que tu SURKIFFES. Si je détestais Superwoman et tout ce qui va avec, je serais incapable de : me réveiller chaque matin, lire 40 e-mails, écrire un scénario, aller à une réunion, lire 30 e-mails de plus, enregistrer une vidéo, la monter, la publier, participer à une téléconférence, donner une interview et faire un vlog de tout ça en même temps. C'est tout le contraire d'un job ennuyeux et répétitif où tu sais qu'à 18 heures tu monteras dans ta voiture et tu partiras en pointant ton majeur dans le rétro. Quand ta carrière ou ton job dévore toutes tes journées, tu te dois de l'aimer pour réussir. C'est la seule façon d'y consacrer autant de temps et d'énergie. Après, c'est sûr, on peut avoir des coups de fatigue. Comment garder la passion intacte ? En s'accordant des pauses et en prenant le recul nécessaire pour apprécier sa carrière à sa juste valeur. Un peu comme au restaurant : tu n'engloutis pas tout ton dessert d'un coup, tu le savoures.

Pour une mégaboss qui travaille jour et nuit, le temps passe à la vitesse de la lumière. Il faut prendre des décisions AUJOURD'HUI, répondre à dix e-mails TOUT DE SUITE, appeler trois personnes ASAP et rendre deux projets CE SOIR. Les jours, les semaines, les mois (ta vie entière) peuvent

s'enchaîner dans un flot continu, où il n'est pas toujours facile d'y voir très clair. Personnellement, c'est le genre d'emploi du temps qui me convient (ou, du moins, c'est ce que je crois). Je suis comme le lapin Duracell : j'ai l'impression que mes batteries ne tomberont jamais à plat. Pourtant, ça m'est arrivé une fois. C'est là que j'ai compris l'importance de faire des pauses.

Je participais à un camp en Italie avec des gens super cool, et j'étais en admiration totale devant eux. Parmi eux se trouvait Pharrell Williams, et ce serait mentir de dire que je n'ai pas crié intérieurement comme une groupie quand je l'ai rencontré. J'étais crevée en arrivant, et j'espérais pouvoir me détendre et faire la grasse mat' le lendemain. Avant ça, j'avais passé deux heures à L.A. à faire mes valises, je m'étais rendue à Montréal pour recevoir une récompense, j'avais passé quinze heures sur le tournage d'une vidéo, j'étais allée à l'avant-première d'un film après une matinée de promo, le tout entrecoupé de réunions et de pauses pour réaliser mes vidéos hebdomadaires. Je me suis assise sur le bord de mon lit et j'ai ouvert mon emploi du temps avec entrain. Première chose que j'ai vue : « La journée commence à 8 heures. » Sérieusement, 8 heures ? POURQUOI 8 HEURES ? POURQUOI PAS PÂTES ET COCKTAILS À LA PISCINE À PARTIR DE 14 HEURES ?!

Le lendemain, je me suis réveillée à 8 heures, blasée, alors que j'étais dans un endroit génial avec des gens trop cool. L'air absent, j'ai pris mon petit déjeuner, et ça ne s'est pas arrangé pendant la première activité. Ce n'est qu'en discutant avec Pharrell que je me suis rendu compte que j'étais épuisée et que j'avais besoin de repos. J'étais en Italie, je passais ma soirée dans un temple antique, je dînais, assise en face de Pharrell Williams, qui me racontait sa vie, et je n'avais qu'une seule chose en tête : « Vivement que j'aille me coucher. » Tristesse. Voilà ce qui arrive quand on ne fait que travailler sans jamais prendre le temps de réfléchir aux raisons qui nous poussent à nous lever le matin. Personnellement, je fais ce que je fais parce que j'ai envie de vivre de grandes et belles expériences. Mes plus grands succès, ceux que je chéris le plus, n'ont rien à voir avec l'argent ou la gloire. Ce sont ceux qui m'ont permis de rencontrer des gens super et de faire des choses uniques aux quatre coins du monde. Et pourtant, j'étais là, en train de vivre un truc de fou, et tout ce que je voulais, c'était être dans mon lit. C'est triste, de travailler si dur et de ne pas être capable d'en récolter les fruits.

Depuis, j'ai appris à faire des pauses et à prendre du recul. Voici mes techniques :

1 JE MÉDITE

Quand je dis que je médite, les gens imaginent que je me lève à 5 heures du matin tous les jours pour faire passer mes jambes derrière ma tête, réciter des mantras et prendre un bain de pétales de fleurs. Cinq heures du mat' ? Sérieusement ? Je dors, à cette heure-là. Et puis si je pouvais faire passer mes jambes derrière ma tête, ma vie amoureuse serait bien différente. Je n'ai pas appris à méditer dans un livre, ou selon une religion ou une culture, et je ne le fais pas non plus tous les jours. J'ai mis au point une technique qui marche pour moi, et je t'encourage à l'essayer. Je la mets en pratique quand je suis stressée, fatiguée, contrariée, ou quand je sombre dans la négativité.

Voici comment je m'y prends. Je m'assois en tailleur par terre, dans un endroit calme où je peux m'isoler, par exemple un dressing ou une chambre. J'allume une bougie, que je place par terre devant moi. Celle que j'utilise s'appelle « Énergie positive », mais je ne suis pas sûre qu'elle ait de quelconques propriétés (je suis une victime facile du marketing et j'assume). Je ferme les yeux, j'inspire profondément, puis j'essaie de sourire le plus sincèrement possible. Je ne souris pas à la caméra ou à qui que ce soit d'autre. Ce sourire m'appartient. Ensuite, je me murmure des trucs.

“

NE GÂCHE PAS TA VIE EN LA VIVANT TROP VITE.

”

Je parle de ce qui m'occupe l'esprit, de ce que je veux accomplir, de comment je veux que ma journée se déroule, de ce que je veux améliorer ou de mes peurs. Je finis toujours en me rappelant toutes les bonnes choses de ma vie et que je suis mon premier et meilleur soutien.

Pourquoi ? D'une, parce que ça me calme et qu'après je me sens mieux. De deux, parce que dans une journée, aussi *speed* soit-elle, je veux être attentive à mes émotions et ne pas les refouler. Lorsque je suis contrariée, je prends le temps de me poser. Je fais une pause pour me souvenir que j'aime mon travail. C'est ce qui me permet de continuer à avancer. Lorsque je ressens le besoin de méditer mais que mon emploi du temps est trop serré, je prends quinze minutes de pause pour pouvoir me recentrer. Et ça n'est pas que pour moi, cette pause est également bénéfique pour tous mes collaborateurs.

2 JE ME DÉCONNECTE

Avant, quand on accomplissait quelque chose d'extraordinaire, on profitait de l'instant et on le partageait avec sa famille et ses amis. Aujourd'hui, un succès ne vaut rien s'il n'est pas visible sur Snapchat. C'est fou. Ma carrière est fondée sur les réseaux sociaux, et j'adore filmer ce type d'événements. Je t'encourage à faire de même, mais pas au détriment du moment présent. Quand tu vis un truc unique, déconnecte-toi et profite de chaque seconde. Par exemple, à un concert, dès que les lumières s'éteignent, tout le monde dégaine son téléphone. Pourquoi ? Tu as trois heures pour prendre une photo ou filmer, pourquoi le faire maintenant ? Pourquoi ne pas profiter de l'instant ? Regarde directement au lieu de filtrer avec ton écran. Ensuite, une fois l'excitation retombée, prends une photo pour satisfaire ton envie.

Maintenant, quand je vis un truc cool, j'essaie de prendre le temps d'en profiter. Pendant mon dernier voyage à Singapour, j'étais seule au bord de la célèbre piscine infinie de Marina Bay Sands, qui est en gros la plus longue piscine en altitude du monde. J'ai pris une photo, j'ai vloggé un peu, puis j'ai mis tous mes gadgets de côté. Je suis rentrée dans l'eau, je me suis installée au bord de la piscine et j'ai passé vingt minutes à admirer la vue magnifique sur la ville. J'ai remercié Dieu pour cette chance. J'ai observé chaque bâtiment, je me suis dit que la famille qui se baignait à ma droite était adorable. J'ai pensé à mon incroyable carrière, j'ai senti le contact de l'eau sur ma peau. À ce moment, j'étais à 100 % dans cette piscine, totalement présente. Cette pause de vingt minutes m'a donné la force dont

j'allais avoir besoin pendant les semaines suivantes.

Quand je rencontre des gens que j'admire, je prends dix minutes dans la journée pour y réfléchir, m'enthousiasmer et faire ma fan. Si je remporte un prix, je vais faire un discours, parler aux médias et fêter ça, mais après je vais m'asseoir un instant avec le trophée dans les mains, en silence. Si je veux continuer à travailler le plus dur possible, j'ai besoin de RESSENTIR et de PROFITER sincèrement des fruits de mon labeur. L'inspiration nourrit la motivation, et, en la matière, qu'y a-t-il de mieux que de recevoir des récompenses pour ton travail acharné ? Ne gâche pas ta vie en la vivant trop vite. L'introspection, c'est nécessaire, et ça devrait être sur ta *to-do list*.

La vie, c'est comme une vidéo YouTube géante : c'est super, mais quand le flux d'informations devient trop important, ça rame. Attendre ne change rien. On se fige, comme dans de la glace. On devient Elsa. Ça n'a rien d'agréable, surtout pour toi. Alors, que faire ? Cliquer sur « pause » et se recentrer. Une fois que la vidéo est chargée, on peut en reprendre la lecture. Tu vois comme la qualité s'est améliorée ? Cette pause dans ta vie, personne d'autre que toi ne te l'accordera, alors arrête-toi de temps en temps, et profite de l'instant présent.

APRÈS LA PLUIE

2009 Je déteste cette sensation. Je la déteste parce que ce n'est même plus une sensation, c'est ce que je suis. Je suis cette personne brisée, assise par terre dans son sous-sol, pendant que les gens normaux sont en train de dîner, de voyager en amoureux, de lire un bon bouquin ou de s'amuser avec leurs amis. Je suis sûre qu'ils font tous des trucs super, mais pas moi. Je suis recroquevillée contre le bar dans mon sous-sol, le visage entre mes mains. Je n'arrive pas à arrêter de pleurer, ni à contrôler ma respiration. Je suis impuissante face au tourbillon de pensées négatives et de colère qui s'abat sur moi.

Pourquoi m'a-t-on blessée et menti ? Je dois être vraiment pitoyable pour qu'on se moque de moi à ce point. Est-ce que je suis si minable? Je ne comprends pas. J'ai eu le cœur brisé bien des fois dans ma vie, et j'ai toujours persévéré, mais cette fois-ci, c'est différent. Après avoir résisté des années, je viens de recevoir un coup fatal et je m'effondre. En vrai, je ne sais pas si ma vie vaut la peine que je me batte. Comment j'en suis arrivée là ? Plus jeune, j'étais pleine d'espoir. Je débordais d'imagination et je rêvais en grand : devenir rappeuse, traîner avec The Rock et voyager dans le monde entier. Aujourd'hui, plus rien ne compte. On m'a volé ma confiance en moi, ma force et ma créativité.

Je prends une grosse gorgée de whisky qui se mêle à mes larmes pathétiques. Ça me brûle la gorge, et le goût auquel je ne suis pas encore habituée manque de me faire vomir. Je ne bois pas d'alcool, je n'en ai jamais eu envie. Pourtant, je suis là, à boire toute seule, dans l'espoir de m'endormir rapidement. Je m'écœure tellement que je m'insulte à voix haute. Je lève mon verre : « À toi, Lilly, la plus grosse naze que je connaisse. L'idiote à qui tout le monde ment. La débile qui croyait qu'elle était unique. J'espère que t'as compris, maintenant. À cette soirée de l'enfer. » J'ai touché le fond.

2015 Ma main tremble en levant mon verre. Je suis dans ma chambre d'hôtel avec mon équipe. Un tourbillon d'émotions m'emporte. On trinque : « Tchin ! On va aux MTV Movie Awards, les gars ! »

Hier soir, j'ai pris mon courage à deux mains pour envoyer un message au héros de mon enfance, Dwayne Johnson, *alias* The Rock, parce que je savais qu'il serait là aussi. Nous sommes devenus amis depuis peu par textos interposés, mais je n'ai pas encore eu la chance de le rencontrer en vrai. J'étais tellement nerveuse que je n'ai pas pu dormir de la nuit. Ici, tout de suite, dans ce fauteuil, JE PANIQUE.

Je finis de me préparer et je regarde mon reflet dans le miroir. Je souris en me fixant droit dans les yeux. C'est bien ma vie ? Comment j'en suis arrivée là, comment j'ai réussi à me sortir de cet abîme ? Je suis vraiment fière de moi.

Je bois du champagne dans mon fauteuil et j'essaie de me calmer. La pièce est remplie de célébrités que j'admire, en costumes ou en magnifiques robes de soirée. Oh, c'est Zac Efron. Il est vraiment sexy. *ding* Attends, il vient de me dire « ding » ? Ah non, c'était mon téléphone. C'est un texto : « Lilly, ramène-toi dans la salle des artistes, il est là. »

OMG. En rentrant dans la pièce, j'aperçois Dwayne à l'autre bout. Mes genoux commencent à lâcher. Est-ce que c'est un rêve ? Il se retourne et me remarque. Il interrompt l'homme à qui il est en train de parler : « Donne-moi une minute, s'il te plaît, il faut que j'aille voir quelqu'un de très important. »

Dwayne me serre fort dans ses bras et me fait une grosse bise. Il sait qui je suis. Il a entendu parler de ma tournée. Il connaît mes blagues. Il dit qu'il est fan de *moi*.

Je retourne à l'hôtel et je m'assois sur mon lit. Je suis tellement bouleversée que je commence à me parler tout haut : « Tu le mérites, Lilly. N'envisage même pas de t'arrêter en si bon chemin. » Tout à coup, je me mets à pleurer comme une madeleine. Ce sont des larmes de joie. Je n'arrive pas à croire que je viens de rencontrer The Rock.

PARTIE 2
BOSSE

Maintenant que, tes pensées et toi, vous êtes les meilleures amies du monde, vous pouvez commencer à travailler ensemble pour atteindre tes objectifs. Dans cette section, je te donnerai les meilleures techniques pour être productive, te débarrasser des distractions, rester organisée et réussir. Attention, le succès ne s'obtient pas facilement. Si tu veux devenir une mégaboss, il va falloir travailler dur.

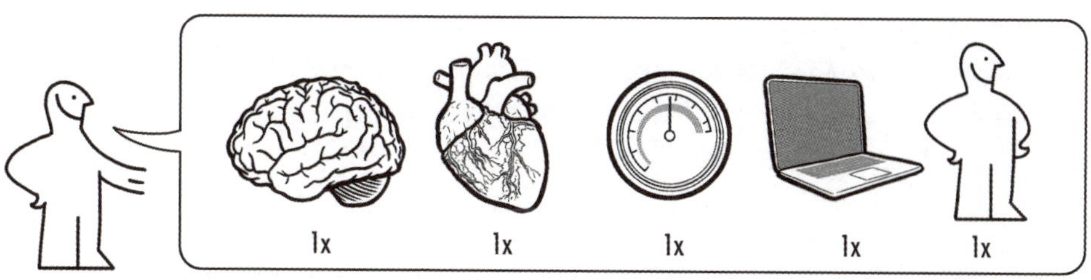

1
2
3

CHAPITRE 13

TIENS TES ENGAGEMENTS

L'ENGAGEMENT

est une espèce en voie de disparition, menacée par de nombreux prédateurs. Par exemple, tu prends la résolution d'aller à la gym tous les jours. Le premier jour, tu te lèves tôt, tu vas à la salle et tu te sens super bien avec ton nouveau mode de vie sain. Tu es quasiment une déesse du fitness et tu es à deux doigts de manger du kale. Le lendemain, tu te réveilles de nouveau aux aurores pour aller à la gym, renforçant ainsi tes chances de participer aux prochains Jeux olympiques. Le surlendemain, par contre, tu appuies huit fois sur le bouton « snooze », et tu négliges d'aller t'entraîner. Le jour d'après, tu te réveilles avec un mal de gorge et tu restes au lit. Ta motivation est sur un champ de bataille, et la fatigue et la maladie lui foncent dessus avec leurs lances. Derrière elles viennent les fêtes, la paresse, Instagram et Netflix. Ta série préférée qui finit sur un coup de théâtre, c'est l'artillerie. Ce que je veux dire ? Qu'il est très dur de tenir ses engagements. Et qu'il faut arrêter avec le kale.

Être une mégaboss, ça demande non seulement de prendre de bonnes décisions pour atteindre ses objectifs, mais aussi de s'y tenir, peu importe les obstacles. La peur et les distractions en sont les principaux. Disons que tu décides d'écrire un article de blog par jour. La peur te convaincra que tu n'as pas le talent nécessaire et que les gens vont se moquer de toi. Car c'est ce qui va se passer, n'est-ce pas ? Les distractions, comme les soirées, seront là pour te rappeler que tu ferais mieux de passer ton temps ailleurs que sur ton blog. Après tout, ce n'est pas tous les soirs open bar ! Il faut se souvenir que, quand tu t'engages, il n'y a pas d'astérisque au bas de la page pour expliquer que ta décision ne t'engage pas au-delà du premier obstacle.

Il y a quelques années, j'ai eu la chance de collaborer avec Seth Rogen et James Franco pour la promo de leur film *L'interview qui tue !*. J'étais super excitée à l'idée de faire cette vidéo avec eux. J'ai sauté dans un avion pour L.A., puisque, à l'époque, je vivais encore à Toronto, et je suis partie

avec Rick, mon cameraman. On a monté tout un décor, mémorisé le script scène par scène, et répété le programme 300 fois car, petit détail, on n'avait que quarante-cinq minutes pour tout boucler, dont le temps que Seth et James arrivent dans le bâtiment, s'installent et soient briefés sur le projet. Quarante-cinq minutes pour réaliser un sketch qui en fait neuf, ce n'est pas énorme, surtout quand je dois interpréter trois personnages différents. Le défi était à la mesure de l'enjeu, mais Rick et moi en avons accepté les conditions. On s'est promis que rien ne nous empêcherait d'aller au bout. On était comme ton iPhone le matin : chargés à bloc.

Je n'oublierai jamais le moment où Seth et James sont entrés dans la pièce. J'étais si occupée que j'en avais oublié d'être nerveuse. Les préparatifs et les répétitions m'avaient tellement absorbée que, quand ils sont arrivés, le stress m'est tombé dessus comme une enclume, et mon estomac s'est immédiatement noué. Mesdames et messieurs je vous présente l'obstacle numéro 1 : la nervosité. J'étais dans la même pièce que Seth Rogen et James Franco !

J'ai repris mes esprits et je me suis mise à leur expliquer la trame à toute vitesse. Le temps jouait contre nous. Alors que je leur présentais mes vannes, j'ai cru déceler de la confusion dans le regard de James. Au tour de l'obstacle numéro 2 : la peur. Et s'ils détestaient le projet parce que je ne suis pas marrante ? Et si j'avais choisi la mauvaise carrière ? Et si j'étais moche ? C'est ça, je suis moche ? Je ressemble à Shrek, je le savais !

Je me suis concentrée à fond et j'ai poursuivi. On a enchaîné les scènes comme prévu, et j'ai senti le rush d'adrénaline monter en moi. Tout se passait super bien jusqu'à ce que, en plein tournage, les dix producteurs qui accompagnaient Seth et James se mettent à parler de plus en plus fort et à prendre des photos alors que j'essayais de réciter mon dialogue. Obstacle numéro 3 : les distractions. C'était perturbant, mais, surtout, le bruit interférait avec la qualité audio de la vidéo, et ça, ça a commencé à me stresser.

Une fois de plus, je me suis ressaisie, et j'ai continué à tracer comme une étoile filante ultra-déter. Pour les besoins du sketch, je devais embrasser Seth Rogen en étant déguisée en ma mère. Pourquoi ? Parce que. Sans hésiter, avec la contrainte du temps en tête, je me suis penchée, et je l'ai embrassé, fière d'avoir autant confiance en moi. En revanche, quand on connaît Seth, on sait qu'il aime se détendre et rigoler grâce à certaines substances, en particulier grâce à une certaine plante verte… qui donne de superpouvoirs… (Oui, oui, les enfants, je parle des épinards.) Après l'avoir embrassé, j'ai ressenti une sensation étrange. J'avais un goût bizarre dans la bouche et une odeur forte sur les lèvres. On a dû rejouer la scène trois fois pour la filmer sous plusieurs angles, et, chaque fois que je l'embrassais, ça empirait. Obstacle numéro 4 : les substances illicites. Attends, c'est quoi, ça ? Une licorne ? Qui mange de la pizza ? Sur un arc-en-ciel ? ÇA FAIT LONGTEMPS QUE JE FLOTTE ?

OK, j'exagère. J'étais la seule licorne dans la pièce, mais je te jure que je me suis sentie bizarre et que j'ai eu le tournis. Après quarante-cinq minutes intenses, j'avais ma vidéo, et les gars sont repartis aussi vite qu'ils étaient arrivés. Je me suis affalée sur le canapé et j'ai repensé au tournage. Ça n'avait pas été simple, mais j'étais fière d'avoir réussi à tenir mon engagement en dépit des obstacles. Ma nervosité ne m'avait pas ralentie, je n'avais pas tiré un trait sur mes vannes par peur de déplaire, je n'avais pas oublié mon texte à cause des distractions ni renoncé à embrasser mon partenaire parce qu'il sentait comme Snoop Dogg. Avant le début du tournage, je m'étais promis de « tourner pendant quarante-cinq minutes »

et non pas de « tourner pendant quarante-cinq minutes, sauf si je me mets à stresser, à avoir peur ou si je suis distraite ». Ça aurait été un engagement bien pourri. Ne fais pas ce genre de promesses. Elles sont réservées aux politiciens.

Tu ne pourras jamais savoir si tu peux accomplir une tâche précise si tu ne t'y engages pas à 100 %. En d'autres termes, si tu as déjà essayé un truc à 70 % et que ça a raté, c'est que tu ne t'es pas vraiment donné les moyens de réussir. Tu t'es mis des bâtons dans les roues toute seule.

Tu dois être en train de crier sur ton bouquin : « Hé, Shrek, plus facile à dire qu'à faire ! Comment tu contrôles tes nerfs et ta peur ? » Je vais te dire deux trucs.

1 **D'ABORD, IL NE FAUT PAS AVOIR PEUR D'AVOIR PEUR.** Je serais très déçue si un jour je montais sur scène, je tournais un film ou je rencontrais une de mes idoles sans avoir la boule au ventre. Avoir peur ou être nerveuse, ça montre que le résultat compte pour toi, et ça, c'est important. Par contre, ça peut devenir problématique quand ça affecte tes performances. Comprendre quand ressentir ou bloquer ses émotions est une première étape nécessaire pour apprendre à les contrôler. Vois la peur et la nervosité comme des habits que tu portes chaque fois que tu dois faire un truc stressant. N'essaie pas de les ignorer. Mais apprends à les retirer quand le moment est venu de passer à l'action. Je suis contente d'en être arrivée à un point où je suis extrêmement nerveuse par anticipation, mais très calme au moment de monter sur scène. Je peux avoir envie de me faire pipi dessus quarante fois avant un spectacle, mais je fais tout mon possible pour laisser ce fatras d'émotions dans ma loge. Je m'imagine alors retirer ma veste de peur pour révéler mon moi courageux.

2 **AVANT UN ÉVÉNEMENT STRESSANT,** comme un spectacle, un passage à la télé, une audition, un exposé ou une rencontre avec une de mes idoles, j'ai une routine spécifique : je dégage tout le monde de la pièce, je fais le mur et je m'enfuis le plus loin possible. Je blague. Moi, courir ? Non. À la place, je discute avec moi-même face au miroir. En plus de me frapper la poitrine en chantant *Eye of the Tiger*, je me récite chaque fois le même refrain : « La nervosité et la peur ne sont nulle part sur le chemin du succès. » Je lève ensuite mon index gauche. « Ça, c'est toi. » Je lève mon index droit, à distance du gauche. « Ça, c'est ton objectif. » Je regarde dans le miroir et je vois qu'entre les deux il n'y a rien que de l'air.

Pas de peur, de nervosité ou de distractions. Je te recommande cette technique la prochaine fois que tu dois faire un truc flippant, parce que ça te montre que les obstacles entre toi et le succès n'existent que dans ta tête. Par contre, attends d'être seule pour le faire, sinon on risque de te passer une camisole de force, et ce n'est pas très pratique pour manger de la pizza.

Pour être une mégaboss, il faut mettre un genou à terre, jurer fidélité à tes engagements et t'y tenir pour la vie. C'est ce qu'ils méritent : toi à 100 %. Pas à 90 ou 80, ou 30 % comme ton iPhone vingt minutes après ton réveil. Non. C'est tout ou rien.

L'heure de vérité

Raconte deux fois où tu ne t'es donnée qu'à 70 % et où ça s'est vu.

1. ______________________________

____

2. ______________________________

____

Création du logo #AM : Caroline Ancelot

Composition : Le Cercle digital, à Tours (37)

Impression : Pollina en février 2018

Éditions Albin Michel

22, rue Huyghens 75014 Paris

ISBN : 978-2-226-40366-7

N° d'édition : 22995/01
N° d'impression : 83499

Dépôt légal : mars 2018

Imprimé en France.

L'AUTEURE

LILLY SINGH, *ALIAS* SUPERWOMAN, est une artiste aux nombreuses facettes. Elle est connue mondialement grâce à ses vidéos YouTube, drôles et inspirantes, qui ont attiré plus de 11 millions d'abonnés. Elle a participé aux films *L'Âge de glace 5 : les lois de l'Univers* et *Bad Moms*, et, en 2016, a produit le film *A Trip to Unicorn Island*, dans lequel elle joue son propre rôle. Modèle pour les femmes et les jeunes filles du monde, Lilly Singh a créé le mouvement #GirlLove pour briser le cercle de la haine entre filles et se battre pour la valorisation des femmes.

Elle figure sur la liste *Forbes* des 30 personnalités influentes de moins de 30 ans, catégorie « Hollywood et divertissement », ainsi que sur celle des personnalités les plus créatives en 2016 de *Fast Company*. Elle a fait de nombreux passages télévisés, dont plusieurs dans *The Tonight Show Starring Jimmy Fallon*, et plusieurs articles lui ont été consacrés, notamment dans *Entertainment Weekly, People, Elle Canada, Seventeen, Vogue India, The Wall Street Journal* et *The New York Times*. C'est une entrepreneuse brillante qui a créé sa propre marque de rouge à lèvres, Bawse (« mégaboss » en anglais), en partenariat avec Smashbox, et qui a aussi collaboré avec Coca-Cola.

MÉGABOSS

grâce à ses notes, comme : « Je ne comprends pas cette blague. » J'ai vraiment besoin de ce genre de retour sur terre de temps en temps. De plus, merci à tout le monde chez PENGUIN RANDOM HOUSE pour votre enthousiasme. Grâce à vous, je me suis sentie unique, et vous m'avez acheté du Nutella : deux choses que je n'oublierai jamais. Mention spéciale aussi à Marion Gardner et Bhavna Chauhan du Canada (#vivelenord) et Tig Wallace et Fenella Bates du Royaume-Uni.

Je parle de ma tournée et de mon documentaire environ 700 fois dans ce livre, parce que ce sont les meilleures expériences de ma vie. Merci à tous ceux qui ont rendu possible *A Trip to Unicorn Island*, y compris tout le CASTING, l'ÉQUIPE et la PRODUCTION. Remettons ça mais, cette fois-ci, faisons quelque chose pour ce qui « n'est pas possible à cause de la gravité ».

Merci à mes plus grandes sources d'inspiration : DWAYNE JOHNSON, SELENA GOMEZ, JIMMY FALLON, MACHEL MONTANO, KUNAL NAYYAR, LINDSEY STIRLING et ALICIA KEYS. Écrire sur ce que j'ai vécu avec vous, directement et indirectement, a été un honneur... et aussi un peu flippant quand je pense à certains moments. Vous êtes vraiment super cool. Surtout toi, DJ, tu m'as donné assez d'inspiration pour tenir cinq vies.

J'ai presque fini, c'est bon.

N'essaie même pas de lancer une petite musique douce pour me faire sortir de scène. C'est mon moment. J'aimerais remercier YOUTUBE, le langage HTML (c'est bien ça, non ?) qui fait fonctionner le site, mais aussi les gens géniaux qui y travaillent et qui font de ma carrière magique une réalité. Vous avez donné un exutoire à une jeune fille triste, et je vous en serai éternellement reconnaissante. Merci à mes AMIS YOUTUBEURS de ne cesser de m'inspirer et de tracer une nouvelle voie passionnante pour nous tous. Vous êtes les seuls à comprendre l'angoisse provoquée par les annotations, nous formons de ce fait une communauté spirituelle. Vous défoncez tout !

Merci #TEAMSUPER pour votre soutien. Vous êtes le meilleur groupe d'amis Internet dont j'aurais pu rêver. Je ne peux pas expliquer à quel point vous comptez pour moi, je vous adore. Vous me faites sourire et je suis fière de vous.

Merci aux BOISSONS ÉNERGÉTIQUES et au POP-CORN AU BEURRE d'avoir été à mes côtés pendant toute l'écriture de ce livre. Je ne sais pas où je serais sans vous. Je plaisante. Je le sais bien. Je pèserais 3 kilos de moins, mais tant pis. Je vous aime comme vous êtes et je sais que c'est réciproque.

Et enfin, merci les CULOTTES GAINANTES : grâce à vous, c'est plus facile de vivre avec le problème précédent. Vous êtes (littéralement) à couper le souffle.

BISOUS !

REMERC

AVANT TOUT, JE VOUDRAIS REMERCIER DIEU,

grâce à qui je vis ce rêve formidable et éprouve le plus grand des bonheurs. Je n'ai jamais besoin de lever les yeux vers le ciel et de Te demander de l'aide : Tu es déjà suffisamment généreux. Tu me donnes tout ce dont j'ai besoin pour mener une vie magnifique. Merci pour tout. J'espère qu'un jour Tu recevras ce livre, d'une façon ou d'une autre. Sinon j'essaierai de Te tweeter.

Merci à MA MÈRE, SI FORTE ET SI BELLE (sans rire, elle est super canon), MA SUPERWOMAN À MOI. Je suis émue rien qu'en pensant à toi, et c'est ultra pénible. QUI EST EN TRAIN D'ÉPLUCHER DES OIGNONS, LÀ ? STOP. Tu as fait d'innombrables sacrifices pour moi, alors que, quand j'étais petite, je n'étais pas toujours facile. J'étais même une vraie plaie. Mille pardons. Merci de m'aimer inconditionnellement. Plus que tout, merci d'avoir les tripes d'une reine guerrière légendaire et d'être forte même face à l'adversité. À TOI ET À PAPA, merci d'avoir laissé votre fille un peu timbrée poursuivre ses rêves (eux aussi un peu foufous) sur Internet. Je sais que ça a été terrifiant. J'espère que je vous rends fiers. Je vous aime.

Merci à ma SŒUR TINA d'avoir rempli le rôle de fille parfaite. Merci aussi à TA SUPERBE FAMILLE : ton mari génial et tes trois garçons. Papa et Maman ont assouvi leur désir de petits-enfants grâce à toi, et ça, ça me facilite vraiment la vie. T'es la meilleure.

Merci à MES AMIS, pas les 2 000 sur Facebook, mais plutôt les proches, ceux qui me sont le plus chers, d'avoir été mon roc pendant les transitions les plus difficiles de ma vie. Je n'aurais jamais cru que ce serait une telle aventure, et je ne sais pas où j'en serais si vous n'aviez pas été là pour m'aider à garder les pieds sur terre. Merci ANOSHINIE (meuf, c'est qui, tous ces gens ?), CHASE (merci de lire avec ton accent), HUMBLE (qui m'a offert des élastiques), AMAR (maître incontesté des vinyles), SHEENA (ma hippie préférée), NANDINI (SPS Love), MAATHURI (Mini Reese forever), MAJURY (une belle personne !) et SANDY (reine du #lookdujour). Et même à mes amis d'avant avec qui je ne suis plus en contact, merci d'avoir joué un rôle dans ma vie. Je vous apprécie tous et je vous souhaite le meilleur. Vraiment.

Merci à mon ÉQUIPE DE CHOC : Sarah, Kyle, Renata, Sari, Anita, Rachel ; mon équipe glamour : Ashley, Rene et Sara ; et aussi Adryan, Kayla et tout le monde chez ID ; Chris, TJ, Studio 71 et, chez WME, surtout Erin Malone, mon agent littéraire ultra-intello. En gros, c'est un génie, et elle a probablement lu ce livre en moins de deux heures. Je sais que je suis folle, alors merci de m'avoir acceptée telle que je suis et permis de faire exploser ta boîte e-mail régulièrement.

Mention spéciale à mon éditrice super cool qui m'a aidée à écrire un livre sensé

CONCLUSION

JE SUIS <u>TELLEMENT</u> FIÈRE DE TOI

En fait, on s'en fiche, de ce que je pense. C'est toi qui devrais être fière ! Tu as terminé ta formation de mégaboss, et le monde ne va pas comprendre ce qui s'apprête à lui tomber dessus. J'ai super hâte de voir comment tu vas le conquérir, et je serai là pour te soutenir tout du long ! Tu peux te féliciter car tu le mérites vraiment. Fais-toi un gros câlin, tu ne l'as pas volé.

J'espère vraiment que les leçons de ces pages t'auront servi. Je te remercie de m'avoir consacré du temps et donné l'opportunité de partager mon expérience avec toi, c'est un honneur pour moi. Sans rire, lire un livre demande beaucoup de temps et de patience. Merci.

J'aimerais beaucoup savoir ce que tu en penses, ça me permettrait de m'améliorer à mon tour. Tu trouveras ci-dessous les infos nécessaires pour me contacter sur les réseaux sociaux. Fais-moi signe et échangeons ! Et puis si je te manque, tu peux toujours regarder mes nouvelles vidéos tous les lundis et les jeudis sur YouTube. Par contre, je ne peux pas te promettre que je m'exprimerai aussi correctement qu'ici, mais je serai tout aussi charmante et drôle, comme d'habitude.

J'aimerais terminer en disant que le monde est assez grand pour qu'on puisse toutes réussir. Nous avons toutes ce qu'il faut en nous pour devenir la meilleure version de nous-mêmes. Parfois, notre mégaboss intérieure se prend un coup et se décourage, et ce n'est pas grave. C'est temporaire. Ça ne te définit pas. Ta force n'a pas de limite. Tu es la personne la plus puissante de ta vie et, surtout, n'oublie pas que c'est toi qui prends toutes les décisions.

Tu es une mégaboss.

Continue de maîtriser, de bosser, de charmer et d'être une licorne magique.

One love, Superwoman, c'est dans la boîte !

BISOUS,

youtube.com/user/iiSuperwomanii
Instagram: @iisuperwomanii
Facebook.com/iiSuperwomanii
Twitter: @iiSuperwomanii

2016

J'ai 27 ans et je me fais appeler Superwoman depuis plusieurs années. D'ailleurs, des millions de gens dans le monde ne me connaissent que sous ce nom. Superwoman symbolise la force et la puissance. Les jeunes dessinent un S invisible sur leur poitrine d'un geste du doigt, ils sont fiers. J'imagine que ça leur donne un sentiment d'invincibilité.

Superwoman m'a emmenée dans plein d'endroits cool, mais ce soir, c'est vraiment le summum : je suis en Sicile et on est en route pour un dîner privé dans un temple antique. Nous arrivons, et c'est absolument superbe, au-delà de tout ce que j'ai pu voir. Le repas est délicieux, et je suis entourée de personnes extraordinaires avec qui j'ai des discussions passionnantes. Je ne pensais pas que la soirée pouvait s'améliorer, et pourtant...

Je suis au milieu de ruines historiques, sous un ciel étoilé, et j'écoute un concert d'Alicia Keys. Sa voix nourrit mon âme. Son énergie me captive. Je ferme les yeux et je profite autant que possible de l'instant. J'ai une chance incroyable. Elle interprète sa dernière chanson avec puissance et grâce, et c'est comme si son spectacle avait ajouté quelques années à ma vie.

Je retourne à ma table et je commence à rassembler mes affaires avant de partir. Je suis tellement bouleversée par la soirée que je remarque à peine qu'on vient de me taper sur l'épaule. Je me retourne et je me retrouve face à face avec la belle Alicia, qui me dit : « C'est pour toi que j'ai chanté *Superwoman.* » Une vague d'émotion déferle sur moi. Je viens d'être officiellement baptisée. Elle s'en va en me disant qu'elle est fière de tout ce que je fais, que ce soit ma campagne #GirlLove, mon livre ou mon rouge à lèvres. Elle sait que je défends ce en quoi je crois, et que c'est important.

Mon rêve est devenu réalité.

“

TU NE POURRAS JAMAIS SAVOIR SI TU PEUX ACCOMPLIR UNE TÂCHE PRÉCISE SI TU NE T'Y ENGAGES PAS À 100 %.

”

FOMO

CHAPITRE 14

DIS NON AU FOMO

SI ON M'AVAIT DONNÉ UN DOLLAR à chaque fois que je suis sortie au lieu de bosser, j'aurais un yacht en or massif. En fait, je serais tellement riche que mon yacht aurait lui-même un yacht pour partir en vacances. Eh oui. Il aurait une conscience et des envies. #yachtgoals.

Ce que je veux dire, c'est que je comprends. Moi aussi, je suis passée par là. Tu as du boulot et tes potes partent en soirée, probablement la meilleure de leur vie. Toi, tu es condamnée à rester derrière ton écran pendant qu'ils gagneront au loto et prendront de super photos avec une lumière parfaite. D'ailleurs, ils vont probablement tomber sur Katy Perry et faire péter un gigantesque feu d'artifice OKLM. Enfin, ça, c'est ce que tu t'imagines. C'est le FOMO qui frappe à ta porte.

Pour les vieux ringards qui ne savent pas ce qu'est le FOMO, mettez-vous à jour ! Autrement dit, faites comme moi, demandez à Google et faites ensuite comme si vous l'aviez toujours su. FOMO, ça vient de l'anglais *Fear Of Missing Out*, la peur de rater une occasion. C'est un obstacle majeur sur la route du succès, qui peut non seulement t'amener à arrêter de travailler, mais aussi te convaincre de revoir tes priorités. C'est la petite voix qui te dit : « Tu vas laisser passer cette occasion de t'amuser juste pour réussir une interro ? N'importe quoi ! L'école est une institution débile. Ne fais pas confiance au système. Oui, emm* %&£ le système. À quoi ça sert, les bonnes notes, dans la vie ? » Et, en un claquement de doigts, tu te retrouves à manger des graines dans une communauté hippie, tout ça parce que tu as préféré aller au ciné plutôt que de bosser ta dissert.

Les tentations seront toujours là. Ce qui doit changer, c'est ta capacité à les gérer. Regarde le FOMO dans les yeux et dis-lui NON. Il fera la moue et un caprice, mais tu devras être forte et résister. La seule façon de le vaincre, c'est de se rendre compte que la satisfaction du devoir accompli l'emporte sur la déception d'avoir manqué une occasion de s'amuser. Les soirées, c'est super à court terme, mais atteindre tes objectifs te rendra plus heureuse sur le long terme. En plus, il y aura sûrement la queue aux

toilettes et, franchement, qui a envie de se retenir pendant mille ans pour ensuite se retrouver à faire pipi à moitié debout parce que la lunette des toilettes est trop dégueu ? Personne. Ton temps serait mieux employé à bosser, crois-moi.

J'avoue, c'est plus facile à dire qu'à faire. Je parle d'expérience, et mon plus grand combat contre le FOMO a eu lieu dans un endroit incroyable. Laisse-moi te décrire la scène. En plein milieu de ma tournée mondiale, YouTube m'a envoyée à L.A. avec mes danseurs pour participer à leur campagne marketing. Avec onze amis, on a été logés dans une villa hollywoodienne, avec des stocks géants de nourriture et d'alcool, une table de billard, un terrain de hockey et une vue exceptionnelle. C'était comme la version morale et stylée d'une émission de téléréalité.

Pour la campagne, mon visage allait être placardé sur des panneaux d'affichage, sur les trams, les arrêts de bus et même à Times Square. « *New York, New Yoooork !* » J'attendais d'être sélectionnée depuis un siècle (c'était tombé à l'eau l'année d'avant). Inutile de préciser que j'étais surexcitée. J'allais devoir me lever aux aurores pendant plusieurs jours. Cinq heures du mat', ça te parle ? À moi, non. Emportée par une vague d'enthousiasme et de reconnaissance, je m'en moquais, jusqu'à ce que, la veille au soir...

Maîtresse Lilly, dans son pyjama alitée,
Tenait en sa main une tisane.
Maître FOMO, par l'odeur alléché,
Lui tint à peu près ce langage :
Eh bonsoir, madame Lilly.
Que tu es responsable, mais que tu me sembles t'ennuyer.
Sans mentir, tes amis font la mégateuf en bas, tu ferais mieux d'y aller,
Sinon tu vas rater la soirée de ta life.

Bon, je m'arrête là parce que j'ai oublié la suite, mais tu vois où je veux en venir.

Bref, j'étais là, au lit, à 22 heures, à essayer d'être sérieuse et de me reposer pour réussir à me réveiller à 5 heures, et tout ce que j'entendais, c'étaient mes amis qui s'éclataient à l'étage en dessous. À en juger par le bruit, c'était la meilleure soirée du monde. Il y avait de la musique, ça dansait, ça faisait des blagues. Je crois même qu'il y avait un ours. Si, Winnie l'Ourson était là LE JOUR OÙ JE DEVAIS ALLER ME COUCHER TÔT, c'était quand même la lose !

À cet instant, mon cerveau essayait de me convaincre que c'était la soirée du siècle et que ma décision d'aller me coucher était grotesque. Je me souviens d'avoir remis en question tous mes choix de vie, ce soir-là, dans mon lit : « C'est vraiment ce genre de carrière que tu veux ? Tu vas louper cette occasion unique à cause du travail ? C'est certainement ta seule chance de rencontrer Winnie ! »

J'avais deux options : a) quitter mon lit, rejoindre les autres en dansant la *Macarena*, et prendre deux bières d'un coup pour me mettre à leur niveau ou b) fermer la bouche et les yeux, et dormir pour être en forme le lendemain. Je suis fière de dire que j'ai choisi l'option b, mais ça n'a pas été facile. J'ai enfoncé ma tête sous l'oreiller et je me suis forcée à dormir tout en imaginant mon visage à Times Square. J'avais vaincu mon FOMO pour un soir, mais il m'en restait deux. Le FOMO, c'est un peu comme cette mise à jour énervante de ton ordinateur que tu ignores, mais qui revient le lendemain et réessaie de capter ton attention. C'est un test constant, et une mégaboss doit apprendre à le réussir.

Comment ? En entraînant son cerveau à visualiser la récompense à long terme, quand le travail l'emporte sur le FOMO. Six mois plus tard, je suis à Times Square avec ma famille et on prend des photos devant le panneau d'affichage. Mon visage est peint sur la façade d'un bâtiment de Manhattan. Un bus vient de passer, et il est recouvert de mon sourire débile. Tu crois que, ce jour où j'ai vu des touristes à New York se prendre en photo avec ma tête en arrière-plan, j'ai regretté ne serait-ce qu'une seconde d'avoir manqué cette soirée ? Bien sûr que non.

Alors prête attention aux bonnes notes que tu as obtenues les fois où tu es restée étudier au lieu de sortir. Ne laisse pas ces moments s'évaporer. Fais-les tiens. Pense à la promotion que tu as reçue parce que tu es restée tard au bureau au lieu d'aller boire

des coups avec tes collègues. Fais une liste de tes réussites et souviens-toi de tes efforts. Te concentrer sur ton travail te rapproche de tes objectifs. C'est un fait. Entraîne ton cerveau. Très vite, tu ne te soucieras plus des soirées manquées et tu développeras le FOMO de la bosseuse : le FOMOR (Flip Obsessionnel de Manquer des Occasions de Réussir).

La prochaine fois que tu as affaire au FOMO (je peux te promettre que ça va arriver), pose-toi cette question : « Qu'est-ce que mon moi du futur me remerciera d'avoir fait aujourd'hui ? » Une fois que tu y auras répondu, tais-toi, bosse et atteins tes objectifs.

Au fait, ce n'était ni Winnie ni un ours, à la fameuse soirée. Juste un pote qui a toussé et éternué en même temps. Ah là là... sacré FOMO.

NO FOMO

Liste trois succès que tu as obtenus grâce à ton travail.

1. ______________________________

2. ______________________________

3. ______________________________

WATCHES
CLOCKS

CHAPITRE 15

PROGRAMME TON INSPIRATION

MES DIX DOIGTS NE SUFFISENT PAS à compter le nombre de fois où je me suis retrouvée à stresser sur l'autoroute parce que la jauge de mon réservoir venait de s'allumer. Je sais, c'est vraiment un problème de riche, mais faire le plein, c'est un des trucs que je trouve les plus pénibles. En général, quand je dois m'y coller, je suis déjà bien en retard, ce qui n'aide pas. Et si c'est l'hiver, je peux dire adieu à mes doigts. Le pire, c'est de s'arrêter à la station-service et de découvrir qu'on a oublié ses gants. Et là, je ne parle pas du petit hiver tranquille de Los Angeles. Je parle du vrai hiver impitoyable de Toronto. C'est comme serrer la main à Olaf, sauf qu'il ne te lâche pas avant cinq bonnes minutes.

L'inspiration, c'est le carburant de ton travail. Elle passe dans ton moteur interne et te donne l'impulsion pour aller vers ton objectif. Tout comme dans une voiture : si ta jauge d'inspiration indique un niveau dangereusement bas, il faut que tu fasses le plein si tu veux arriver à destination.

Peu importe à quel point ton job te rend heureuse, tu es humaine et, par moments, tu manqueras de motivation. J'adore mes vidéos et je suis chaque jour reconnaissante d'avoir la carrière que j'ai, mais, certains lundis, je préférerais mettre mes cheveux dans un blender plutôt que de faire une vidéo. L'idée d'écrire un scénario, d'installer ma caméra sur mon trépied cassé, de faire comme si je savais utiliser les lumières, de m'enregistrer, de monter la vidéo et de la mettre en ligne me donne envie de me recroqueviller en position fœtale et de pleurer. Mais ce n'est pas grave. Une mégaboss sait qu'un manque de motivation n'est ni un échec ni une faiblesse. Elle s'y attend et a appris à gérer le truc.

On pense souvent que l'inspiration nous tombe dessus par hasard. C'est vrai qu'entendre une chouette conversation, gagner des tickets pour un spectacle ou rencontrer quelqu'un qui a une vision du monde différente de la nôtre peut allumer (ou rallumer) une flamme en nous. L'inspiration spontanée, c'est l'une des plus belles surprises qui puissent t'arriver dans une journée, mais ne baisse pas les bras si ça ne vient pas. D'ailleurs, je préconise de programmer l'inspiration : orchestrer proactivement les

événements qui m'aideront à me sentir inspirée. Je ne veux pas que mon travail repose uniquement sur le hasard, alors je prends les choses en main.

Exemple de tâches apparaissant dans mes *to-do lists* quotidiennes :

- Vider ma boîte de réception.
- Lire un scénario de film.
- Participer à une téléconférence.
- Faire une vidéo.
- Envoyer un pitch.

Puis, tout en bas, on trouvera des perles du style :

- Regarder *The Walking Dead.*

Ça va sûrement faire rigoler ceux qui me connaissent. Je dis toujours que je n'ai pas le temps parce que je suis trop occupée à créer mes propres contenus, et c'est vrai, mais regarder d'autres programmes fait partie de mon travail (#bestjobever). J'ai compris leur importance quand je me suis fait arracher des dents de sagesse l'an dernier. Comme tout le monde, j'étais alors réduite à l'état de hamster drogué aux antidouleurs, et j'essayais de me distraire de l'enfer qu'était devenue ma vie. Sur les conseils de mes amis et de Twitter (même chose ?), j'ai commencé à regarder *Game of Thrones*. Je trouvais l'idée de fixer un écran passivement pendant des heures vraiment bizarre, mais j'étais prête à tout pour me distraire. En soixante minutes chrono, j'étais accro. Je n'avais jamais vu un tel scénario, les costumes et les décors étaient ouf, et les dialogues me donnaient envie de pleurer de joie. Tu veux voir une adulte en larmes ? Demande à Emilia Clarke de lâcher une phrase choc sur le *girl power.*

Regarder *Game of Thrones* m'a permis de repenser mes vidéos. Tout à coup, j'avais de nouvelles idées, je faisais plus attention à mes *punchlines*, et la qualité de ma production s'est améliorée. Regarder la série m'aidait non seulement à me détendre, mais aussi à progresser.

Une fois que j'ai eu fini de voir toutes les saisons, comme la majorité de la population, j'ai eu de gros symptômes de manque. J'ai décidé de combler le vide avec *The Walking Dead*. Je me suis dit : « Impossible qu'une série sur des zombies m'inspire autant que *Game of Thrones*. J'ai déjà vu un million de films du genre. » Je me trompais. Cette série m'a inspirée d'une manière totalement différente. Le développement des personnages est unique, il y a constamment des renversements de situation, et la tension

provoque vraiment une angoisse extrême chez moi. Regarder cette série a fait tourner les rouages de mon esprit créatif et m'en a créé de nouveaux.

Après *The Walking Dead*, il y a eu *Stranger Things*, et, oui, bon, j'ai tout regardé en deux jours. Pour ma défense, au moment où j'écris ces lignes, il n'y a qu'une seule saison ! Ne sois pas trop dure avec moi. Comme prévu, *Stranger Things* m'a donné envie de travailler des thèmes de science-fiction et de pouvoirs surnaturels. J'ai immédiatement voulu inclure plus d'enfants dans mes vidéos, puisque, a priori, ils ont tous plus de talent que moi. Et si ces séries ne m'ont pas poussée à repenser mon contenu, elles ont définitivement influencé mes vannes. À l'époque où je les regardais, j'y faisais constamment référence et mon public adorait ça. Mes fans aimaient savoir que je m'intéressais aux mêmes personnages qu'eux et qu'on regardait les mêmes séries. Les gens pouvaient davantage s'identifier à ce que je leur présentais.

> « L'INSPIRATION C'EST LE CARBURANT DE TON TRAVAIL

Je programme aussi mon inspiration en regardant des interviews de gens que j'admire. Si je galère à écrire de la comédie, je vais regarder une interview de Rebel Wilson ou d'Amy Schumer. Si je rame pour écrire les paroles d'une chanson, je vais regarder une interview de Nicki Minaj ou de Drake. Écouter d'autres personnes parler de leur vécu et de ce qui les fait avancer est extrêmement motivant. C'est comme si on recevait un peu de leur carburant ou qu'on branchait notre voiture sur la leur avec des câbles de démarrage. Entendre des personnes si talentueuses parler de leurs galères et de leurs succès est vraiment devenu une de mes sources d'inspiration principales, et je prends le temps d'en regarder plusieurs chaque semaine. En gros, c'est ma façon de prendre une pause productive.

Parfois, tu restes trop longtemps dans le rouge, et ta voiture s'arrête en plein milieu de la route. Tout le monde te klaxonne et tu gardes les yeux fixés sur le volant, frustrée à mort, à faire comme si tu ne les entendais pas. OH, C'EST BON, JE NE L'AI PAS FAIT EXPRÈS. Redémarrer n'est pas impossible, mais ça va demander pas mal d'efforts. Tu vas devoir appeler une dépanneuse ou aller à pied à la station-service la plus proche, acheter un bidon bien trop cher et le remplir avant de retourner à ta voiture.

C'est pareil quand tu travailles trop longtemps sans faire le plein d'inspiration. Quand je préparais ma première tournée, je travaillais pendant

plusieurs semaines sur le pitch. Un soir, je me suis surprise à fixer une page blanche, et j'ai su que la voiture de ma créativité s'était arrêtée sur le bas-côté. Les gens me klaxonnaient. Et quand je dis « les gens », je veux dire mon équipe de prod' qui attendait le scénario final. Je me suis levée et je suis allée passer un peu de temps dans ma chambre. Ce soir-là, j'étais censée sortir avec des amis, mais j'étais épuisée. J'ai annulé et j'ai regardé le documentaire de Beyoncé. C'était comme si elle me parlait directement, tant ce qu'elle disait résonnait en moi et faisait écho à ce que je vivais à cet instant (mais aussi parce que, dans mes rêves, c'est ma meilleure amie). En larmes, j'ai écouté Queen Bey me transmettre toute la sagesse et toutes les connaissances dont j'avais besoin. Son histoire a rempli mon réservoir. Le lendemain matin, je me suis réveillée avec une nouvelle raison d'être, et mon désir de travailler sur ma tournée était revenu.

Quand tu es malade, tu te reposes et tu te donnes le temps de guérir. Quand c'est ta créativité qui flanche, tu devrais lui prescrire une bonne dose d'inspiration et faire pareil. J'ai annulé mes plans ce soir-là parce que ma créativité avait besoin de se remettre sur pied. Voici quelques suggestions de documentaires à regarder quand tu as besoin de relancer ton moteur :

- *Justin Bieber: Never Say Never*
- *Katy Perry: Part of Me*
- *Beyoncé: Life Is But a Dream*
- *A Trip to Unicorn Island,* par la fantastique Lilly Singh. (*clin d'œil*)

Cela dit, j'ai une voiture électrique, maintenant. Tout ce que j'ai à faire, c'est de penser à la brancher et... OUPS.

Tuuut tuuuuuuut !

CHAPITRE 16

RÊVE TA VIE

IMAGINE QUE CE SOIT NOËL tous les jours et que tu puisses demander ce que tu veux. Si tu es sage, tu l'obtiens, sinon tu ne reçois rien. Figure-toi que la vie, c'est un peu comme ça, sauf que chaque jour n'est pas Noël, mais une occasion de bosser. Et le père Noël n'existe pas, mais tu peux quand même réaliser tes rêves en travaillant assez dur. Chaque jour, tu peux fermer les yeux et visualiser tout ce que tu veux. Une mégaboss ne se contente pas de savoir ce qu'elle veut pour Noël. Elle sait ce qu'elle veut dans la vie. Elle a une vision.

Pas de panique. Je ne vais pas te sortir des trucs de science-fiction, ni te demander de prédire d'horribles tragédies. Un nouveau *Destination finale*, c'est bien la dernière chose dont on ait besoin. On a compris, on ne peut pas échapper à la mort. En revanche, je vais t'expliquer l'importance de deux types de visions : la visualisation en elle-même et les tableaux.

Je suis sûre que ce n'est pas la première fois que tu entends parler des tableaux de visualisation (ce n'est pas moi qui les ai inventés). C'est une technique assez répandue que la plupart des gens ont trouvée dans le livre ou le film *Le Secret*. Si tu ne sais pas de quoi je parle, alors disons que c'est moi qui les ai inventés.

Un tableau de visualisation est une surface, une feuille normale ou cartonnée, un tableau noir, peu importe, qui recueille les images de ce que tu veux dans la vie. L'idée, c'est de collectionner des visuels qui représentent tes objectifs et de les fixer sur le tableau. Tu places ensuite le tableau dans un endroit bien en vue pour te les rappeler. J'en ai fait deux dans ma vie, et ça a eu des effets positifs sur mon travail et mon mental. Voici trois bonnes raisons d'avoir un tableau de visualisation :

> « UNE MÉGABOSS NE SE CONTENTE PAS DE SAVOIR CE QU'ELLE **VEUT** POUR **NOËL.** ELLE SAIT CE QU'ELLE VEUT DANS LA **VIE.**

1 Ça t'aide à mettre au clair tes objectifs. On sait qu'on doit travailler dur, donc on le fait, parfois sans trop savoir pourquoi. Mais comment obtenir ce qu'on veut si on ne sait plus vraiment ce qu'on veut ? Ne pas identifier clairement ses objectifs, c'est un peu comme ne pas entrer d'adresse dans son GPS avant de démarrer. « De l'argent », c'est trop vague. Comment tu sauras si tu en as gagné assez ? « Assez », ça veut dire assez d'argent pour t'acheter un costard ou un jet privé ? Fixe-toi des buts clairs et définis-les avec des images précises. Si ton objectif est flou, tu ne sauras jamais si tu l'as atteint. Sois honnête sur ce que tu veux. Une belle voiture ? Mets-la sur ton tableau. Des tablettes de chocolat ou des voyages ? Pareil : sur le tableau. Tu veux sortir avec Channing Tatum ? Tu peux aussi essayer, mais je doute que ça marche. Tout le reste : SUR LE TABLEAU ! Maintenant, tu sais quels sont tes objectifs.

2 Ça te permet de mieux te connaître, et ça, c'est essentiel à toute mégaboss. Le succès, c'est personnel. Pour certains, ça veut dire avoir un yacht. Pour d'autres, c'est être un bon parent. Pour d'autres encore, c'est participer à une course de 10 kilomètres. En collant tes objectifs sur le tableau, tu cerneras mieux ta définition du succès. Il sera recouvert de tout ce qui est important pour toi, et c'est très révélateur. Le regarder pourra t'aider à comprendre tes décisions. Par exemple, si tu ne sais pas trop pourquoi tu aimes rester travailler tard au bureau alors que ton fiancé déteste ça, la photo d'un P-DG ou d'une liasse de billets sur ton tableau peut t'apporter la réponse.

3 Ça te rappelle constamment ce que tu veux dans la vie. Maintenant que tu y vois plus clair et que tu te connais mieux, tu peux te motiver en stockant tes objectifs dans ton subconscient. Et pour ça, quoi de mieux que de regarder des images ? Le mien se trouve au-dessus de mon lit, et parfois, par exemple quand je n'arrive pas à m'endormir ou que je suis au téléphone, je le visualise sans même y penser. Ces messages subliminaux font des merveilles !

Ça peut aussi t'aider à prendre des décisions difficiles. Tu as du mal à choisir entre deux options tentantes ? Réfère-toi aux objectifs sur ton tableau et évalue laquelle des deux y répond le plus. Tu te rendras compte que, bien souvent, l'une d'elles ne te fera pas avancer. Elle éparpillera juste ton attention. Jeter un coup d'œil à ton tableau peut t'aider à rester concentrée sur la récompense sans te laisser distraire par ce qui brille. On est

tous des pies de temps à autre. Sans oublier que... Attends, c'est quoi, ça ? Du papier alu ? Je reviens.

Si créer un premier tableau de visualisation t'aide à mieux te connaître, imagine ce que tu vas apprendre grâce au deuxième ! Tu peux le comparer au premier et voir comment tu as évolué. Qu'est-ce que tu as changé ? Qu'est-ce qui a pris plus ou moins d'importance à tes yeux ? Sur mon premier, l'argent prenait beaucoup de place. Pourtant, même si je n'ai pas entièrement atteint cet objectif avant de faire mon second tableau, l'argent n'y figurait plus. À un moment entre les deux, c'est devenu moins important pour moi. J'ai peut-être compris que ça ne me rendait pas aussi heureuse que les autres éléments du tableau, comme les voyages ou la création. JE ME CONNAIS BIEN, HEIN ? Maintenant, je peux me concentrer sur ce qui m'apporte du bonheur et arrêter de courir après l'argent.

Avant que tu files faire ton tableau, parlons du concept de visualisation. Selon les situations, je l'ai pratiquée à court terme et à long terme, et les deux m'ont été très utiles pour devenir une mégaboss.

La visualisation à long terme, c'est quand tu t'imagines dans un scénario que tu espères voir se réaliser un jour. Tu n'es pas sûre de quand ou comment ; tout ce que tu sais, c'est que tu veux que ça arrive. Autrement dit, tu imagines obtenir tout ce qu'il y a sur ton tableau de visualisation. Pour ça, tu peux simplement t'installer dans un fauteuil, fermer les yeux et te voir signer le bail d'une nouvelle maison. Tu peux même tracer une signature invisible dans l'air (points bonus si tu tiens un stylo). Selon *Le Secret*, c'est tout ce que tu as à faire pour l'obtenir. Mais je n'y crois pas trop. L'Univers obéit peut-être à la loi de l'attraction, mais il respecte surtout ceux qui travaillent dur. Une fois ta visualisation terminée, lève-toi et va bosser.

Tu peux aussi visualiser les yeux ouverts, en faisant comme si ton rêve était la réalité. Voici un exemple que j'aime particulièrement. Je voulais désespérément passer à la radio. Quand je conduisais, je n'arrêtais pas d'entendre des célébrités faire des spots pour des stations, du genre : « Salut, c'est Usher, et tu écoutes Kiss sur 92.5. » Chaque fois que j'entendais un de ces spots, je me disais : « C'est trop stylé, le mec est trop célèbre ! » Alors j'ai commencé à les imiter. Dans ma voiture, je faisais comme si j'étais à la radio, et je faisais un petit spot pour moi-même. J'ai dû me répéter au moins vingt-cinq fois : « Salut, c'est Superwoman, et tu écoutes Kiss sur 92.5, reste branché ! » Quand un présentateur m'a proposé d'en faire un, dans la vraie vie, j'ai dû contenir mon enthousiasme, mais

j'étais plus que prête. Jusque-là, je ne savais pas comment ou quand j'y arriverais. Je savais juste que je voulais passer à la radio.

La visualisation à court terme, c'est utile quand tu imagines comment quelque chose de spécifique va se passer. Par exemple, avant un spectacle, je sais exactement comment je veux qu'il se déroule. Je ferme les yeux, je me vois entrer sur scène, pleine d'énergie, et je ressens la réaction positive du public. Je m'imagine ensuite en train de faire un show de malade. Je me vois dire chaque blague, maîtriser chaque choré et chaque expression faciale. Je fais même les mouvements les yeux fermés pour avoir une sensation aussi réaliste que possible. C'est comme une répétition générale pour mon esprit. Quand j'ouvre les yeux et que je monte sur scène pour de vrai, le but, c'est de concrétiser ce que j'ai visualisé. En général, pas de problème, vu que, pour mon cerveau, c'est la deuxième fois.

> « L'UNIVERS **OBÉIT** PEUT-ÊTRE À LA LOI DE L'ATTRACTION, MAIS IL RESPECTE SURTOUT CEUX QUI **TRAVAILLENT DUR.**

On connaît toutes le cliché « fais de ta vie un rêve, et d'un rêve une réalité ». Tu as probablement pris une capture d'écran de cette citation, que tu as partagée sur Instagram en te croyant ultra-spirituelle. Moi oui, en tout cas (#motivdulundi). Eh bien, désormais, tu peux réellement lui donner un sens grâce à l'art de la visualisation. Savoir ce qu'on veut, c'est puissant, et prétendre qu'on l'a déjà, encore plus. Ajoute à tout cela une super éthique de travail, et le père Noël passera plus d'une fois par an.

Alors, tu pourras commencer à... Ah, attends... C'est une guirlande à paillettes ? Je reviens.

CHAPITRE 17

VISE HAUT

UN CLIENT REGARDE

avec insistance une voiture de ta concession. Tu n'es pas certaine qu'il va l'acheter, mais tu veux vraiment l'en convaincre, parce que tu as besoin de la commission que cette vente va te rapporter, et puis tu as un quota à atteindre. Il te fait signe, l'air légèrement enthousiaste, même si tu vois bien qu'il essaie de rester impassible. Que la fête commence ! Tu lui donnes un prix, il fait mine de s'éloigner. Tu revois ton prix à la baisse, il en suggère un encore plus bas. Tu lui parles des fonctionnalités uniques de la voiture, il fait comme s'il s'en fichait. Tu la lui proposes pour 50 000 dollars. Il répond 40 000. Tu rétorques 49 000, il en offre 41 000. Tu lui fais une dernière offre à 46 000 dollars.

« Très bien, je la prends pour 52 000 dollars », conclut finalement l'acheteur. Bienvenue à Ça-n'arrivera-jamais-land.

Quand on négocie, on a très peu de chances d'obtenir exactement ce qu'on voulait au départ, et absolument AUCUNE d'obtenir PLUS. Si tu demandes à une copine de te prêter un haut, tu crois qu'elle va te répondre « Pas de soucis. Prends aussi mon portable et mon mec ! » ? Certes, ce serait une super pote, mais ça ne marche pas comme ça.

Eh bien, la vie, c'est un peu comme une grosse négo, et s'il y a bien une chose que j'ai apprise au fil des années, c'est qu'il faut placer la barre haut. Tu sais que tu n'obtiendras pas ce que tu voulais au départ, alors autant demander tout de suite plus. Quand tu cherches à obtenir quelque chose, trois issues sont envisageables : idéal, gérable et nul. Une mégaboss n'a pas peur d'ambitionner l'idéal, puisqu'elle sait que, au pire, elle obtiendra probablement un truc gérable. Par contre, si tu la joues petits bras et que tu ne te mouilles pas, tu risques d'être déçue.

Mon pote Humble et moi voulions lancer notre chanson *IVIVI* (416, le code de la région de Toronto, en chiffres romains), et on voulait que ce soit épique. Ça faisait longtemps que l'idée de créer un hymne pour Toronto lui trottait dans la tête, mais on n'avait jamais trouvé le temps de le faire à cause de nos emplois du temps surchargés. Un jour, alors que

je regardais mon agenda, j'ai vu qu'on était bientôt en avril. J'ai appelé Humble, avec des étoiles dans les yeux, et je lui ai proposé de sortir *IVIVI* le 16 avril (écrit 4/16 selon le modèle américain) ! Je suis quasi certaine de l'avoir appelé aux alentours du 4 avril. J'avais donc attendu la dernière minute, du Lilly tout craché. Mais ça nous a forcés à écrire une chanson, à l'enregistrer et à tourner le clip (voir chapitre « Fixe-toi des délais ») en moins de deux semaines.

Écrire et enregistrer la chanson, rien de plus simple, surtout avec l'aide de quelques vodka-Sprite (pour adoucir mes cordes vocales, bien sûr). Ça nous a pris quelques jours, et on a passé les quatre restants à conceptualiser notre clip. Assis à la table de ma cuisine, on cherchait une idée originale qui puisse être réalisée en un minimum de temps. On aurait pu tourner dans une voiture, en centre-ville ou dans un studio. Classique. Mais j'avais une autre idée en tête. J'ai regardé Humble droit dans les yeux et je lui ai dit avec toute la détermination dont j'étais capable : « Tu sais quoi ? On devrait tourner sur le terrain des Raptors, à l'intérieur de l'ACC. » Il m'a regardée, impassible. Les Raptors, c'est l'équipe NBA de Toronto, et l'ACC (Air Canada Centre), c'est le deuxième stade de la ville en capacité, celui que les promoteurs et les artistes louent pour plusieurs milliers de dollars. Moi, tranquille, je suggérais d'y tourner notre clip, et ce dans les quatre jours à venir.

Humble a doucement rigolé, mais j'ai bien vu que l'idée faisait son chemin. Il était quasiment impossible d'obtenir l'autorisation de tourner sur ce terrain, surtout dans des délais aussi courts et sans un gros chèque. Je ne voulais pas abandonner l'idée sans avoir au moins tenté le coup. J'en ai donc fait une affaire personnelle. J'ai contacté toutes mes connaissances : vendeurs de tickets, spécialistes des réseaux sociaux, et même YouTube (c'est un peu comme mon troisième parent : si je ne sais pas faire un truc, je les harcèle dans l'espoir qu'ils me prennent par la main et m'expliquent comment faire).

> « POURQUOI **ABANDONNER** AVANT MÊME D'AVOIR **ESSAYÉ ?**

Il se trouve que YouTube a un partenariat avec la NBA, et mon contact est parvenu à me mettre en relation avec un membre de l'équipe des Raptors. Tu entends ? C'est le bruit de mon pied déterminé qui ouvre

doucement une porte. J'ai transmis ma demande : on voulait tourner un clip sur le terrain des Raptors. On avait besoin de quatre heures. (Je savais que deux suffiraient amplement.) On allait être quinze. (On pouvait le faire à dix.) On allait utiliser un drone. (Ça, c'était vrai.) On a envoyé notre dossier et attendu. On nous a répondu qu'on allait devoir prendre plusieurs assurances pour tourner dans le stade (qui devaient TOUT couvrir, des acteurs au drone). Je te vois venir, ACC, et je te fais une contre-offre : je pense qu'une seule assurance suffira amplement. On s'est renvoyé la balle plusieurs fois. J'ai laissé mon pied dans la porte, jusqu'à ce que, deux jours plus tard, on reçoive l'autorisation et qu'on se retrouve devant le stade. On est rentrés dans l'arène, on a installé notre matos à la vitesse de l'éclair, et on a tourné notre clip en deux heures, avec dix personnes et un drone.

Rien ne peut empêcher une mégaboss de viser haut. Je demande tout le temps des trucs de fou à mon équipe, et je n'accepte pas qu'on me dise que ce n'est « pas possible ». Pourquoi abandonner avant même d'avoir essayé ? Je refuse d'admettre qu'un truc est impossible avant d'avoir entendu un NON ferme et définitif. D'ailleurs, parfois, même un NON ferme et définitif ne suffit pas à m'arrêter. Pourquoi ? Parce que ma détermination est implacable. Et tu sais quoi ? Jusqu'ici, ça m'a plutôt réussi. C'est cool, de tout faire

pour essayer d'obtenir ce qu'on veut, tant qu'on reste respectueux et poli.

Si tu vises trop bas, tu obtiendras encore moins que le peu que tu avais espéré. C'est pour ça qu'il faut viser haut. Personne ne viendra compenser ton manque d'ambition. J'ai eu la chance de tourner une vidéo en collaboration avec Michelle Obama, alors première dame des États-Unis, sur l'importance de l'éducation dans le monde. Nous menions toutes les deux des campagnes là-dessus, je trouvais que ça avait du sens. Au moment de la confirmation du tournage, on m'a annoncé que j'aurais quinze minutes avec elle. J'en ai demandé trente. On m'en a accordé vingt. Je voulais faire un jeu qui comportait trois tours, alors j'en ai demandé cinq. J'en ai eu trois. J'ai dit que je voulais devenir la prochaine présidente des États-Unis, et tout le monde a rigolé. Il paraît que les Canadiens n'en ont pas le droit. Tant pis. En tout cas, n'aie pas peur de demander des trucs. Le pire qui puisse t'arriver, c'est qu'on te les refuse. Rappelle-toi simplement de sourire, de garder la tête haute et d'avoir l'air aussi sympa que possible.

Maintenant, j'aimerais que tu ailles sur Internet donner dix étoiles à ce bouquin. Oui, dix, s'il te plaît.

Comment ça, tu penses qu'il en mérite sept ? Bon, pourquoi pas huit ? Tu sais quoi ? On n'a qu'à se mettre d'accord sur cinq. Ça fera l'affaire.

Merci !

sourire charmeur

CHAPITRE 18

LE MYTHE DE L'ALPHABET

SI TU AS DES ENFANTS,

tu vas certainement détester ce chapitre. Il va à l'encontre de nombreux principes, et notamment de ceux que mes parents ont tenté de m'inculquer tout au long de mon enfance. Beaucoup de parents, tout particulièrement ceux venant d'Asie du Sud (je parle en connaissance de cause), sont persuadés qu'il est important d'avoir plusieurs plans dans la vie. Pour ta carrière, tes finances, ta vie amoureuse (au secours !), ils insistent pour que tu aies des plans A, B et C. Certains vont même jusqu'au plan E. Ils *plane*nt complet. PLANE. PLAN E. OK, je sors.

L'idée du plan de secours est ancrée dans nos têtes. Disons que je doive prendre l'avion pour assister à un événement. Je mets dans ma valise la tenue que je vais porter pour ledit événement, ainsi que les accessoires et chaussures qui vont avec. Mais que faire si, pour une raison x, cette tenue ne convient plus une fois arrivée sur place ? Si je prends cinq kilos dans l'avion à cause des turbulences, par exemple ? Je ferais mieux d'en emporter une deuxième, avec d'autres accessoires et chaussures. Mais s'il ne faisait pas beau ? Si, exceptionnellement, il y avait du blizzard à Miami ? Je ferais mieux de prendre une troisième option au cas où. OK, je suis prête… Mais imaginons que je rencontre un mec super canon et qu'il m'invite à sortir. Je ferais mieux de prendre une autre tenue (et un rasoir), pour parer à toute éventualité. Au moment de partir, ce n'est plus une valise, qu'il me faut, mais un semi-remorque pour transporter toutes mes affaires jusqu'à l'aéroport.

Vive les plans B ! D'ailleurs, en parlant de plan B, ce serait pas mal qu'un jour je sauvegarde mes fichiers sur iCloud. Mais bref, je m'égare. L'idée développée dans ce chapitre, c'est de mettre de côté tous tes plans de secours pour te concentrer uniquement sur le plan A. F# %k l'alphabet.

Quand j'ai pris la décision de devenir une youtubeuse, je postulais pour des masters. Mes parents me poussaient à poursuivre mes études au cas où mes vidéos ne marcheraient pas autant que je le souhaitais (plan de secours typique). Je me revois en train d'écrire une lettre de motivation

pour intégrer un programme de psychothérapie. Je me suis arrêtée à la moitié et j'ai regardé l'écran de mon ordi. J'avais littéralement l'impression qu'un Détraqueur tout droit venu de l'univers de Harry Potter était en train de dévorer mon âme. Et pas un petit Détraqueur de rien du tout. Un vrai Détraqueur en plein régime sans sucre ou cure de jus détox, qui serait tombé sur mon âme un jour de *cheat meal*. Un Détraqueur californien, quoi.

Je n'ai pas pu terminer la lettre. Ce programme ne m'intéressait tout simplement pas. J'étais terrifiée à l'idée d'intégrer ce cursus et je ne m'imaginais pas m'engager pour quatre ans à la fac. Je me suis levée de ma chaise, je suis allée dans la chambre de mes parents (oui, je vivais encore chez eux, à ce moment-là ; j'ai dit qu'ils venaient d'Asie du Sud, tu te souviens ? Je n'avais pas le choix !), et je leur ai annoncé que je renonçais à continuer mes études, pour me consacrer à 100 % à ma chaîne YouTube.

Tu t'en doutes, cette conversation n'a pas été des plus faciles. Je leur annonçais vouloir renoncer à un master pour faire des vidéos sur Internet, un truc dont ils ignoraient complètement le fonctionnement. Moi, de mon côté, j'étais surexcitée, mais j'avais aussi super peur. À l'époque, je n'avais que quelques vidéos en ligne, et aucune certitude que mon projet fût un tant soit peu réaliste. Il y a quelques années, YouTube n'était pas la plateforme que c'est aujourd'hui. De nos jours, les créateurs de contenus digitaux sont des entrepreneurs avec d'innombrables opportunités et sources de revenus. On nous considère comme des personnalités influentes susceptibles de générer de vraies audiences. Mais, en 2010, c'était un phénomène nouveau, surtout à Toronto. Les plus grands youtubeurs avaient 2 ou 3 millions d'abonnés max. Aujourd'hui, certains dépassent les 40 millions et la moindre vidéo de chat qui se ramasse aura 3 millions de vues. À l'époque, on ne savait pas si YouTube allait résister à l'épreuve du temps. Qui pouvait prédire qu'il ne finirait pas par disparaître, comme MySpace ?

Mes parents ont eu la meilleure réaction possible : ils m'ont donné un an pour me consacrer à YouTube à plein temps. Si d'ici là je n'avais pas progressé, je devrais m'inscrire en master. Mon compte à rebours de trois cent soixante-cinq jours venait de débuter.

Tous les jours, j'écrivais de nouveaux scénarios, je filmais et montais des vidéos, j'analysais le travail d'autres créateurs et cherchais de nouvelles idées promotionnelles. Pourtant, je vivais constamment dans le doute, et une petite voix n'arrêtait pas de me murmurer : « Et si ça ne marche pas ? Peut-être que tu devrais te préparer pour ton master. »

"

CONCENTRE-TOI SUR LE PLAN A.

"

J'ai continué comme ça pendant quelque temps, jusqu'à ce que l'Univers m'envoie un signe. J'étais à Montréal pour un petit événement, mais les orgas étaient en retard. Je patientais avec mes potes dans notre chambre d'hôtel. Ils bavardaient, buvaient des coups ou restaient dans leur coin. Moi, je fixais la télé, c'était une interview de Kate Winslet. Le présentateur lui a demandé : « Quel conseil donneriez-vous à quelqu'un qui souhaite devenir acteur ou travailler dans le milieu du divertissement ? » Et là, le temps a ralenti, le silence s'est fait dans la pièce, il n'y avait plus que Kate et moi. Elle a répondu, en gros : « Si tu veux vraiment faire quelque chose, laisse tomber ton plan B. Avoir un plan B, c'est s'attendre à ce que le plan A échoue. Ce n'est pas la bonne attitude. » Après son dernier mot, je suis revenue à la réalité avec une vision plus claire et une nouvelle résolution : j'allais lâcher mon plan B et consacrer toute mon énergie et mes efforts à mon plan A.

J'ai commencé à considérer ma carrière comme acquise. Au lieu d'avoir un plan B (le master) et un plan C (bosser dans un bureau), j'ai développé un plan A, un plan A 2.0 et un plan A 3.0. YouTube et le milieu du divertissement resteraient ma priorité. Ce qui allait changer, en revanche, c'était ma stratégie. Chaque fois que j'ai buté sur un nouvel obstacle, comme un faible nombre de vues, des commentaires négatifs ou le syndrome de la page blanche, je n'ai pas abandonné, et je ne me suis pas mise en quête d'un nouveau plan de carrière. Au contraire, je renforçais mon plan A en apprenant de nouvelles façons de me faire de la pub, en m'entraînant à mieux gérer les commentaires malveillants et en me créant un environnement plus propice à l'inspiration.

Ce que je te propose est risqué. C'est aussi terrifiant, mais si tu es prête à travailler pour réaliser ton rêve, à passer des nuits blanches et à mettre les bouchées doubles, autant mettre tous tes œufs dans le même panier. En or, tant qu'à faire.

Qu'est-ce que tu veux faire de ta vie ? Qui veux-tu devenir ? Où veux-tu travailler ? Quelle que soit la réponse, fais-en ta priorité et ne va pas t'encombrer l'esprit avec des plans B. Utilise ton énergie, ton esprit et ton temps pour faire fonctionner ton plan A.

Je terminerai en disant que, comme tous les parents indiens, je n'attends de toi que des A. Pas un seul B.

CHAPITRE 19

UN GESTE VAUT MILLE MOTS

SI PERSONNE

ne lisait tes tweets quotidiens sur ta séance de yoga bikram, est-ce que tu continuerais à y aller ?

Les réseaux sociaux nous ont habitués à dire les choses au lieu de les faire. On a même fini par croire que dire revenait à faire. Bien sûr, il est facile de convaincre les gens que ce que tu dis sur Internet correspond à ce que tu fais vraiment dans la vie. Comment pourraient-ils le vérifier ? Peut-être que tu es à ton cours de yoga bikram, mais peut-être que tu es dans ton appart, avec le chauffage à fond et les jambes vaguement tendues devant toi. Pourtant, une mégaboss sait qu'un geste vaut mille mots.

Il y a très longtemps, je suis sortie avec un mec super canon. Je dis « super canon » non pas parce que je suis superficielle (enfin, j'avoue, c'est toujours un plus), mais parce que je n'en savais pas beaucoup plus sur lui avant notre premier rendez-vous. On s'était rencontrés en soirée, on avait un peu discuté, mais aussi un peu bu. Autant dire qu'on n'avait pas appris grand-chose l'un sur l'autre. On avait juste bavardé bêtement en buvant un verre. Ou deux. Ou sept. ENFIN BREF. Personne ne devait prendre le volant, de toute façon.

J'étais contente à l'idée de le connaître davantage. J'avoue que j'étais un peu nerveuse, aussi. On a commandé des verres, on s'est assis face à face, et j'ai dû me concentrer très fort pour ne pas rougir en croisant son regard. Je lui ai demandé comment s'était passée sa journée, il m'a retourné la question. Tu vois le genre de conversation basique. Je l'ai ensuite interrogé sur son job, alors il m'a parlé de sa carrière. Et de ses objectifs. Et de ce qu'il faisait à la gym. Et du dernier contrat qu'il avait signé. Et de ce qu'il allait faire après. Je l'ai écouté en silence. Il m'a dit qu'il était super drôle, m'a raconté qu'il faisait marrer tout le monde au travail. Puis, alors que je n'avais rien demandé, il m'a dit qu'il était vraiment un mec sympa. Il a conclu son monologue en disant : « Voilà, c'est moi. » Je ne passais pas

un super moment, sans trop savoir précisément pourquoi. J'ai remarqué qu'il ne me posait pas beaucoup de questions, mais je me suis dit qu'il devait être nerveux. Je lui ai laissé le bénéfice du doute. Cela dit, même quand il me posait une question, j'étais à 7/10 sur l'échelle du *date*, là où je m'attendais à un 20/10 (ça, c'est superficiel).

Quand je suis rentrée chez moi, un pote m'a demandé comment ça s'était passé. Honnêtement, je n'en savais rien. J'ai dû me poser, prendre un moment, faire de savants calculs et d'intenses recherches pour déterminer ce qui ne m'avait pas plu. Et là, j'ai compris : il n'avait pas arrêté de me DIRE qui il était, mais sans jamais me le MONTRER.

Si tu es marrant, tu ne devrais pas avoir à le dire. Et je ne veux pas être méchante, mais je n'ai pas rigolé une seule fois ce soir-là. Pourtant, il m'a raconté deux histoires pour me prouver à quel point ses potes le trouvaient drôle. Idem, si tu es sympa, pas besoin de le dire non plus. Ça devrait se voir.

Quand on dit un truc, il faut le faire. D'ailleurs, à moins que quelqu'un ne te pose spécifiquement la question, pourquoi le dire si tu peux le montrer ? MOINS DE BLA-BLA, PLUS D'ACTION.

En anglais, on a un proverbe qui dit que les mots peuvent mentir, mais que les actes finissent toujours par dire la vérité. Je trouvais ça génial, jusqu'à ce que j'entende Trent Shelton, spécialiste en développement personnel, dire : « Les mots peuvent mentir, et les actes aussi. C'est dans la constance que se trouve la vérité. » J'en suis restée bouche bée. Parler d'un truc ne le rend pas vrai. Et une action n'est significative que si elle s'inscrit dans la durée. Une mégaboss sait que, si elle veut être prise au sérieux, elle doit montrer aux gens qui elle est, chaque jour.

> « UNE MÉGABOSS SAIT QUE, SI ELLE VEUT ÊTRE **PRISE AU SÉRIEUX,** ELLE DOIT MONTRER AUX GENS **QUI ELLE EST,** CHAQUE JOUR.

Ne dis pas à ton chef que tu travailles dur, prouve-le-lui par ton travail. Ne dis pas à ton copain ou ta copine que tu es fidèle, sois irréprochable. Ne dis pas à ton adversaire que tu vas gagner, écrase-le.

Les mots ne valent rien. Laisse-les au vestiaire.

CHAPITRE 20

APPRENDS LES RÈGLES DU JEU

POUR COMPRENDRE les règles d'un jeu, il faut commencer par y jouer. Mais comment y jouer sans connaître les règles ? Impossible. Ce serait comme dribbler sur un court de tennis en criant « penalty ». Si tu ne peux pas maîtriser les règles d'un jeu, parce que tu n'y joues pas, parce que tu n'en connais pas les règles... tu as peu de chances de gagner. Là, tu dois te dire : « MAIS DE QUEL JEU ELLE PARLE ?! Je suis comptable, moi. » Eh bien, figure-toi, chère mégaboss, que tout, dans la vie, est un jeu. Ça ne veut pas dire que tout est futile, alors pas la peine de lever les yeux au ciel. C'est super, les jeux. La plupart des choses dans la vie comportent une stratégie, des niveaux et des joueurs. Quand tu es dans un bar et que tu dragues quelqu'un, c'est de la stratégie amoureuse. Quand tu te démarques par ton excellent travail d'assistante et que tu obtiens une promotion, tu franchis un niveau dans le jeu de la vie de bureau. Quand tu acceptes de jouer à cache-cache avec ta petite sœur pour éviter les problèmes avec ta mère, tu joues aussi à un jeu. Deux jeux, d'ailleurs.

Quoi que tu fasses dans la vie, que tu sois docteure, peintre, étudiante ou vendeuse de limonade, il est important de bien connaître les règles du jeu pour pouvoir y exceller. Une des meilleures façons d'y arriver, c'est de savoir ce que font les gens qui évoluent dans le même domaine que toi. Tu peux alors non seulement apprendre de leurs succès et de leurs erreurs, mais aussi évoluer grâce à un esprit de compétition sain. De plus, connaître les autres joueurs peut t'aider à ajuster ta stratégie, c'est d'ailleurs pour ça que les coachs sportifs étudient les formations et les tactiques des équipes adverses.

Avant ma première tournée, j'avais décidé qu'assister aux shows d'autres artistes devait être une priorité. Certes, j'y allais parce que c'étaient des amis et que je voulais les soutenir, mais aussi parce que je souhaitais apprendre d'eux. Au lieu d'essayer d'écrire à l'aveuglette un déroulé pour mon spectacle, je voulais d'abord voir ce que les autres proposaient.

J'ai noté ce qui me plaisait, ce qui selon moi pouvait être amélioré, les réactions du public et la durée du spectacle. Est-ce qu'il y avait un régisseur attitré ? Combien de fauteuils étaient réservés aux VIP ? Où étaient placés les vigiles ? Y avait-il des changements de costumes ? Combien ? À quelle fréquence ? J'ai absorbé toutes les infos autour de moi et je m'en suis servie pour développer ma propre stratégie. Je voulais m'assurer que ce que j'allais offrir était à la fois à la hauteur de ce qui existait déjà, et également différent. Si tu essaies de te démarquer, il faut que tu saches ce que les autres font déjà.

> “ QUOI QUE TU **FASSES** DANS LA VIE, QUE TU SOIS DOCTEURE, PEINTRE, ÉTUDIANTE OU VENDEUSE DE **LIMONADE**, IL EST IMPORTANT DE BIEN **CONNAÎTRE** LES **RÈGLES** DU **JEU** POUR POUVOIR Y **EXCELLER.**

Je regarde aussi des vidéos YouTube pendant mes pauses. Oui, quand j'arrête de faire des vidéos YouTube, j'en regarde (#nolife), parce que je crois qu'il est important de savoir ce que la concurrence propose. Si je bosse sur une vidéo intitulée *J'aime les patates* et que, en allant sur YouTube, je tombe sur quatre vidéos qui portent déjà ce titre, ce n'est pas idéal. Ça dépasse largement l'apport journalier recommandé en glucides. Pareil, je ne vais pas me filmer avec ma webcam, un éclairage médiocre et des transitions de base si, sur la page des tendances, tout le monde utilise un reflex numérique, un anneau de lumière et des animations complexes. Si je veux rester dans la course, il faut que je sois au courant de ce qui s'y passe.

Connaître les règles du jeu t'aide non seulement à jouer au mieux de tes compétences, mais ça t'évite aussi de te faire avoir. Imagine-toi en train de jouer au poker sans en connaître les règles. Tu as trois 6 et deux rois, et ton adversaire a deux 4. Tu révèles tes cartes, pas très sûre de toi. Ton adversaire s'en aperçoit et clame la victoire en toute confiance, puis s'empare de tous tes jetons. Alors que tu avais un full sans le savoir ! Tu parles d'une partie !

Chaque fois que je dois relire un contrat, je prends mon temps. L'univers juridique n'est pas mon terrain de jeu favori, alors, quand j'en ai besoin, je consulte d'autres joueurs. Ce qui est génial, dans la vie, c'est qu'on joue dans plusieurs équipes à la fois. Souvent, quand je reçois un contrat, des trucs me paraissent bizarres. Alors j'appelle mes amis créateurs et je leur demande leur avis. Peut-être que, plus tard, dans un autre jeu, je jouerai dans l'équipe adverse mais, sur le terrain légal, ils sont mes alliés. Plusieurs fois, j'ai découvert qu'on ne m'avait pas donné les bonnes informations ou, pour dire les choses franchement, qu'on m'avait menti. Mais une fois de plus, c'est le jeu. Les gens qui font des affaires avec moi tentent des coups, et je dois faire de même. Et je ne vais pas me gêner.

Admettre que tu joues à un jeu ne rend pas uniquement les choses plus amusantes (qui n'aime pas jouer ?). Ça t'aide aussi à comprendre pourquoi les gens font ce qu'ils font, et à réagir de manière rationnelle et non émotionnelle. Quand quelqu'un te pique le ballon au basket, ce n'est pas pour te briser le cœur, c'est pour marquer des points. Et la meilleure façon de réagir est de t'améliorer, pas de bouder. Progresser, c'est constructif. Bouder, beaucoup moins.

Quel que soit le jeu auquel tu participes, enfile des genouillères et prépare-toi. (À moins que ce jeu ne nécessite pas du tout de se servir de ses genoux. Dans ce cas, tu aurais l'air un peu débile.) Les mégaboss sont de ton côté et te soutiennent !

Amuse-toi bien.

“

SI JE VEUX RESTER DANS LA COURSE, IL FAUT QUE JE SOIS AU COURANT DE CE QUI S’Y PASSE.

”

CHAPITRE 21

GRAVIS LES ÉCHELONS

À MOINS QUE TU NE SOIS NÉE dans une famille royale, il y a de fortes chances pour que tu doives commencer au bas de l'échelle et travailler pour gravir les échelons. Si ça ne s'applique pas à toi, eh bien… COUCOU, PRINCE HARRY ! Merci d'avoir acheté mon livre ou d'avoir envoyé quelqu'un l'acheter pour toi…

Si ton but est de devenir P-DG d'une grande entreprise, tu vas peut-être devoir commencer comme représentante, et si tu veux être réalisatrice, comme assistante de prod. Pour devenir actrice, tu vas devoir te battre pour passer des auditions. Dans la vie, de nombreuses situations nécessitent de gravir une échelle invisible, et c'est rarement un exercice facile. Chaque échelon se mérite.

Quand je me suis lancée sur YouTube, j'étais avide de savoir. J'habitais à Toronto, mais la plupart des créateurs vivaient à L.A. et étaient inaccessibles. Je crevais d'envie d'échanger avec eux, alors quand j'ai appris que Harley Morenstein d'*Epic Meal Time*, une énorme chaîne YouTube, était dans ma ville, je lui ai immédiatement envoyé un message sur Twitter. Pour tout dire, je ne m'attendais pas à ce qu'il réponde. À l'époque, j'avais genre 100 000 abonnés, et Harley en avait bien plus. Pourtant, à ma grande surprise, il m'a répondu. Il avait une réunion, après quoi il serait content de me rencontrer. Son hôtel était situé dans le centre-ville, à environ trente minutes de chez moi. J'étais ravie qu'il me réponde et, à partir de cet instant, je n'ai plus lâché mon téléphone. Je consultais mes messages privés toutes les quatre minutes pour vérifier qu'il ne m'avait pas écrit. J'ai ensuite réalisé qu'il ne m'avait pas donné l'heure de son rendez-vous, je n'avais donc aucune idée du moment où on pourrait se retrouver. Et s'il n'avait que quinze minutes à me consacrer, alors que j'étais à trente minutes de son hôtel ? Pire : et s'il me contactait en pleine heure de pointe et que je mettais une heure et demie pour le rejoindre ? Je ne pouvais pas prendre ce risque. J'ai texté deux de mes potes pour leur demander de venir traîner avec moi dans le centre. Ce sont de bonnes copines, alors elles ont accepté (elles n'ont pas eu le choix).

J'ai passé la soirée à arpenter le centre-ville pour être sûre d'être dans les parages si jamais Harley me faisait signe. L'heure avançant, on s'est réfugiées dans ma voiture, qui était garée dans une petite rue. Et s'il ne me contactait pas ? Et s'il n'avait plus le temps ? C'était une possibilité, mais je suis restée là avec mes potes, de la bonne musique et beaucoup d'espoir. Tout à coup, mon téléphone a sonné : Harley venait de terminer son rendez-vous et était disponible pour me rencontrer. Et, par le plus grand des HASARDS, j'étais justement dans le centre !

On a retrouvé Harley et j'ai pu discuter quarante-cinq minutes avec lui. Il m'a appris énormément de choses sur YouTube et les sponsors. Il m'a donné des conseils qui m'ont aidée à façonner ma carrière telle que je la mène aujourd'hui. Grâce à lui, j'ai pu monter sur le premier barreau de l'échelle. C'est un peu comme s'il avait eu plusieurs barreaux d'avance et qu'il s'était penché vers moi pour me prendre par la main et m'aider à grimper.

J'espérais que cette histoire pourrait t'inspirer, mais je me rends compte en la racontant que je passe pour une énorme stalkeuse. Mais bon, ça me va. Harvey et moi sommes potes, maintenant, et je suis sûre qu'il serait d'accord pour que je le *stalke* à n'importe quel moment.

Ce n'est pas la seule fois où j'ai fait un truc ridicule pour rencontrer quelqu'un que j'admire. Il y a quelques années, j'attendais un avion à l'aéroport. Ma zone d'embarquement venait d'être annoncée quand mon téléphone a sonné. C'était un message direct sur Twitter. En l'ouvrant, j'ai frôlé la crise cardiaque. J'ai failli me décrocher la mâchoire, tellement ma bouche est restée grande ouverte. La pote avec qui je voyageais a eu super peur ! C'était un message de MIA (la meilleure rappeuse du monde, rien que ça), qui disait : « Salut, ça te dirait qu'on fasse un truc ? » Tranquille. M.I.A. Qui m'envoie un message. Pour faire un truc. Sous le choc, je lui ai répondu le plus vite possible avant de passer en mode avion : « Carrément ! Dis-moi où et quand. » SUPER ORIGINAL.

> « DANS LA VIE, DE NOMBREUSES SITUATIONS NÉCESSITENT DE **GRAVIR** UNE **ÉCHELLE** INVISIBLE, ET C'EST RAREMENT UN **EXERCICE FACILE.** CHAQUE ÉCHELON **SE MÉRITE.**

Pendant tout le vol, j'ai flippé parce que je ne savais pas ce qu'elle allait me répondre. Et si son compte avait été piraté ? Et si c'était son fils ? Et si elle m'avait prise pour quelqu'un d'autre ? On me dit souvent que je ressemble à Bruno Mars... Quand l'avion a atterri, j'ai direct consulté mes messages et j'ai poussé un petit cri en voyant sa réponse : « Dis-moi quand tu passes à New York. » Figure-toi que j'avais un concert prévu à NYC la semaine d'après. Promis, je ne suis pas une stalkeuse, et je ne suis pas en train de m'inventer un alibi, j'avais vraiment un truc à New York. Parfait ! On s'est mises d'accord pour se rencontrer quelques jours plus tard.

Je suis fan de M.I.A. et de son travail, alors je ne suis pas arrivée les mains vides. J'ai demandé à un ami de fabriquer un tableau personnalisé pour elle. Il a eu si peu de temps que j'ai dû me le faire livrer à l'aéroport avant de partir pour New York. Quand j'ai atterri, c'était un peu comme pour ma première rencontre avec Harley : je savais quel jour on avait prévu de se voir, mais rien de plus.

Le jour J, je devais partir tôt de mon hôtel pour aller à quelques rendez-vous, et je savais que je n'y retournerais pas avant le soir. Je n'avais pas eu de nouvelles d'elle, et j'avais l'impression que ça n'allait finalement pas se faire. Découragée, j'ai regardé le tableau avant de sortir de ma chambre. *Quel gâchis*. Puis une petite voix dans ma tête m'a dit : « Et si elle répondait ? » Ça a suffi à me motiver pour le prendre. Il était trop gros pour rentrer dans un sac, alors j'ai dû le porter sous le bras toute la journée, dans toute la ville, au cas où elle répondrait. Des heures après, je me le traînais encore. Les gens me regardaient, ma pote se moquait de moi, et ça me saoulait. Je me suis assise sur un trottoir pour faire une pause. Dans un dernier effort, j'ai sorti mon téléphone et envoyé un message à M.I.A., lui demandant où et à quelle heure elle voulait qu'on se retrouve. Quelques secondes plus tard, j'ai reçu l'adresse d'un glacier à Brooklyn. Moins d'une heure plus tard, je mangeais une glace avec elle et son fils, et je lui donnais son cadeau avec un large sourire. Elle m'a appris des tonnes de trucs sur le monde de la musique et m'a donné des conseils juridiques comme je n'en avais jamais entendu auparavant. Grâce à cette expérience, j'ai gravi un autre échelon.

Ces rencontres peuvent sembler insignifiantes, et tu penses peut-être que je me suis rabaissée en attendant tous ces gens, mais nos conversations ont été essentielles pour moi et m'ont encouragée à persévérer dans mon travail. Quand tu gravis les échelons, ce qui te pèse le plus, c'est souvent ton orgueil. Passer des heures à attendre ces deux personnes ne veut pas dire que je ne me respecte pas, mais plutôt que je pense que ça en vaut la peine.

Harley et M.I.A. en savaient plus que moi, et ils étaient prêts à partager leurs connaissances avec moi.

Le truc, avec l'échelle, c'est que peu importe sur quel barreau tu te trouves, il y aura toujours des gens au-dessus de toi. Parfois, ils te jetteront des pierres pour te faire tomber. D'autres fois, ils ne se rendront même pas compte qu'ils t'envoient de la poussière avec leurs pieds. Ce ne sont pas forcément tous de gros fumiers riches et célèbres qui méprisent le reste du monde. Tout cela n'a rien à voir avec un quelconque statut social. Ne va surtout pas te mettre ça en tête. Mon avis, c'est que les gens qui se situent sur les échelons au-dessus du mien ont plus d'expérience que moi. Je l'accepte et je les respecte.

Même aujourd'hui, alors que je suis reconnue comme une créatrice de contenu dotée d'une large communauté, je continue à recevoir des pierres depuis les échelons supérieurs. J'ai fait de nombreuses collaborations avec des stars du cinéma et du monde de la musique mais, quand l'occasion se présente d'en faire une nouvelle, je dois trimer à mort pour que le deal se fasse. On me demande d'envoyer trois propositions de scénario pour le lendemain matin, comme si je pouvais les pondre sur un claquement de doigts. Une fois qu'un scénario est validé, on m'accorde quinze minutes pour faire une vidéo qui nécessiterait au moins une heure. Évidemment, neuf fois sur dix, le tournage ne peut avoir lieu qu'un jour où je suis entièrement bookée, et je dois donc réorganiser tout mon emploi du temps. Ce que je fais dans ce genre de situations ? Je pourrais répondre avec un émoji doigt d'honneur, mais ce ne serait pas super productif. Je mets mon orgueil de côté et je garde le sourire, parce que je sais que le résultat final, ce sera une super vidéo dont je serai fière. C'est ça, gravir les échelons. Personne n'a jamais dit qu'il n'y aurait pas de barreau couvert de fientes de pigeon.

C'est difficile, de monter vers le haut de l'échelle. Tu vas rencontrer des obstacles, te fatiguer, et parfois tu croiseras des serpents qui te feront redescendre. Mais, en grimpant, tu apprendras des choses qui t'aideront à te construire en tant que personne. Le pire que tu puisses faire, c'est agir comme si tout t'était dû et refuser de te mouiller alors que tu es sur l'échelon du bas. Ça ne marche pas comme ça.

Parfois, pour recevoir de l'inspiration, des conseils, ou pour réussir, tu devras rester assise dans ta voiture sur le bord de la route pendant trois heures. D'autres fois, tu devras trimballer un tableau gigantesque dans toute la ville et passer pour une folle. Peut-être que ça vaudra le coup, et peut-être pas. Dans tous les cas, continue à grimper, comme une mégaboss.

CHAPITRE 22

UNE MARCHE APRÈS L'AUTRE

ON CHERCHE TOUJOURS des raccourcis. C'est dans notre nature. Inutile de déverrouiller mon téléphone pour prendre une photo, quand je peux juste *swiper* vers le haut. Mon GPS détecte un itinéraire qui peut me faire gagner une minute sur mon temps de trajet ? Mon itinéraire se recalcule automatiquement. Au pire, si je dois vraiment déverrouiller mon téléphone (relou), je peux utiliser la reconnaissance digitale. Franchement, qui a le temps de taper quatre chiffres ? Rien ne m'oblige non plus à faire des phrases complètes quand j'écris mes textos, psk les abréviations c xlt tu voa qd t oqp sa va + vite. Rencontrer de nouvelles personnes et nouer des relations sincères avec elles ? Pff, fais glisser leurs photos à droite ou à gauche et laisse faire l'algorithme. Les raccourcis nous font économiser du temps et de l'énergie. Pourtant, une mégaboss sait qu'il n'y a pas de raccourci vers le succès.

On me demande souvent le secret de ma réussite, et je pense que les gens s'attendent à ce que je leur révèle une formule magique. Ils adoreraient que je leur dise que j'en suis arrivée là grâce à un peu de sorcellerie et une goutte de sang de lion. Ça leur permettrait d'arrêter de bosser et de se focaliser sur l'achat d'un grand félin. Malheureusement, ce n'est pas le cas, alors laisse Simba tranquille (il a déjà bien assez souffert). Mon secret, c'est tout ce que les gens ne veulent pas entendre : des heures et des heures de travail.

Il n'y a pas d'escalator vers le succès. Tu dois prendre les escaliers. (Je sais, dans le chapitre d'avant, je parlais d'une échelle. C'est comme ça.) Je ne suis pas le produit d'une vidéo virale. Ma carrière ne repose pas sur un buzz qui m'aurait rapporté des tonnes de vues et d'abonnés (même s'il n'y aurait rien de mal à ça). J'ai gagné en reconnaissance et élargi ma communauté progressivement. Si je demandais à tous mes fans comment ils m'ont découverte, ils répondraient tous un truc différent. Chaque fois que je publie une nouvelle vidéo, je gravis une marche de plus sur l'escalier du succès et je laisse de solides fondations derrière moi. Je me moque de savoir si c'est une grosse ou une petite marche, du moment que je continue de monter.

En vrai, il existe des escalators, surtout dans mon milieu. En créant du contenu qui rabaisse les autres, en utilisant des aperçus « pièges à clics » ou des titres de vidéo mensongers et racoleurs, par exemple. En suivant cette voie, tu obtiendras certainement des vues, tu deviendras peut-être même populaire, mais pour combien de temps ? Tes fondations ne seront pas solides, parce qu'elles auront été construites trop vite ou malhonnêtement. Tu préfères traverser un pont dont la construction a pris un an ou quarante-huit heures ? Un escalator peut tomber en panne à tout moment ; les escaliers, eux, sont infaillibles. Combien d'artistes ont sorti un tube pour ensuite tomber dans les oubliettes ? Combien de fois tu as vu quelqu'un faire un truc dégueu sur une vidéo, pour ne plus jamais entendre parler de lui ensuite ? Les escalators existent dans tous les domaines, mais une mégaboss prendra toujours les escaliers et fera passer la longévité de sa carrière en priorité. Les stratagèmes et les raccourcis ne sont pas les meilleurs matériaux de construction. Il suffit d'une rafale un peu forte pour les faire s'écrouler.

C'est vraiment crevant, de monter les marches, et on n'en voit pas toujours le bout. Parfois, l'ascension peut nous sembler sans fin. Par conséquent, quand les gens entendent que c'est LA SEULE VOIE VERS LE SUCCÈS, ils cherchent un raccourci. « Et si j'embauchais Optimus Prime pour me porter jusqu'en haut ? Et si j'achetais l'escalier ? Et si je disais aux gens que ma religion m'oblige à me faire porter ? Et si cette carte était en fait fausse et qu'il y avait un chemin plus rapide par les montagnes ? »

Écoute-moi bien quand je te dis que tu DOIS grimper ces escaliers seule. Il n'y a pas de « mais ». Souviens-toi de toutes les fois où tu devais finir un devoir et où tu as fixé la feuille en te disant : « Et si mon médecin me signait un certificat d'absence ? » Cool, tu as fait semblant d'être malade et tu as obtenu un mot d'excuse, mais après ? Tu dois encore passer l'examen. Cette fois, tu te dis : « Et si je pompais sur une copine ? » Mais tu te fais griller par le prof et tu dois tout recommencer. Et là, peu importe le temps que tu vas passer à fixer cette feuille, elle n'ira nulle part. Parce que tu dois te mettre au boulot et qu'il n'y a pas d'échappatoire, alors arrête de perdre du temps à essayer de te convaincre du contraire.

Je sais que, au fond de toi, tu en as conscience, tout comme je sais que chercher sur Google « comment avoir de super abdos sans faire de gym » n'aboutira à rien de concret. La réponse, c'est : mange sainement et fais du sport. Peu importe le nombre de jus que tu boiras ou de gadgets

“

UNE MÉGABOSS SAIT QU'IL N'Y A PAS DE RACCOURCI VERS LE SUCCÈS.

”

électroniques que tu te colleras sur le ventre, tu n'auras pas d'abdos en béton sans faire d'efforts. De la même manière, peu importe le nombre de stratagèmes que tu essaieras, tu ne réussiras pas sans travailler.

Note qu'il y a une grosse différence entre prendre les escaliers et être inefficace. Tout en montant les escaliers, je fais plusieurs choses qui me permettent de gagner du temps. Voici un exemple :

TÂCHE : j'ai une super idée de vidéo qui va me demander beaucoup de boulot.

EN PRENANT L'ESCALATOR : je vais faire un truc plus simple et je m'assurerai que l'aperçu ait l'air cool.

EN PRENANT LES ESCALIERS, MAIS DE MANIÈRE EFFICACE : je vais réunir une équipe pour m'aider à concrétiser cette grande idée. De cette façon, je pourrai me concentrer sur la vidéo pendant que quelqu'un d'autre s'occupera des tâches administratives et annexes.

Peut-être que tu as envie de crier : « SUPER, LILLY, mais tout le monde n'a pas un assistant et une équipe pour l'aider. » Je te l'accorde. Je n'avais pas non plus d'assistant quand j'étais au bas de l'échelle, mais, après avoir monté les escaliers toute seule pendant quelques années, j'ai pu embaucher une équipe.

> “ TRAVAILLER T'AFFRANCHIT DU BESOIN D'AVOIR DE LA CHANCE

C'est agréable, de travailler dur. Oui, c'est fatigant et stressant, et tu vas rater quelques soirées mais, au bout du compte, il n'y a rien de plus gratifiant. L'un des meilleurs sentiments du monde, c'est de savoir que la chance n'a joué aucun rôle dans ta réussite. Travailler t'affranchit du besoin d'avoir de la chance. Je n'en ai pas, moi. J'ai juste pris les escaliers. Et tu devrais faire pareil.

Je t'avais prévenue que ce ne serait pas un conte de fées. Il n'y a pas de tapis volant ou de lampe magique. Il n'y a que toi et l'escalier. Alors commence à t'échauffer et pose ton pied sur la première marche.

Pour tout le reste, ne te gêne pas pour prendre des raccourcis. Mé continu 2 lir pr + 2 lol. Jdc jdr.

CHAPITRE 23

FIXE-TOI DES DÉLAIS

TU TE SOUVIENS DE CETTE SCÈNE dans *300* où Léonidas se fait transpercer de tous les côtés par des flèches mais continue de se battre jusqu'à son dernier souffle ? Tu souffres pour lui chaque fois qu'il brandit son épée avec détermination. Au fond de toi, tu sais que c'est fini, mais sa persévérance te donne une lueur d'espoir. C'est à ça que je ressemblais au lycée, les soirs où je devais rendre une dissert le lendemain. J'avais eu trois semaines pour rédiger ces vingt pages, mais, bien sûr, j'étais là, à commencer la veille de la *deadline* à 23 heures, engloutissant canette de Coca sur canette de Coca. J'avais essayé de m'y mettre le dimanche d'avant, mais je n'avais pas trouvé de stylo qui écrivait assez bien pour faire mon brouillon, du coup j'étais sortie en acheter. J'avais réessayé quelques jours plus tard, mais mon bureau était recouvert de cochonneries, alors j'avais dû ranger ma chambre. Et le sous-sol. Et passer la tondeuse. Et, pour la première fois de ma vie, faire une lessive. La veille, j'avais commencé à rédiger, mais j'avais éternué plusieurs fois, alors j'avais été obligée de me reposer et de me prescrire une bonne dose de télévision.

La procrastination est la pire ennemie de la bosseuse. C'est cette petite voix en nous qui a soif de gratification immédiate et qui nous persuade que tout peut être remis à plus tard, de façon réaliste ou pas. C'est pour ça qu'on attend la dernière minute pour commencer une dissert, aller à une réunion ou vidanger sa voiture. La plupart du temps, on arrive à faire ce qu'on a à faire. Peut-être pas du mieux qu'on aurait pu, mais on le fait. Maintenant, imagine un peu la force de frappe de la procrastination si tu n'avais pas de délais, si le travail devait être fait juste pour ton bénéfice personnel. À 72 ans, tu serais dans ta maison de retraite à essayer de finir ton devoir de maths de quatrième. Et là encore, tu te convaincrais que ton fauteuil roulant n'est pas assez confortable, et tu remettrais à plus tard.

Tout au long de ma vie, c'est quelqu'un d'autre qui m'a imposé des délais : un prof, mes parents ou un patron. Mais quand j'ai décidé de prendre les rênes et de devenir entrepreneuse, il n'y avait plus personne pour me dire quoi faire et quand. Cette réalité m'a apporté une délicieuse sensation de liberté et, avec, son lot de mauvaises décisions. Si on était

lundi et que j'avais envie de dormir toute la journée, personne n'allait m'en empêcher. J'ai rapidement appris que je devais être ma propre boss et me fixer des délais, sans quoi je n'irais nulle part. Je me suis créé un emploi du temps selon lequel je devais publier une vidéo tous les lundis et les jeudis. Le P-DG de YouTube ne va pas me passer un savon si je ne le fais pas. La seule personne à qui je dois rendre des comptes, c'est moi-même. Ce programme m'empêche de trop réfléchir et de remettre cette tâche à plus tard, et me permet ainsi d'avancer. C'est un des facteurs principaux de mon succès.

Comme tu peux l'imaginer, se fixer des délais demande énormément de self-control, et il faut parfois se forcer. Pendant des années, je me suis dit que, « un jour », je déménagerais à Los Angeles. Le confort de ma maison et la complexité des démarches administratives à entreprendre m'ont fait repousser cette échéance, encore et encore. Un mois, je ne pouvais pas parce que je partais en vacances en famille. Celui d'après, j'étais malade. Encore après ? C'était mon anniversaire, et il me fallait bien trente jours pour organiser une fête. Finalement, pendant un voyage professionnel à Los Angeles, j'ai décidé d'aller de l'avant et de chercher un appart. J'en ai vu cinq ou six et je n'en ai aimé aucun. Pratique ! J'ai encore dû remettre à plus tard. À ce niveau de procrastination, un simple délai mental ne suffisait plus. Je devais me forcer à agir, alors j'ai envoyé un e-mail à toute mon équipe pour leur annoncer que j'emménageais à L.A le 1er décembre. Ça me laissait quatre mois. J'ai appelé l'assurance de ma voiture pour la résilier au 1er décembre. J'ai fait pareil pour mon forfait de téléphone. J'ai créé une situation qui ne me permettait plus de vivre à Toronto après le 1er décembre, aussi je n'avais d'autre choix que de déménager avant.

Le 1er novembre, je n'avais toujours pas trouvé d'appartement. Je me suis dit que, quoi qu'il arrive, j'allais partir le 1er décembre. Si je devais dormir à l'hôtel avec tous mes cartons, soit. Ce serait entièrement ma faute. Deux semaines avant de déménager, j'ai eu des trucs à faire à L.A., et j'en ai profité pour essayer une dernière fois de trouver un appartement. J'en ai visité un, deux, trois : toujours rien. Ce serait l'hôtel ! Par miracle, j'en ai visité un dernier, quelques heures avant de repartir pour Toronto, et il était parfait. Un peu au-dessus de mon budget, mais l'urgence ne me permettait pas de faire la fine bouche. Vingt-quatre heures plus tard, le bail était signé. En quelques jours, j'avais commandé les meubles et organisé une soirée d'au revoir. Le lendemain, j'ai pris mes affaires et j'ai emménagé à Los Angeles.

C'est un exemple extrême, et ce serait mentir de dire que ce n'était pas flippant de ne pas avoir d'appartement deux semaines avant de déménager. Cependant, j'en ai tiré une leçon qui m'a beaucoup servi dans ma carrière : impose-toi des délais. Avant, je réfléchissais trop longtemps à une idée de vidéo. Je trouvais un super concept qui n'était pas réalisable en un jour, donc je le gardais pour plus tard, pour quand j'aurais plus de temps libre, ce qui n'arrivait jamais. Maintenant, je choisis une date de tournage et j'embauche une équipe avant même d'avoir un scénario finalisé ou des acteurs. Noter la date dans mon agenda et me fixer des délais me force à trouver le temps de me préparer. Quand je veux collaborer avec d'autres créateurs, je fais pareil : je booke une date de tournage sans avoir aucune idée du pitch avant la veille. C'est stressant, parfois un peu trop, mais ça marche à chaque fois.

Pour des projets d'envergure, comme ouvrir son propre restaurant ou écrire un scénario de film, c'est plus compliqué. Alors, ce qu'on peut faire, au lieu de se fixer une date butoir, c'est diviser son objectif en plusieurs sous-objectifs et attribuer un délai à chacun. Par exemple, ne te dis pas que tu vas « écrire un scénario de film », mais divise ce projet en plusieurs morceaux : « rédiger un pitch », « finir les profils des personnages », « créer un tableau de visualisation », etc. Pour te forcer à respecter ces délais, organise des réunions avec des partenaires ou des amis, et engage-toi à partager tes idées avec eux à un moment donné. C'est toujours plus facile de respecter un délai s'il est public et que tu t'es engagée à le tenir. C'est pourquoi je parle ouvertement de la programmation de mes vidéos. Si les mises en ligne du lundi et du jeudi étaient mon petit secret, ma semaine n'aurait simplement jamais de lundi et de jeudi. J'aurais une semaine de cinq jours. La Lune devrait s'adapter à moi.

Pense à quelque chose que tu veux faire depuis longtemps. Prends une seconde pour y réfléchir. Est-ce que tu veux VRAIMENT le faire ? Est-ce que tu es prête à travailler ultra dur pour y arriver, à reconnaître que tu peux te pousser davantage et à travailler encore plus dur ? Si la réponse est « oui », prends ton agenda et fixe-toi une date butoir.

Rien ne te vient à l'esprit ? Je vais t'aider : tu auras fini ce livre le ______.

Le chrono tourne...

“

LA PROCRASTINATION

EST LA PIRE ENNEMIE DE LA BOSSEUSE.

”

CHAPITRE 24

ÇA PASSE OU ÇA PASSE

TU T'APPRÊTES À PASSER UN EXAM important, une audition pour un film, à postuler pour un job, à présenter un argumentaire de vente ou à faire un exposé devant ta classe. Peu importe ce que c'est, tu te dis que si tu te rates, ta vie est finie. Un peu comme pour Kenny dans *South Park* : tout espoir serait perdu. Tu dois réussir, ta vie en dépend ! Tu n'es qu'une simple mortelle, et ce succès est essentiel à ta survie, c'est ton oxygène !

Là, je dis STOP. Ne reste pas là à te contorsionner comme un poisson hors de l'eau alors que tu as un truc important à faire. En y réfléchissant, c'est plutôt flippant, et, pour tout te dire, stupide, de penser que tout ton parcours scolaire ou ta carrière repose sur une seule opportunité. Oui, il y a des choses très importantes dans la vie, mais une mégaboss sait qu'un seul événement ne peut ni faire ni défaire sa réussite.

Un empire ne se construit – ni ne se détruit – en un jour. Il doit reposer sur de solides fondations pour résister à l'épreuve du temps et aux menaces. On ne bâtit pas un empire sur un seul pilier, alors ta carrière ne doit pas reposer sur un seul succès. Ça peut être une chouette brique, mais ça ne peut pas être la seule chose qui la fasse tenir. Ton succès professionnel ne se résume pas à la promotion que tu as obtenue récemment. Ton expérience, tes diplômes et tes compétences techniques sont autant de piliers. Pareil : si l'un d'entre eux s'effondre, il n'emportera pas tout l'empire avec lui. Tu vois, un seul échec ne peut pas détruire tout ce que tu as construit.

Autrement dit, si une opportunité peut faire ou défaire ton succès, c'est que ton idée de la réussite n'est pas assez solide. Même si tu obtiens le job ou défonces l'argumentaire de vente, ne place pas tous tes espoirs dans un seul succès. Ta carrière ne devrait pas avoir à jouer les équilibristes.

Je sais ce que c'est. Quand on est face à une superbe occasion, notre esprit peut s'enflammer. Au fil des ans, j'ai eu la chance de collaborer avec des gens plutôt cool comme Selena Gomez, Priyanka Chopra, Shay Mitchell et Arnold Schwarzenegger. Chaque fois, je galère pour trouver une idée de vidéo, ce qui est bizarre puisque je suis habituée à en sortir deux par

> NE PLACE PAS TOUS TES ESPOIRS DANS UN SEUL SUCCÈS. TA CARRIÈRE NE DEVRAIT PAS AVOIR À JOUER LES ÉQUILI-BRISTES.

semaine. Je finis par me convaincre que rien n'est assez bien pour cette personnalité. Après tout, c'est une légende, et je dois faire mieux que jamais ! Et si un million de personnes n'ayant jamais entendu parler de moi regardaient cette vidéo ? Et si mon futur sur YouTube dépendait de cette collaboration ? Je me creuse la cervelle pour trouver un truc spectaculaire et, si tout se passe bien, je finis par écrire un pitch dont je suis satisfaite. Je tourne la vidéo, je la monte et je la publie, pensant qu'elle va changer le cours de ma carrière. J'attends patiemment derrière mon bureau que le président m'appelle et m'offre une récompense. Peut-être qu'il va m'envoyer sur la Lune ou m'en donner la clé ! Non, il va commencer par y construire une porte, puis il me donnera la clé. Dans tous les cas, j'aurai une clé !

Mais rien de tout cela ne se produit. Oui, la vidéo va faire le buzz et recevra peut-être plus de vues que d'habitude. Mais, quelques jours plus tard, tout redeviendra comme avant. D'ailleurs, certaines de mes vidéos en solo ont mieux marché que d'autres avec de grosses têtes d'affiche. Après avoir longuement attendu la clé de la Lune, j'ai appris que ce n'était pas une collaboration super cool qui allait « faire » ma carrière. Ma réussite professionnelle, c'est la somme de tout ce que je fais.

Parfois, j'ai aussi fait des vidéos qui n'ont pas été très bien reçues. En faisant défiler les commentaires négatifs, je me disais : « Ça y est. Je suis finie. » Mais ce n'était pas le cas. La semaine d'après, je publie deux autres vidéos, et celle d'avant est oubliée. Je n'aurais pas une chaîne YouTube très solide si une seule mauvaise vidéo pouvait tout faire foirer. Et j'aime savoir que ma situation m'autorise à la fois à faire des erreurs et à m'améliorer.

Je passe mes auditions dans le même état d'esprit. Évidemment, je veux donner le meilleur de moi-même. Mais, quand j'entre dans la pièce, je relativise : « Ça ne va ni faire ton succès ni causer ta perte. » Ça me détend direct et me permet de rester calme. Si je déchire et que j'obtiens le rôle, tant mieux, mais ça ne va pas définir ma carrière. Elle repose sur ma chaîne YouTube, mon bouquin, mes collaborations, mes campagnes sociales et mes partenariats.

“

SI UNE OPPORTUNITÉ PEUT FAIRE OU DÉFAIRE TON SUCCÈS, C'EST QUE TON IDÉE DE LA RÉUSSITE N'EST PAS ASSEZ SOLIDE.

”

Cela dit, ne néglige pas les occasions importantes. Donne toujours ton énergie et investis-toi à 110 %. Mais, en même temps, reste consciente que tout ne va pas s'effondrer à la première secousse. Tu peux diriger un empire puissant tout en gardant une mentalité de bosseuse.

Si tu commences à stresser à cause d'un succès ou d'un échec, peut-être que le problème se trouve dans tes fondations. Une mégaboss ne peut pas avancer si le sol s'effrite sous ses pieds. Tu dois donc renforcer ton empire.

Tu n'es pas la tour de Pise. Ta carrière n'est pas en train de vaciller sur un pied, à souffler dans le ballon sur le bas-côté. Ton succès n'est pas une partie de *Jenga*. Ta réussite ne peut être faite ou défaite si facilement.

Construis ton empire

Liste les piliers sur lesquels repose ton succès.

1. ______________________________

____

2. ______________________________

____

3. ______________________________

____

4. ______________________________

____

CHAPITRE 25

LA CARTE DU SUCCÈS

À CAUSE DES RÉSEAUX SOCIAUX, on manque tous de confiance en nous. Attention, si je pouvais, j'épouserais YouTube et je suis complètement *addict* à ce puits de divertissement et d'informations (et de mèmes, tous plus merveilleux les uns que les autres) qu'est Twitter. Cependant, ils nous exposent aussi à ce que font les autres. Et soyons honnêtes : si on en croit Facebook, tout le monde est heureux, toujours bien sapé, au sport, politiquement correct, mange sainement et câline constamment des chiots adorables. Quand tu traverses une mauvaise passe et que tu doutes de tout, voir Kelly de ton cours de socio sur la plage avec un Martini et un mec canon, ce n'est pas l'idéal. En fait, on compare le best-of des autres à notre bêtisier et on prend cette illusion pour une réalité.

On le fait tous. Plein de fois, alors que ma journée a été une succession de rejets et d'échecs, je me connecte à Facebook et j'apprends que deux copains du lycée viennent de se marier. Et moi, je suis là, célibataire, à essayer de percer à Hollywood, seule dans mon appart', à manger du pop-corn brûlé en guise de dîner. Je regarde leurs photos en pensant : « Qu'est-ce que je suis en train de faire de ma vie ? Est-ce que je suis folle ? Est-ce que je devrais me marier ? Je ne me souviens même pas de la dernière fois où j'ai été en couple ! JE FAIS N'IMPORTE QUOI ! »

Deux semaines plus tard, je vais discuter avec l'un d'eux, qui me racontera qu'un soir il s'est disputé avec sa femme, puis s'est connecté à Facebook et a vu une photo de moi avec Michelle Obama à la Maison-Blanche. Lui aussi s'est dit : « Qu'est-ce que je fais de ma vie ? Je suis là, marié, à me concentrer sur des arrangements floraux plutôt que sur ma carrière. Et si je me plantais au travail ? Et si je ne mettais jamais un pied à la Maison-Blanche ? JE FAIS N'IMPORTE QUOI ! »

Le truc, c'est que c'est impossible de « faire n'importe quoi », puisqu'il n'y a pas qu'un seul chemin qui mène au succès. Une mégaboss sait que, dans la vie, tous les chemins peuvent mener à Rome et que ce n'est pas parce qu'on t'a donné un itinéraire que dix autres ne peuvent pas mener au même endroit.

Longtemps, j'ai cru que la seule façon de réussir à Hollywood, c'était de passer audition sur audition. C'est ce que j'avais vu dans les films et c'est ce qu'on m'avait dit : il faut emménager à Los Angeles, galérer, avoir un job alimentaire et passer des tonnes d'auditions, jusqu'au jour où, enfin, tu décroches un rôle. Après avoir emménagé à L.A., j'ai compris que passer audition sur audition n'était qu'une manière parmi d'autres de réussir à Hollywood. Ma carrière YouTube était en fait en train de m'ouvrir une nouvelle voie vers ce même objectif. Les auditions, c'est crevant, et la concurrence est impitoyable. Il est possible que dix personnes soient parfaites pour un rôle mais, en définitive, une seule sera choisie, et souvent pour des raisons obscures. L'apparence, la taille, le poids, l'accent, l'origine : toutes ces caractéristiques peuvent entrer dans l'équation. Mon succès sur YouTube me donne un avantage : mes abonnés. Quand je passe une audition, le directeur du casting sait que je viens avec un large public, prêt à me soutenir dans mes futurs projets.

Au début, ça me mettait mal à l'aise. Je n'aimais pas l'idée d'obtenir quoi que ce soit grâce à mon nombre d'abonnés. Je pensais que je devrais auditionner encore et encore en gardant trois jobs à mi-temps, puisque c'est ce que tout le monde m'avait dit de faire. J'ai raconté ça à mon pote Humble : « Je ne veux pas obtenir d'opportunités grâce à mes abonnés. Je veux les mériter. » Sa réponse m'a complètement fait changer d'avis. Il m'a dit : « T'es pas née avec tes abonnés. Tu as travaillé pour les avoir. »

Il avait absolument raison. Mes abonnés sont le résultat de dizaines de nuits blanches et d'une éthique de travail implacable. Pourquoi YouTube ne pourrait-il pas m'ouvrir un chemin vers le cinéma ? Pourquoi est-ce que je ne pourrais pas écrire ma propre version du conte de fées hollywoodien ?

Attention, au final, je dois quand même passer audition sur audition et travailler mon jeu d'actrice. Je n'obtiens pas de rôle juste parce que j'ai des millions d'abonnés. Si c'était le cas, je serais Katniss Everdeen. (Je pourrais, ceci dit. Bonjour, réalisateur qui voudrait faire un *spin-off* de la franchise ! En plus, je sais super bien siffler.) En revanche, mes abonnés me permettent d'emprunter une route moins fréquentée. Si j'ai rencontré Mindy Kaling et Whitney Cummings, ce n'est pas en auditionnant, mais grâce à ma présence en ligne. Mindy a découvert mes vidéos et aimé mon travail. C'est comme ça que j'ai pu obtenir un rendez-vous avec elle.

Quand on me demande des conseils sur le milieu du web, je commence toujours par dire : « Je peux te parler du chemin que j'ai emprunté, mais je ne connais pas toute la carte par cœur. » C'est important, parce que je pense qu'on peut ouvrir de nouvelles voies tous les jours. Nous vivons à une époque géniale où presque tout est possible. Tout ce que tu as à faire, c'est te servir de ta tête pour trouver la voie qui te correspond. Réfléchis-y. Un chemin ne peut accueillir qu'un nombre limité de personnes. Tu ne veux pas être la cinquième roue du carrosse qui doit rouler sur l'herbe parce que la route est encombrée, si ? C'est bien ce que je pensais. Tu n'es pas Milhouse.

Demande-toi où tu veux arriver dans la vie, ce que tu veux accomplir, et projette-toi dans quelques années. Maintenant, réfléchis aux conseils qu'on t'a donnés pour arriver jusqu'ici. Fais comme s'il y avait un séisme et que les sentiers balisés te menant vers ton objectif venaient d'être détruits. Que ferais-tu ? Chercher deux ou trois nouveaux itinéraires. C'est comme ça que tu devrais imaginer la carte des chemins qui mènent au succès. Ce n'est pas une ligne droite. C'est un labyrinthe tordu qui ressemble à ceux qui figurent au dos des paquets de céréales.

Tu te trouves au milieu d'une feuille blanche géante. Libère ton cartographe intérieur et trace ta route vers le succès. Lâche-toi, sois créative et ne te laisse pas distraire par les autres.

Sors des sentiers battus.

“

TU TE TROUVES AU MILIEU D’UNE FEUILLE BLANCHE GÉANTE. LIBÈRE TON CARTOGRAPHE INTÉRIEUR ET TRACE TA ROUTE VERS LE SUCCÈS.

”

CHAPITRE 26

BOUGE !

ÉCRIRE CE CHAPITRE

me fait mourir de rire, parce que je suis littéralement la personne la moins qualifiée pour le faire. Bosser toute la nuit ? Pas de souci. Partir en tournée pendant deux mois, avec deux shows par jour ? Avec le sourire. Par contre, demande-moi de faire vingt abdos et je pars en courant, je jette mon téléphone dans l'océan pour que personne ne puisse me joindre, et je me cache dans le recoin le plus sombre et le plus reculé de la planète. Depuis que j'ai arrêté de danser à un niveau professionnel, j'ai un peu négligé le sport. Je me dis que c'est parce que je n'ai pas le temps – je travaille non-stop. Mais avec l'âge et l'expérience, je me rends compte que rester en forme, ça fait partie de mon job.

Être active, ça ne veut pas dire être sexy, perdre une taille de jean ou avoir des tablettes de chocolat. Le but, c'est que ton corps puisse tenir le rythme. Avoir une super éthique de travail ne sert à rien si ton corps ne peut pas suivre. Être active ne veut pas non plus dire se transformer en déesse du fitness (sauf si c'est ton truc). Je me dis souvent que, pour rester en forme, je dois revoir tout mon mode de vie : aller à la salle deux heures par jour et arrêter de manger ce que j'aime. C'est faux. De petits changements peuvent faire une grosse différence. Voici quelques idées !

1 FAIS DES ÉTIREMENTS LE MATIN

Je vais être honnête : chez moi, la plupart des matinées commencent dans un état de panique extrême parce que j'ai appuyé sur « snooze » un trop grand nombre de fois. Je dois me brosser les dents tout en mangeant mes céréales si je veux arriver à mon rendez-vous à l'heure. De fait, je ne connais pas le vrai goût des Cheerios. Cela dit, les rares fois où je me suis levée à l'heure et où j'ai fait des étirements, j'ai tout de suite vu la différence : non seulement je me sentais plus en forme et pleine d'énergie, mais en plus je ne me déplaçais pas comme une mamie de 90 ans. Qui l'eût cru ?

2 BOUGE-TOI

Dans la journée, prends les escaliers au lieu des escalators (oui, je sais, je me répète), marche au lieu de prendre ta voiture, lève-toi pour changer de chaîne au lieu de te servir de la télécommande et, quand tu sors, danse comme jamais.

3 NE SOIS PAS TROP DURE AVEC TOI-MÊME

Parfois, j'essaie d'adopter un mode de vie sain et j'arrête de manger tout et n'importe quoi (tout ce que j'aime, quoi). Je craque après quelques jours et je dévore des paquets entiers de pop-corn avec supplément de beurre. Ce n'est pas génial. En réalité, tu n'as pas besoin de te priver, juste de consommer ce que tu aimes avec modération. Si tu veux vraiment du pop-corn, vas-y, mais fais un deal avec toi-même : pendant que le paquet de pop-corn gonfle dans le micro-ondes, fais des pompes et, au lieu d'ajouter du beurre, mange-le nature.

4 BOIS DE L'EAU

Je ne pense pas avoir déjà bu 1,5 litre d'eau dans une journée, sauf peut-être avant une échographie. Ça paraît énorme, et puis il y a tant de boissons qui ont meilleur goût ! L'eau a pourtant tellement de bienfaits que ce serait stupide de ne pas en profiter. Une des techniques que j'ai trouvées pour boire plus consiste à me concentrer sur mon verre. Je sais, ça a l'air bête, mais j'ai remarqué que je ne bois de l'eau que quand j'ai soif, donc je prends quelques gorgées, pas plus. Je ne regarde jamais mon verre en me disant que je vais le finir. Oui, je te l'accorde, c'est un problème de riche. N'empêche que j'ai trouvé une solution : désormais, quand je bois de l'eau, je ne repose pas mon verre avant de l'avoir fini. Je dois parfois me dire : « OK, trois gorgées de plus et c'est bon », comme si j'avais 4 ans. Par exemple, tout à l'heure, je me suis dit que je ne rentrerais pas chez moi tant que je n'aurais pas fini l'eau de ma bouteille. Je suis restée dans le couloir cinq minutes, à prendre de grandes gorgées.

Autre astuce : bois un verre d'eau chaque fois que tu publies un truc sur Instagram (choisis ton réseau préféré). Certaines d'entre vous boiront quinze fois par jour, ce qui montre bien que vous devriez vous calmer. Si tu es au bord de la noyade, dis-toi que ta *timeline* sur Facebook partage ce sentiment.

J'étais en super forme pendant ma tournée. Je dansais presque quotidiennement pour les besoins du spectacle, ce qui m'a permis de gagner

“

ÊTRE ACTIVE,
ÇA NE VEUT PAS DIRE ÊTRE
SEXY, PERDRE
UNE TAILLE DE JEAN
OU AVOIR
DES TABLETTES DE CHOCOLAT.
LE BUT, C'EST QUE
TON CORPS PUISSE
TENIR LE RYTHME.

”

en endurance. Résultat, je pouvais accomplir beaucoup plus de choses. Mon organisme était complètement raccord avec mon rythme de travail. J'allais aux répétitions, donnais quatre ou cinq interviews, faisais un *check* audio, j'allais à la rencontre de mes fans et je terminais par mon show avant de sauter dans un avion pour enchaîner avec la date suivante. En revanche, quand je ne suis pas en forme, le simple fait de prendre l'escalier pour rejoindre mon bureau me donne envie de faire une bonne sieste.

En tournée, je me suis aussi retrouvée à boire beaucoup d'eau puisque a) c'est un tic nerveux, b) je profitais de chaque changement de costume pour me détendre et me rafraîchir. À la fin de la tournée, je me suis rendu compte que je n'avais pas eu un seul bouton pendant mes deux mois sur la route. Vive l'H_2O !

Je sais que ça peut paraître difficile, mais c'est important de rester active et en bonne santé. L'âge finit toujours par nous rattraper, et les problèmes de santé avec. Une mégaboss sait qu'il est important de créer un environnement positif pour son mental, son cœur et son âme. Ton mental ne peut pas avoir le sourire si ton corps ne l'a pas. Ça ne marche pas. Ils finiraient par se disputer et se séparer. Tu ne veux pas que ton corps dorme sur le canapé, si ? C'est bien ce que je pensais.

BOIS

Si tu as du mal à boire, lève-toi tout de suite et va te chercher un verre d'eau. Finis-le avant de tourner la page. Les bonnes habitudes commencent maintenant !

MÉGABOSS

CHAPITRE 27

ÉLIMINE LE STRESS

C'EST LE DERNIER TOUR,

je roule à toute allure en tirant la langue pour me concentrer. Ma peau verte luit d'adrénaline alors que je double Luigi. Désolée, mon pote, la place du personnage vert trop mignon est déjà prise ! C'est moi, Yoshi, qui l'occupe. Je prends un virage serré à gauche, trop vite pour éviter la peau de banane posée sur l'asphalte. Je fais un tonneau. GRRR ! Banane de mes deux ! Luigi et ses amis me repassent devant. Quand j'arrête enfin de tourner sur moi-même, je reprends la course à toute vitesse, mais mon kart glisse sur une flaque d'essence et sort à nouveau de la piste. Cette fois, je suis carrément éjectée du circuit et tombe dans le vide. Je chute à la dixième, onzième, puis douzième place. Je ne franchis même pas la ligne d'arrivée.

La vie, c'est un peu comme une partie de *Mario Kart*. Chaque jour est un circuit différent. On se réveille et on file à travers sa journée pour essayer d'atteindre la ligne d'arrivée, mais on est sans cesse bombardé de petites nuisances. Dans *Mario Kart*, ce sont des peaux de banane, des flaques d'essence, des carapaces, des bombes et des boules de feu. Dans la vraie vie (je ne suis pas en train de nier ton existence, Mario, je ne te ferai jamais ça, mec), c'est plutôt une batterie à plat, se retrouver sans élastique pour les cheveux le jour où tu en as le plus besoin, un parking plein à l'endroit où doit se dérouler ta prochaine réunion. Tout cela peut te sembler sans importance, mais, mises bout à bout, ces petites contrariétés peuvent saboter ta journée.

Si je suis très méticuleuse, parfois un peu trop, au grand dam de mon équipe, c'est parce qu'éviter les petits contretemps peut avoir une influence positive sur ma productivité. Certains jours, mon programme consiste à faire une vidéo, donner trois interviews, aller à un rendez-vous et participer à une téléconférence, le tout en gardant le sourire. La dernière chose dont j'aie besoin, c'est de ne pas pouvoir trouver une adresse parce que ma batterie est à plat ou bien de ne pas avoir d'élastique quand je mange et, par conséquent, d'avaler une grosse mèche de cheveux. Ou, plus souvent, de ne pas trouver de place pour me garer à côté de mon prochain rendez-vous alors que je suis déjà en retard. Ce sont des sources de stress évitables et inutiles qui nous font

perdre du temps et de l'énergie. Pense à ce que tu pourrais faire avec un peu plus d'énergie chaque jour. Alors, comment éviter les peaux de banane ? On peut prendre des mesures préventives pour s'assurer que celles sur lesquelles on a glissé hier seront jetées au compost le lendemain. (Tu remarqueras que j'ai dit « compost », et pas « poubelle ». Très écolo de ma part.)

Si ma journée a été ultra-pénible, avant de me coucher, je prends un moment pour faire la liste de tout ce qui m'a stressée. Rien n'est trop anodin pour être ignoré. C'est ma journée, mon stress, et c'est ma productivité qui en est affectée, alors j'ai le droit de mettre ce que je veux dessus. Si, à cause du vent, mes cheveux n'arrêtaient pas de se coller sur mon gloss, le vent va direct sur la liste. En voici un exemple :

- Ma batterie est morte à midi.
- J'avais les lèvres gercées et je me sentais moche.
- J'ai galéré pour me garer.
- J'avais faim.

Tout mettre par écrit me permet d'identifier mes problèmes et de les résoudre. Le meilleur plan d'attaque ? Être préparée.

Quand je regarde la liste, je me rends compte que, comme je ne suis pas douée, se garer est toujours une source de stress pour moi. Désormais, dès que je dois aller à une réunion en voiture, je demande à mon assistant d'enregistrer la liste de tous les parkings alentour avec les autres infos du meeting dans mon iCal. Comme ça, je sais si je peux me garer, où aller s'il n'y a plus de place, ou si je peux simplement m'arrêter sur une place dans la rue. Adieu, phobie du parking.

Le jour d'après, j'ai acheté trois chargeurs d'iPhone : un pour ma voiture, un pour mon sac à dos et un pour ma salle de bains. Il y en a un sur la plupart des prises, chez moi. Quoi de plus pénible que d'essayer de rallumer un iPhone à plat ? C'est comme tenter de ressusciter Jon Snow : ça prend des plombes (excuse-moi, mais si ça, c'était un *spoiler*, il faut que tu revoies tes priorités). Bye-bye, les problèmes de batterie. Au tour des lèvres gercées.

Si j'ai les lèvres sèches en plein meeting, je ne pense qu'à ça. Je suis persuadée que tout le monde le remarque et se demande comment j'ai survécu vingt-huit ans avec du papier de verre sur le visage. Donc, en plus des chargeurs d'iPhone, le lendemain, j'ai acheté trois baumes à lèvres : un pour mon sac à dos, un pour ma voiture et un pour ma table de nuit. Lèvres gercées ? *Sayonara*.

J'ai beau adorer la bouffe, je ne sais pas me nourrir correctement. Si je suis super occupée, il est même possible que j'oublie de manger. Oui, vraiment. Je suis tellement concentrée sur mon travail que je vais inconsciemment faire taire mon estomac, qui me supplie de le nourrir. Je vais ignorer la faim et je ne vais me rendre compte que j'ai sauté le petit déj' qu'après avoir failli tomber dans les pommes, en général autour de 19 heures. C'est pourquoi j'ai placé des barres de céréales aux mêmes endroits stratégiques que mes chargeurs et mes baumes à lèvres. Je me suis mise à préparer mon petit déj' la veille et à le laisser à côté de ma porte d'entrée. Un paquet de céréales, une pomme et une bouteille d'eau peuvent me faire tenir un bon bout de temps. La *faim* justifie les moyens.

Ces exemples de petits ajustements n'ont nécessité que deux choses : identifier le problème et le résoudre. Il est tellement fréquent de rencontrer des petits tracas dans notre journée, de s'énerver, mais de ne rien faire pour y remédier, à part jurer. Pas très productif. J'ai beaucoup pris sur moi pour résoudre mes problèmes au lieu de râler. J'ai compris que l'agacement ne ferait pas apparaître de chargeur ou de baume à lèvres, quel que soit mon degré d'énervement.

En plus de traquer les petits désagréments de la vie quotidienne, il est important de se débarrasser du stress suscité par des événements importants et des tâches récurrentes. Je voyage beaucoup, et ça peut être génial ou horrible. C'est rarement entre les deux. Comme tu l'imagines, à chaque fois que je dois partir, plein de trucs s'ajoutent à ma liste de stress. J'ai réussi à identifier ce qui me facilitait la vie, et ça ne m'a pas demandé beaucoup d'efforts :

- Confirmer mon repas végétarien. Les compagnies aériennes oublient à chaque fois. Il faut le faire en ligne ET leur téléphoner pour le leur rappeler. Il faut croire que c'est compliqué pour elles.
- Réserver un siège du côté droit de l'avion. J'ai des problèmes de cou plus prononcés à gauche. Si j'appuie ma tête de ce côté, ça me donne des migraines.
- Emporter un châle. J'ai toujours trop froid avec la couverture qu'on nous donne, et ça m'empêche de travailler car je suis trop occupée à ne pas mourir congelée pour me concentrer.
- Préparer ma carte d'immigration. J'ai une photo de mon passeport dans un dossier sécurisé sur mon téléphone pour pouvoir remplir facilement le formulaire. Je m'assure aussi d'avoir toujours un stylo à portée de main dans mon sac à dos.

Tout cela fait désormais partie de mes habitudes. Tu peux te moquer, vas-y : « Vraiment, Lilly ? À droite dans l'avion ? » Tout à fait. Pourquoi ne pas changer les petits trucs qui peuvent faire une grosse différence pour toi ? Chaque source de stress éliminée contribue à rendre ta journée plus productive. Ce ne sont pas des caprices de diva, c'est juste faire le nécessaire pour fonctionner à son niveau optimal.

Autre exemple de proactivité : faire des réunions après des événements récurrents pour évaluer comment les choses se sont passées. Si tu veux garder longtemps la même équipe, vous devez travailler de concert et vous assurer que vous évoluez dans le bon sens. Pendant ma tournée, l'équipe et moi avons débriefé après chaque spectacle, du premier au dernier. (Trente et un au total. J'avoue que, pour le dernier, c'était juste pour le fun. On est des dingues.) On parlait de la moindre erreur technique ou de chorégraphie, et on trouvait une solution sur-le-champ. Parfois, la solution était complexe et nécessitait un changement de musique ; d'autres fois, elle était mineure et quelqu'un devait simplement se décaler vers la gauche. Tout le monde parlait de ses problèmes, et on cherchait des solutions ensemble. Grâce à ça, les spectacles se déroulaient de mieux en mieux.

Quand tu te trouves dans une situation stressante, au lieu de t'énerver, prends une grande inspiration et demande-toi ce que tu peux faire pour l'éviter la prochaine fois. Prends ensuite des mesures pour qu'elle ne se reproduise pas. Tu n'as que vingt-quatre heures pour finir le circuit de *Mario Kart* d'aujourd'hui, et tu dois maximiser ton temps. Même si tu as autant d'heures dans une journée que Beyoncé, tu pars avec un désavantage : tu n'es pas Beyoncé. Je rigole ! Tu es tout aussi capable qu'elle. Si, si, je te jure.

Luigi tremble dans son kart, rien qu'à cette idée.

Concrètement

Cite deux trucs qui t'ont stressée cette semaine et trouve des solutions pour les éliminer.

1. ____________________

2. ____________________

CHAPITRE 28

RECYCLE TES ÉCHECS

MES OMELETTES FINISSENT toujours en œufs brouillés. Je commence confiante lorsque la mixture se répartit dans la poêle en un cercle parfait. Je me dis que je suis un vrai cordon-bleu. D'une main, je commande une toque de cuisinier sur Amazon. De l'autre, je retourne mon omelette, trop tôt, qui se casse en au moins trois morceaux. Après avoir contemplé mon échec pendant cinq secondes (et essayé d'annuler ma commande sur Amazon), je prends ma spatule pour en faire des morceaux encore plus petits. Je préfère les œufs brouillés, de toute façon.

Un échec n'annonce pas forcément la fin d'un projet. Quand les choses ne se passent pas comme on l'avait anticipé, on a tendance à croire qu'on va devoir tout recommencer, mais ce n'est pas toujours le cas. Ce n'est pas parce qu'une porte s'est refermée qu'on ne peut pas la défoncer ou la rouvrir de force. Je sais qu'on dit que « lorsqu'une porte se ferme, une autre s'ouvre ». Mais quelqu'un a déjà essayé de rouvrir la première ? Ou mieux, de passer par celle de derrière ? J'ai juste l'impression que ce proverbe ne prend pas en considération les efforts, l'imagination ou la logique. Une mégaboss sait que, en effet, il faut parfois repartir de zéro, mais que, d'autres fois, un échec peut être recyclé en un succès inattendu.

En décembre 2015, je travaillais comme chaque année sur ma série annuelle *12 Collaborations of Christmas*, douze collaborations avec des célébrités autour des fêtes de fin d'année. Tous les ans, j'essaie de faire des trucs de plus en plus ambitieux (en bonne mégaboss), et je contacte des gens que j'admire pour les rendre accessibles à mon public. Les années précédentes, j'avais travaillé avec des gens comme Seth Rogen, James Franco, Jay Sean ou encore Kunal Nayyar.

Cette année-là, j'avais décidé de demander à une actrice qui m'inspire énormément de participer à mon show : Jennifer Lawrence. J'avais un bon pressentiment parce que son film *Joy* sortait pendant les fêtes. Or, quand un artiste a un projet personnel, c'est plus facile d'obtenir une collaboration, puisque ça lui fait de la pub. Comme vous pouvez l'imaginer, ce n'est

pas facile d'entrer en contact avec Jennifer Lawrence parce que, mmmh, c'est Jennifer Lawrence ? Mais mon équipe a réussi malgré tout ! Apparemment, un gros plan promo était organisé à New York deux semaines plus tard pour la sortie de *Joy*. La stratégie marketing consistait à mettre en valeur des femmes influentes (comme Joy Mangano, l'entrepreneuse qui a inspiré le film) dans divers médias, y compris sur Internet. J'ai sauté sur l'occasion : « Bonjour, je suis créatrice de vidéos en ligne, comment puis-je vous aider ? »

Mon équipe a organisé un appel téléphonique pour que je puisse présenter mon projet, un challenge créatif intitulé « #GirlLove ». L'idée, c'était de crier des compliments le plus spontanément et rapidement possible à des photos de femmes influentes, et d'encourager le public à faire pareil. Simple et efficace. À ma plus grande joie, mon idée a été bien reçue, et j'étais prête à sauter dans un avion pour New York pour tourner la vidéo avec Jennifer quelques jours plus tard. Je flottais sur un nuage, et pas n'importe lequel : un bon gros cumulus bien cotonneux.

> « JE SAIS QU'ON DIT QUE “LORSQU'UNE **PORTE SE FERME,** UNE AUTRE S'OUVRE”. MAIS QUELQU'UN A DÉJÀ ESSAYÉ DE **ROUVRIR** LA PREMIÈRE ?

Deux jours avant la date de départ prévue, mon billet n'avait toujours pas été réservé. Ça me stressait un peu, mais je me suis dit que ce n'était pas grave, que c'était comme ça, à L.A. : tout à la dernière minute. J'ai continué à peaufiner les détails de mon projet jusqu'à ce que mon manager m'appelle pour m'annoncer la mauvaise nouvelle : pour une raison x, le tournage avait été annulé. Je n'allais plus à New York et, surtout, je n'allais plus collaborer avec Jennifer Lawrence. Comme ça, en quelques minutes, tout s'est effondré. J'avais le cœur brisé.

J'ai tourné en rond toute une journée, comme un zombie, choquée et déçue. J'aimais tellement l'idée de #GirlLove, j'étais dégoûtée que ça tombe à l'eau. J'ai pleurniché, puis, quand j'en ai eu marre, je suis allée me coucher. Dans mon lit, alors que je n'arrivais pas à dormir, une idée m'est venue : et si je n'avais pas besoin d'une star pour réaliser le challenge ? Et si j'arrêtais de penser à la personne que je ne pouvais pas avoir et que je me

concentrais sur celles qui étaient disponibles ? Après tout, ce qui importait le plus, c'était l'idée ! Immédiatement, j'ai envoyé un message vocal à mon équipe disant que j'allais quand même lancer le challenge #GirlLove et que j'allais avoir besoin de leur aide. J'allais rouvrir la porte de force.

La semaine suivante, j'ai contacté toutes les femmes influentes que je connaissais, de Grace Helbig à Shay Mitchell, et je leur ai demandé de m'envoyer une vidéo d'elles en train de complimenter une autre femme pour le challenge #GirlLove. Au lieu de me focaliser sur *Joy*, j'ai pu miser sur la démographie de ma chaîne YouTube et orienter le challenge de façon à avoir un impact positif sur mon public, largement féminin. Quand j'ai publié la vidéo où intervenaient dix-huit femmes influentes comme une de mes collaborations de Noël, le succès a été énorme. D'autres médias l'ont partagée, et elle a été saluée par Tyra Banks et Priyanka Chopra (parmi d'autres), qui ont tweeté à son sujet et ont participé au challenge. #GirlLove est devenu un phénomène mondial. Des jeunes filles du monde entier se sont envoyé des compliments sur les réseaux sociaux avec le hashtag #GirlLove.

Après la retombée du buzz, puisque ça devait bien arriver, je me suis dit que ça allait être la fin du challenge et qu'il deviendrait peut-être un hit du passé. Toutefois, la vidéo avait fait naître quelque chose en moi, j'ai donc embauché une équipe pour faire de #GirlLove une campagne sociale à part entière en 2016.

À l'heure où j'écris ces lignes, #GirlLove dispose de sa propre stratégie sociale, et c'est aussi une série en plusieurs épisodes sur ma chaîne. Elle m'a permis d'aller à la Maison-Blanche discuter des droits des femmes et, plus récemment, de me rendre au Kenya pour en apprendre davantage sur l'éducation des filles dans la communauté massaï. Par ailleurs, on a créé un bracelet rafiki en partenariat avec ME to WE (une super organisation, cherche-la sur Google), dont les profits servent à verser des bourses d'études à de jeunes Kenyanes. J'ai aussi organisé un atelier à Singapour pour apprendre aux filles comment faire connaître #GirlLove autour d'elles, et toutes les places pour y assister ont été vendues. Tout ça n'est arrivé que parce que la collaboration initiale a échoué. Chaque succès de #GirlLove est le résultat direct du recyclage d'un échec.

Dans la plupart des situations négatives, tu peux créer du positif en te creusant un peu la cervelle. En dehors du challenge #GirlLove, il y a un exemple encore plus parlant dans ma vie, où j'ai pris un truc pas cool pour en faire quelque chose de génial. Quand on me demande de quoi je suis le plus reconnaissante et que je réponds « ma dépression », les gens ne comprennent pas. J'ai commencé à faire des vidéos en 2010 pour tenter de retrouver le sourire et d'échapper à mon mal-être. Je me disais que si je pouvais faire rire les autres, je pourrais peut-être me faire rire moi-même. YouTube, pour moi, c'était presque une thérapie. Ça me boostait, ça me changeait les idées et ça me donnait un but. Jusqu'alors, la dépression avait été de loin la pire chose que j'avais eu à affronter. C'était extrêmement douloureux. Tout ce que j'ai aujourd'hui, chaque vidéo, chaque succès et chaque opportunité, est le résultat direct de la transformation de cette souffrance en quelque chose de positif : la comédie. Je n'ai jamais eu à prendre de cours de poterie parce que j'ai déjà remodelé le plus dur des matériaux : ma vie.

C'est beau, de transformer un échec en quelque chose d'inattendu. J'aurais pu abandonner le challenge #GirlLove. J'aurais pu m'enfermer dans la dépression. À la place, j'ai décidé de recycler tout ça et de créer quelque chose de nouveau. Souvent, on est tellement accaparé par la déception qu'on ne voit pas que les outils dont on a besoin pour créer un chef-d'œuvre sont sous nos yeux. Il y a seulement un peu d'assemblage à faire. Ne laisse pas tes échecs masquer un beau potentiel. Remonte tes manches, salis-toi un peu les mains, libère ta créativité et recycle tes échecs.

CHAPITRE 29

UNE AUTRE ÉCHELLE

MA LIMOUSINE S'ARRÊTE et mon chauffeur descend pour m'ouvrir la portière. Dès que mon pied touche le tapis rouge, mes fans se déchaînent et crient mon nom. J'avance sous les flashs, au milieu de mes gardes du corps. C'est l'avant-première de mon film, *A Trip to Unicorn Island*, un documentaire qui me suit dans ma première tournée mondiale. La projection a lieu au prestigieux Chinese Theatre de Los Angeles. Le boulevard entier a été fermé pour l'occasion. Le film est un succès et on fête ça en *after*. Je croule sous les félicitations. Maman, j'ai réussi !

Deux jours plus tard, j'essaie de me garer près d'un studio, ultra nerveuse, complètement paumée, et avec déjà deux minutes de retard. Je me gare au pif, et je cours vers la première personne en vue pour lui demander mon chemin. Elle ne sait pas. Je demande à quelqu'un d'autre, qui me dessine une carte sur une vieille brochure avec un feutre à moitié sec. Je cours à gauche, puis à droite, puis de nouveau à gauche, en essayant désespérément de déchiffrer les gribouillis. Je finis par trouver le bâtiment et la salle d'audition. Je m'assois dans une petite pièce où se trouvent une fontaine à eau et deux autres personnes. Aucune ne me regarde. Une femme finit par m'appeler, et je la suis dans une pièce encore plus petite. Elle passe mon dossier en revue sans même me regarder et me dit : « Tu as ton portrait photo ? » Confuse, je réponds que mon agent était censé tout envoyer. Elle lève les yeux vers moi : « Pardon, je viens de le trouver. Lilly, c'est ça ? » Yep. C'est moi. Je passe l'audition et, cent vingt secondes plus tard, je sors du bâtiment et j'essaie de retrouver ma voiture. Je ne suis plus personne.

C'est l'histoire de ma vie. En quarante-huit heures, je peux passer du statut de superstar à « Lilly, c'est ça ? ». Parfois, ça arrive dans la même journée. Dans la sphère digitale, je suis une célébrité, mais à Hollywood je ne suis qu'une personne parmi tant d'autres qui essaient de passer des auditions. J'ai appris qu'avoir du succès dans un domaine ne garantit pas automatiquement que tu en auras ailleurs. C'est pour ça que les grandes stars ont des problèmes de couple et que les jeunes les plus populaires à l'école n'ont pas forcément les meilleures notes. Ce n'est pas parce que tu es tout en haut d'une échelle que tu ne devras pas recommencer en bas d'une autre.

Quand j'ai décidé de tenter ma chance à la télé et au cinéma, j'ai mis du temps à m'habituer au procédé des auditions. Dans mon monde, j'écris, je tourne, je monte et je publie mon propre contenu. C'est moi qui fais les règles, et je sais ce que je veux. Quand j'arrive à une audition, j'ai une seule phrase pour décrire le personnage que je suis censée jouer, dans une pièce pleine de gens qui m'observent d'un œil critique. C'est la meilleure façon de s'assurer que tu NE DONNERAS PAS le meilleur de toi-même. Mais même si j'avais gravi les échelons sur YouTube, je savais que je devrais tout recommencer à Hollywood. Ma carrière sur Internet me donne un avantage, j'ai une bonne agence qui me représente, mais je dois quand même passer des auditions pour faire de la figuration dans des films. Je suis en haut d'une échelle et en bas d'une autre.

Est-ce frustrant ? Bien sûr. Faire le grand écart entre deux échelles, ça fait mal aux adducteurs. Pourquoi je le fais ? Parce que je ne veux pas que mon orgueil se mette en travers de ma route. Je ne veux surtout pas que mon ego me fasse croire que je n'ai plus besoin de travailler. Si je veux développer mes compétences, ce qui est le cas, je dois le mériter, et c'est bien ce que je compte faire.

C'est aussi une question de respect vis-à-vis de l'autre échelle et des gens qui s'y trouvent. La montée t'apprend des leçons et te fournit l'expérience nécessaire. Si je passais directement du haut de mon échelle au haut d'une autre, je n'aurais aucune idée de ce qui se trouve en dessous de moi. Je n'aurais pas l'expérience nécessaire et je tomberais certainement très bas. La chute me tuerait. De la même façon, quelqu'un dans un autre domaine qui sauterait sur mon échelle ne pourrait pas se retrouver directement tout en haut. Avec tout le respect que je te dois, si tu veux être à côté de moi sur mon échelle, mais que tu ne sais pas ce qu'est une annotation YouTube, c'est problématique.

Plein de gens ont réussi à grimper plusieurs échelles et continueront certainement à le faire. The Rock, par exemple (je t'ai déjà parlé de lui ?), est un catcheur pro devenu acteur à succès. Ça fait deux échelles. Il n'a pas commencé sa carrière dans le cinéma comme l'acteur le mieux payé, il a gagné ce titre en travaillant pour gravir les échelons. Drake est passé du cinéma à la musique. Justin Timberlake a fait l'inverse : il est passé de la musique au cinéma, puis est retourné à la musique. Là aussi, deux échelles. Il n'y a pas de passe-droit, qui que tu sois. Quoi que tu veuilles faire, tu vas devoir commencer tout en bas. Ça ne devrait pas te faire peur, puisque tu es une mégaboss et que tu adores les challenges. Tu ne crois pas que le succès t'est dû, mais tu sais que tu as les moyens de l'obtenir. Alors vas-y. Bosse, encore et encore.

APRÈS LA PLUIE

2010 C'est très bizarre de se sentir insignifiante et invisible, mais d'avoir l'impression que tous les yeux sont rivés sur soi. C'est comme s'il y avait une enseigne lumineuse au-dessus de ma tête qui disait « dépressive » ou « bonne à rien ». Je n'ai qu'une seule envie : rester dans ma chambre toute la journée, dans le noir, loin de tout. C'est là que je me sens le plus en sécurité, même si, paradoxalement, je suis certainement la personne la plus dangereuse pour moi-même.

Quand je marche dans la rue, tout le monde me regarde. Je ne le vois pas toujours, mais je le sens. Mon cerveau me le dit. Mon aura est sombre et je ne passe pas inaperçue. Je déteste ça. J'aimerais que les gens me laissent tranquille. Je ne suis pas fière de ce qu'ils voient. Je suis extrêmement mal à l'aise en public. Je baisse les yeux nerveusement et je serre les poings dans mes poches, je compte les secondes jusqu'à ce que je puisse être seule de nouveau, cachée.

Mon seul refuge, c'est le temple. J'y vais tous les jours, je m'assois au fond, le plus loin possible des autres. J'ai pourtant l'impression qu'ils m'observent tous. Je ne les blâme pas. Je respire la tristesse.

Quand je rentre chez moi, j'ai du mal à me regarder dans le miroir parce que je redoute de me retrouver face à moi-même. Je ne sais pas quoi dire à mon reflet. Ça fait longtemps qu'on est en froid. Je détourne le regard et accepte la réalité : demain sera comme aujourd'hui ; des gens poseront leurs yeux sur moi. C'est un cauchemar.

2015 C'est une sensation tellement enivrante, de se sentir aimée et d'avoir tous les regards sur soi. Sur la façade, une grosse enseigne lumineuse dit : « Lilly Singh – *A Trip to Unicorn Island* – COMPLET ». Ce soir va être magique, je le sais. Je veux être en tournée pour toujours, dans ma loge, prête à conquérir une nouvelle ville. Sur scène, c'est là que je me sens le mieux et, en vrai, c'est là que je *suis* le mieux.

Je fais les cent pas dans les coulisses, gonflée à bloc, prête à donner le spectacle de ma vie. Je me sens puissante, je marche avec assurance. Je regarde droit devant, la tête haute. Je suis prête. Je respire le bonheur.

Quand j'entre sur scène, tout le monde se lève, pousse des cris surexcités, me regarde. Ce n'est pas qu'une impression, je vois leurs yeux sur moi. C'est merveilleux. Pendant le spectacle, mon charisme est indéniable. Je flotte sur les planches, confiante. Quand je sortirai de scène, je compterai les secondes me séparant de mon prochain spectacle.

Je me regarde longuement dans le miroir avant et après chaque spectacle. Mon reflet est celui de Superwoman. Je la regarde droit dans les yeux et on discute. Je lui dis à quel point je suis fière d'elle. C'est ma meilleure amie. Je dois pourtant arrêter de me regarder pour aller enlever mon costume.

Je suis heureuse parce que, demain, j'ai un autre show et je pourrai revivre cette expérience. C'est ma raison de vivre.

PARTIE 3
ATTIRE L'ATTENTION

Une mégaboss ne se fond pas dans la masse, elle sort du lot. Dans cette section, tu apprendras à te faire remarquer, à interagir avec les autres efficacement, à te rendre inoubliable, et à te connaître suffisamment pour pouvoir donner le meilleur de toi-même. Il y a 7 milliards de personnes sur Terre, et autant de têtes qui peuvent se retourner sur ton passage.

1
2
3

Participation
AWARD

CHAPITRE 30

TU N'ES PAS UN TICKET DE MÉTRO

JE SUIS SÛRE

que, depuis que tu es toute petite, tes parents, tes profs, ton présentateur télé préféré et le monde entier te rabâchent que tu es unique. J'ai grandi avec Barney, un gros dinosaure violet, gentil et toujours souriant. Quand j'y pense, il l'était peut-être un peu trop, mais bon, moi aussi, j'aurais le sourire non-stop si de petites Selena Gomez et Demi Lovato participaient à mon émission. Quoi qu'il en soit, mon pote violet me disait chaque jour que j'étais unique, tout comme mes copains, mes camarades de classe et mes voisins (même s'ils déposaient leur surplus d'ordures devant chez nous parce qu'ils dépassaient la limite autorisée). Tout le monde était unique ! Eh bien, laisse-moi te dire deux trucs : (a) c'est vrai, (b) mais, en fait, pas tant que ça.

Tu es unique dans le sens où tu es un individu avec un ensemble de caractéristiques que personne d'autre ne partage. Même si tu as une vraie jumelle née quelques minutes après toi, il n'y a personne dans le monde qui soit exactement comme toi. En revanche, cette originalité ne te sert pas à grand-chose si tu n'en fais rien. Harry Potter est unique parce que c'est un sorcier puissant qui utilise ses pouvoirs pour faire le bien. Imagine : il découvre qu'il en a, il est admis à Poudlard. Mais il dit : « Non, en fait, ça va, je vais rester sous ces escaliers à ne rien faire, et les six autres bouquins de mes aventures vont être un gros flop. Désolé, J.K. Rowling, pas de best-seller pour toi. »

Les millennials ont grandi dans un environnement où on les félicitait pour leurs moindres faits et gestes, ce qui leur a donné l'illusion que le succès leur était dû. Au lieu de travailler dur pour réussir, certains ont grandi en pensant que tout allait leur tomber tout cuit dans le bec. Il y a plusieurs raisons à ça. Les réseaux sociaux, pour commencer, où il est facile de se sentir unique sans raison particulière. Si tu es inscrite sur Tumblr, c'est que tu es quelqu'un d'extraordinaire ; d'ailleurs, regarde, cette citation est là pour le confirmer, princesse ! Tu as l'impression de ne pas en faire assez,

mais ce n'est pas grave parce que ta dernière photo a reçu 70 likes sur Instagram ? Les retweets, les likes, les partages et les abonnés sont autant de formes modernes de validation. De nos jours, une photo de toi à la gym qui obtient plein de likes, c'est plus gratifiant que de faire de l'exercice. Pourquoi avoir des muscles quand on peut être populaire sur Instagram ! C'est ce qui compte, non ? Mmmh... En es-tu bien sûre ?

Ensuite, il y a désormais des milliers de gens, en ligne comme dans la vraie vie, qui nous expliquent comment bien élever nos enfants : leur donner de la nourriture bio, leur dire qu'on les aime quatre fois par jour, les prendre dans nos bras toutes les trente minutes pour qu'ils aient leur dose d'affection... Je n'ai pas d'enfants, donc je ne vais pas m'étendre en commentaires, mais je peux te dire que j'ai vu de mes propres yeux ce qui arrivait quand des parents passaient leur temps à glorifier leur progéniture.

J'avais un ami très cool. C'était vraiment un mec chouette, super poli et agréable. Mais, avec le temps, j'ai remarqué qu'il avait un trait de caractère que je n'appréciais pas trop : il se comportait comme si tout lui était dû. Quand il se disputait avec quelqu'un, il partait du principe que tout le monde devait se préoccuper en priorité de son ressenti. Si ses succès n'étaient pas célébrés en grande pompe, il trouvait qu'on lui manquait de respect. Si quelque chose ne se passait pas comme il l'avait prévu, il piquait une crise. C'est lorsque j'ai rencontré sa famille que j'ai compris d'où cela venait. C'était évident : il avait grandi à Gloire-à-toi-land. Ses parents passaient leur temps à chanter les louanges de ce fils merveilleux qui faisait la fierté et la joie de la race humaine. Chaque succès, grand ou petit, était fêté avec un gâteau, des cadeaux et un discours sur son talent sans égal. Une heure plus tard, je me noyais dans les compliments. Et pas dans une petite piscine avec un bar flottant et des bouées multicolores, mais plutôt dans un océan prêt à tout engloutir. J'ai compris pourquoi mon ami était comme ça. Il avait été élevé comme un roi et, par conséquent, il pensait que tout le monde devait le traiter comme tel. Le retour à la réalité allait être dur !

Une mégaboss sait que le succès et les honneurs s'obtiennent avec la réussite ou lorsque l'on contribue à rendre le monde meilleur. Il est facile de tomber dans le piège de la validation artificielle, c'est tellement agréable de se sentir unique sans rien faire... Il y a quelques années, on m'a proposé de présenter la VidCon, une énorme convention de vidéastes qui attire des milliers de fans. Cet événement, en gros, c'est trois jours de pur chaos où les fans essaient d'entrer dans les chambres d'hôtel des youtubeurs, de prendre des selfies et de se faire signer des autographes à même la peau.

Tu le sais, je prends la scène très au sérieux. Peu importe la taille de l'événement, je veux faire de mon mieux, alors je pose toujours plein de questions sur le contenu, la production, les caractéristiques techniques du micro, etc. Juste avant d'entrer en scène, je suis allée voir le producteur pour lui rappeler tout ce qui devait se passer pendant ma partie. Il m'a répondu : « Honnêtement, tu es Superwoman, quoi que tu fasses, ça va marcher » J'aurais pu l'écouter, me sentir unique, spéciale, et faire le strict minimum. Mais, en réalité, j'ai été complètement écrasée par le poids de cette reconnaissance par anticipation. Je travaille dur pour créer du contenu drôle et intelligent. Je ne veux pas qu'on m'acclame juste parce que je me tiens debout sur scène comme une marionnette.

J'ai reçu le même genre de validation dans les commentaires de mes vidéos. Ils disaient : « Tu es la personne la plus marrante du monde. T'es vraiment la meilleure, aucun youtubeur ne t'arrive à la cheville ! » Est-ce que je dois les croire ? Bien sûr que non, surtout quand on sait qu'il existe des gens comme Amy Schumer. Se sentir légitime parce qu'on a reçu des commentaires ultra-positifs, c'est comme se laisser décourager par des réflexions excessivement négatives. J'essaie de me protéger des deux, même si être admirée, c'est agréable. Parfois, quand je demande à mes fans ce qu'ils voudraient voir dans mes prochaines vidéos, ils me répondent : « Tu pourrais en faire une où tu restes juste là sans rien dire, on la regarderait quand même ! » Je préférerais m'étrangler avec mes cheveux plutôt que de faire un truc pareil. (Il est tout à fait possible d'étrangler quelqu'un avec ses propres cheveux. Mes cousins n'arrêtaient pas, quand on était petits. C'était pour s'amuser, hein. Pas la peine d'appeler la DDAS.) Je ne veux pas qu'un manque d'humilité vienne affecter la qualité de mes vidéos. C'est une pente glissante, et je n'aime pas particulièrement le ski. Je prends les commentaires comme les professeurs traitent les résultats des examens : j'enlève le meilleur et le moins bon pour qu'ils n'influencent pas la moyenne générale. Les commentaires trop positifs ou trop négatifs sont dangereux, chacun à leur façon.

Par ailleurs, accorder trop d'importance aux compliments peut également nuire à l'ambition et au travail. Quand tu as une liste de dix objectifs et qu'on t'applaudit au bout de trois, tu peux vite penser que les sept autres ne sont peut-être pas si importants. « Tu sais quoi ? Je m'en occuperai plus tard, une fois que toutes ces célébrations en mon honneur seront terminées. » Les honneurs sont éphémères. Une mégaboss, elle, voit sur le long terme.

Attention, je ne dis pas que tu ne dois pas célébrer tes succès. Au contraire, nourrir son estime personnelle participe de l'amour que l'on se porte. Essaie simplement de ne pas le faire trop souvent ou quand ça ne te semble pas justifié. T'installer trop confortablement dans l'auto-congratulation ne te fera pas avancer. Je crois que l'une des raisons pour lesquelles je travaille comme une forcenée, c'est que ma mère garde ses compliments dans un coffre fermé à double tour et qu'elle ne l'ouvre qu'en de rares occasions. Si je lui fais part d'un gros contrat que je viens de signer, elle va me dire : « C'est très bien. » C'est tout. Je sais que, au fond d'elle-même, elle est contente et fière de moi, mais on ne va pas sortir les cotillons chaque fois que j'ai une bonne nouvelle à lui annoncer. Et ça, ça m'aide à garder les pieds sur terre et à ne pas me laisser aveugler par ma réussite.

Les commentaires sympas sur Instagram, les compliments dans la vraie vie et les dîners de célébration, c'est super. Ça veut dire que ta famille et tes amis s'intéressent à ce que tu fais. Mais ne laisse pas ces belles attentions brouiller ton sens des réalités et influencer ta motivation ou, pire, te convaincre que tu n'as pas besoin de te dépasser.

Si ce que tu lis te déplaît, je t'invite à prendre une grande inspiration et à baisser un peu ta garde. Ne pose pas ce bouquin pour aller regarder des vidéos de *Barney* sur YouTube. Crois-moi, il est bien plus grisant de se nourrir de ses réussites plutôt que de flatteries et autres paroles en l'air. Tu n'es pas un ticket de métro. Tu n'as pas besoin d'être validée.

Tu n'as pas besoin de médailles pour te prouver que tu existes. La preuve : on ne t'en a pas donné à ta naissance.

EVERLAST

CHAPITRE 31

PROTÈGE TA VISION

EN COURS D'ÉDUCATION SEXUELLE, j'ai appris que, si un homme et une femme avaient des rapports intimes, la femme pouvait tomber enceinte et porter un enfant dans son ventre pendant neuf mois. Moi, j'ai eu plein de bébés sans avoir eu de rapports sexuels. J'ai les mômes sans les câlins. C'est pour ça que je bois de la vodka le mardi soir.

J'ai récemment appris qu'il y avait plein de façons d'avoir des enfants ou, du moins, d'accéder à un bonheur équivalent à celui que procurent les enfants. Je dis souvent à ma mère qu'elle peut arrêter de me réclamer des petits-enfants parce que j'ai déjà donné naissance à plein de bébés-idées. D'ailleurs, tu tiens l'un d'eux entre tes mains : ce livre. Attention, ne le laisse pas tomber ! Comme je le ferais avec un nouveau-né, je prends soin de mes idées, je les aide à grandir, et j'espère qu'un jour elles deviendront formidables. Quand elles sont petites et qu'elles peuvent à peine marcher, il arrive qu'elles me réveillent la nuit. De la même façon, quand elles deviennent adultes, je réalise que je ne peux plus m'y accrocher et que je dois les laisser vivre leur vie.

Les bons parents ont ce besoin inné de protéger leurs enfants, et moi, j'ai le même instinct envers mes bébés-idées. Nos enfants sont exposés à tant de mauvaises influences. Entre leurs camarades d'école qui prennent sûrement de la drogue, les médias qui les poussent à devenir superficiels, et cet oncle pénible qui, dans les réunions de famille, essaie de leur donner du soda pour qu'ils se taisent... C'est la même chose pour moi : mon bébé se retrouve lâché dans ce monde cruel, soumis aux mauvaises influences, et c'est à moi de le protéger.

En 2014, je me suis réveillée un matin avec la nausée. J'ai couru jusqu'à la salle de bains et j'ai vomi mes tripes. Je me suis regardée dans le miroir, et j'ai compris que j'étais enceinte. Je rigole ! Rien de tout ça n'est arrivé, mais je me suis bien réveillée avec une sensation étrange. La nuit avait été complètement dingue ! J'avais animé une compétition de danse qui affichait complet. De nombreux fans étaient venus m'encourager, ce qui était sympa, vu que je n'allais être sur scène que par tranches de quelques secondes.

Je me rappelle m'être tenue sur un côté de la scène, écoutant le public, et avoir soudainement ressenti un coup au cœur. À cet instant, j'ai su que je voulais être sur scène pendant toute la durée du spectacle, échanger avec le public et faire les choses à ma façon. Ça faisait des années que je présentais des événements, que j'étais engagée pour faire des minisketchs de quinze minutes ou des petits discours et, tout à coup, j'ai su que j'aspirais à autre chose : je voulais avoir mon propre spectacle. Avance rapide au lendemain matin : je me suis réveillée pleine d'inspiration et prête à accoucher de mon premier bébé-idée à moi.

L'année qui a suivi, j'ai travaillé sur ma première tournée mondiale, *A Trip to Unicorn Island*. Comme la plupart des jeunes mères, j'avais zéro notion de ce que je faisais, mais je savais que j'aimais ce bébé de tout mon cœur. Je voulais lui donner des fruits bio et n'utiliser que des produits naturels. Chaque fois que je rencontrais quelqu'un, je sortais mon téléphone pour lui montrer des photos du projet : « Regarde comme il grandit vite ! » Ma page Facebook était remplie de publications niaises sur ma tournée. J'avoue, j'étais ce genre de mère.

Après plusieurs nuits de pizzas et d'alcool (il peut être bénéfique aux bébés-idées, mais pas du tout aux bébés humains, qui sont égoïstes et te mettent des coups de pied dans l'utérus), j'ai eu une vision de ce à quoi je voulais que mon show ressemble. J'ai eu des idées pour tout, du marketing aux costumes, en passant par les produits dérivés. Bon, pour une première tournée, en général, on commence petit, dans une seule région du monde, avec une équipe restreinte. Moi, je voulais une TOURNÉE MONDIALE, spectaculaire, d'une envergure bien supérieure à tout ce que j'avais pu faire jusque-là. Je n'ai pas été surprise quand mon manager m'a appelée pour me dire que la production avait revu tous mes chiffres à la baisse et exprimait son inquiétude. À partir de là, les réunions et les coups de téléphone ne parlaient que des obstacles qui entravaient ma vision : finances, logistique, juridique, et plein d'autres trucs ridicules comme la gravité. Va voir ailleurs si j'y suis, gravité. Ce n'est pas toi qui commandes !

Un des problèmes majeurs, c'était le nombre de danseurs. J'en voulais huit, mais on m'a dit que nous n'avions le budget que pour quatre. On m'a dit et répété mille fois que c'était un compromis raisonnable et que je devais l'accepter, sans quoi la tournée ne serait pas rentable. Le problème, c'est qu'avec quatre danseurs ce n'était plus ma tournée telle que je l'avais imaginée. C'était celle de mon équipe et de mon conseiller financier, et je ne voulais pas de ça. J'ai décidé de prendre la responsabilité financière de ces danseurs.

Ça a marché, mais ce n'était que le premier combat d'une longue série. J'ai bataillé avec la costumière, je n'ai rien lâché ; j'avais une idée très précise de ce que je voulais. Elle n'a eu de cesse de m'expliquer pourquoi ma vision était irréalisable, mais j'étais catégorique. Mes danseurs étaient les gardiens de Unicorn Island, l'île aux licornes, et leurs costumes devaient être parfaits. Mon bébé n'allait pas porter de pyjama moche ! Il devait porter un ensemble tout doux et mignon pour que je le prenne en photo et que j'inonde le Web. C'est ça, être mère.

Après avoir passé des mois à protéger mon bébé avec des gants de boxe invisibles, le moment était enfin venu de lancer la tournée. J'étais loin de me douter que ce voyage autour du monde allait être jalonné d'obstacles imprévus, qui ne demandaient qu'à ternir ma vision. En Inde, on a dû changer certaines vannes pour qu'elles respectent la loi et les coutumes locales. À Perth, en Australie, la scène faisait le tiers de nos prérequis minimum. À Dubaï, le personnel n'a pas arrêté d'interrompre le spectacle, et les vigiles ont laissé des fans courir sur scène. Mais une mère n'abandonne jamais sa progéniture, alors, chaque fois, j'ai fait de mon mieux pour trouver des solutions. Je voulais simplement que mon bébé s'épanouisse et change le monde.

Bon, tout ça paraît très certainement naïf, mais une mégaboss sait que protéger sa vision a un coût. Avec les danseurs et les costumes, j'ai pris un risque financier. Les danseurs ont dû s'adapter aux dimensions de la scène et aux restrictions des salles de spectacle. Pour la logistique et la programmation, j'ai sacrifié du temps de sommeil. Protéger ta vision aura toujours un coût, et tu dois t'y préparer. Souvent, ce sera une charge de travail supplémentaire, et elle sera énorme. Si tu veux que les choses soient faites à ta façon, tu vas devoir prendre place sur le champ de bataille, en armure, prête à protéger ton projet.

La prochaine fois que tu as une idée, dis-toi que c'est ton bébé et que, si tu t'en occupes bien, elle se transformera en quelque chose de génial. Ton bébé peut changer le monde mais, d'abord, tu dois promettre de le protéger. Bien sûr, qu'il faut écouter les remarques et prendre en compte les suggestions qui peuvent t'aider à l'améliorer. Mais si tu entends ne serait-ce qu'une petite voix dans ta tête protester, reste sur ta position.

Bienvenue dans le monde des parents. Va tout de suite t'acheter de quoi sécuriser tes coins de table (et des boules Quies), parce que c'est ça, élever un enfant. Ça et recevoir du pipi en plein visage pendant que tu changes ses couches. Il faut croire que la gravité existe, après tout.

“

LES BONS PARENTS ONT CE BESOIN INNÉ DE PROTÉGER LEURS ENFANTS, ET MOI, J’AI LE MÊME INSTINCT ENVERS MES BÉBÉS-IDÉES.

”

CHAPITRE 32

SOIS LA PLUS BÊTE

SNOOP DOGG

m'a appris quelques précieuses leçons de vie. Tout d'abord, il m'a montré qu'on pouvait écrire les noms d'animaux comme on voulait et que personne ne pouvait nous empêcher de doubler une lettre si on en avait envie. Ensuite que, quand on aime les coiffures étranges, il suffit d'assumer, et ça passe. Enfin, il m'a dit que j'étais belle, simplement parce qu'il voulait que je le sache (« *You're beautifuuuuul, I just want you to know* »). Tout ça, je l'ai appris grâce à ses morceaux, mais c'est pendant un colloque de youtubeurs où il intervenait qu'il nous a livré la plus importante des leçons. Il participait à un groupe de discussion autour du thème « Comment rester *in* dans le milieu », et j'ai littéralement bu ses paroles. Parmi la tonne de trucs géniaux qu'il a dite ce jour-là, il y a une chose qui m'a particulièrement marquée. Quand on lui a demandé comment il avait réussi à avoir une carrière aussi longue, il a répondu : « Je suis le plus bête de mon équipe, c'est comme ça que je fonctionne. »

Dès notre plus jeune âge, on nous apprend à être les meilleurs, les plus rapides, les plus intelligents. On ne vise jamais la deuxième place d'une course, et on ne participe pas à un concours d'orthographe en espérant qu'un autre nous battra. Pourtant, une mégaboss sait que, dans certaines situations, être la plus bête peut avoir des vertus. S'entourer de gens qui ont plus d'expérience et de connaissances que soi est une excellente façon de sortir de sa zone de confort, de continuer à apprendre et à s'améliorer.

Dans mon équipe, c'est moi qui suis devant la caméra, sur scène ou en studio. Toutefois, j'ai beau savoir divertir les gens, je n'en serais pas là aujourd'hui sans bon nombre de personnes, elles aussi très douées dans leur boulot. Je sais raconter des blagues, mais mon manager est bien meilleur stratège que moi quand il s'agit de gérer ma carrière. Monter sur scène devant 18 000 personnes ne me pose aucun problème, mais pour ce qui est des questions juridiques, je préfère m'adresser à mon avocat. Toutes les histoires et les leçons de ce bouquin viennent de moi, mais sans mon

correcteur, vous ne pourriez pas déchiffrer ce qui s'apparenterait à une série de phrases grammaticalement incorrectes (parfois, même le correcteur automatique ne peut rien faire pour moi). Dans mon équipe, je suis la meilleure dans mon domaine, mais je suis la dernière en ce qui concerne le reste. Et j'en suis ravie. C'est comme si on tenait chacun une rame dont on est le seul à savoir se servir et qu'on pagayait tous ensemble pour avancer.

« ÊTRE LA PLUS BÊTE DE TON ÉQUIPE, ÇA NE **FAIT PAS** DE TOI QUELQU'UN DE **STUPIDE.** AU CONTRAIRE, C'EST ÊTRE **ASSEZ INTEL-LIGENTE** POUR T'ENTOURER DE PERSONNES QUI ONT DES CHOSES À **T'AP-PRENDRE.**

Être la plus bête de ton équipe, ça ne fait pas de toi quelqu'un de stupide. Au contraire, c'est être assez intelligente pour t'entourer de personnes qui ont des choses à t'apprendre. Ça veut aussi dire mettre son ego de côté et accepter de ne pas être la meilleure en tout. Lorsque mon équipe se réunit, chacun apporte un peu de son expertise autour de la table. Lorsqu'un tournage se profile à l'horizon, tout ce qui occupe mon esprit, c'est comment être au top le jour J. C'est à ce moment-là que ma maquilleuse va intervenir pour me faire part de ses préoccupations, et là je vais rester bouche bée parce que je ne sais pas ce qu'est le khôl (la colle, je connaissais, mais j'ignorais que ça pouvait se mettre sur le visage ! C'est pas un peu dangereux ?). Mon agent abordera ensuite la question des droits d'exclusivité des photos à grand renfort d'acronymes dont je n'ai jamais entendu parler. Je me retrouve un peu comme ces parents qui découvrent le fil Twitter de leur enfant et doivent chercher « LMAO » sur Google. Ce que je veux dire, c'est que, toute seule, je n'aurais jamais pensé à toutes ces problématiques, simplement parce que je n'ai pas les compétences nécessaires. Je ne suis pas maquilleuse professionnelle et je ne suis pas non plus agent. Alors j'accepte d'être la plus bête, et je pose des questions.

À quoi servirait de s'entourer de gens plus intelligents si on ne pouvait rien apprendre d'eux ? Il existe une sorte de peur universelle de « passer

pour un débile » ou d'« avoir l'air bête ». C'est qui, le plus bête ? Celui qui fait comme s'il avait la science infuse ou celui qui assume ses lacunes et pose des questions ? Ce qui serait vraiment idiot, pour le coup, c'est de gâcher une occasion d'apprendre. Je sais qu'il est difficile d'accepter l'éventualité que certaines personnes nous jugent. Au bout du compte, on se préoccupe tous, dans une certaine mesure, de ce que pensent les autres (à part Kanye West : il s'en fiche complet). Mais qu'est-ce qui compte le plus ? Faire du bon boulot ou garder la face ?

Sur le tournage de mon tout premier film, *Dr Cabbie*, je suis devenue pote avec Kunal Nayyar, *alias* Raj dans *The Big Bang Theory*. Oui, dans la vraie vie, il parle aux filles. Chaque fois qu'il jouait une scène, j'étais fascinée par son implication. Si son personnage était triste, Kunal le ressentait, et ça se voyait à l'écran. J'ai aussi remarqué que, après une prise, il ne ressentait pas toujours le besoin de la visionner. Moi, ça m'obsédait, et je voulais toujours voir les miennes pour m'assurer que j'avais l'air bien. Quand je lui en ai parlé, il m'a lâché une bombe de sagesse qui m'a aidée dans bien des domaines : « Les gens ont tellement peur d'avoir l'air stupide à l'écran qu'ils passent leur temps à regarder leurs prises. Il ne faut pas craindre d'avoir l'air bête. Essaie plutôt de ressentir les émotions de ton personnage. » Je trouve que c'est une bonne leçon pour ce qui est d'« avoir l'air bête ». Faire du bon boulot devrait être plus important que tout le reste. En gardant ça en tête, je me suis fixé une règle : si je ne comprends pas un truc, je pose des questions jusqu'à ce que j'aie pigé. VRAIMENT. Si je dois en poser deux ou trois, tant pis. Ce n'est pas « avoir l'air bête », c'est vouloir apprendre. Je sais maintenant que le khôl et la colle sont deux choses différentes. Et, depuis, les gens ne me regardent plus bizarrement.

> « C'EST QUI, LE PLUS BÊTE ? CELUI QUI FAIT COMME S'IL AVAIT LA SCIENCE INFUSE OU CELUI QUI ASSUME SES LACUNES ET POSE DES QUESTIONS ?

Il est essentiel pour progresser de s'entourer régulièrement de personnes plus intelligentes que soi. Une des raisons principales de mon déménagement à Los Angeles, c'était que, à Toronto, j'étais la personne

la plus compétente dans mon domaine, à savoir YouTube. On m'abordait sans arrêt pour me demander si je gagnais de l'argent grâce à mes vidéos, et je devais expliquer que oui, et que c'était grâce à la publicité. Quand j'ai déménagé à L.A., on m'a questionnée sur mon temps de visionnage, mes annonces pré-roll et sur la gestion de mes contenus. Je me suis retrouvée comme un lapin devant des phares ! Tous ces gens en savaient plus que moi, et ça m'a forcée à m'améliorer.

Quand j'ai reçu mon Streamy Award, dans une salle remplie de créateurs, j'ai prononcé un discours dans lequel j'ai déclaré quelque chose de très important que j'aimerais répéter ici : « On dit souvent que si on est la personne la plus intelligente dans une pièce, on est au mauvais endroit, et quand je regarde autour de moi, je peux affirmer que je suis exactement à ma place, parce que vous êtes tous très talentueux et que vous m'inspirez. » Bah oui, comment veux-tu apprendre quelque chose si c'est toujours toi qui donnes les leçons ? Il faut que tu t'entoures de personnes qui te challengent, t'intimident et t'enseignent de nouveaux trucs. Être une mégaboss, ce n'est pas toujours être la meilleure, c'est parfois simplement se placer dans la meilleure situation pour soi.

Si, un jour, je finis par avoir l'impression que j'en sais plus sur le droit que mon avocat, il sera temps d'en changer. Si je commence à me gérer mieux que mon manager, ce sera problématique, et si je commence à me sentir super à l'aise dans mon environnement, c'est que je ne suis plus au bon endroit. La seule façon de devenir plus intelligente, c'est de se donner parfois la chance d'être bête.

Alors vas-y, autorise-toi à être bête, et pose des questions. Sois belle comme Snoop Dogg te le dit, mais ne te tais pas.

Merci pour les conseils, Snoop.

CHAPITRE 33

INVESTIS DANS TA PERSONNE

J'AI UNE AMIE qui s'appelle Lindsey Stirling et qui est, à mon avis, l'une des personnes les plus talentueuses de la planète. Elle est violoniste, et quand elle joue, le temps semble s'arrêter. Ses vidéos YouTube ont des millions de vues, et quand je dis « millions », ce n'est pas juste un ou deux. Une d'entre elles a été visionnée 156 millions de fois. Cent cinquante-six ! La première fois que je l'ai vue jouer, c'était lors d'un de ses concerts à Los Angeles, devant des milliers de personnes. Lindsey est une bête de scène. Elle danse, saute et change de costume super vite, le tout en jouant du violon sur la pointe des pieds. Bref, elle est géniale et elle a beaucoup de succès. C'est pourquoi j'ai été choquée d'apprendre qu'elle prenait encore des cours de violon… (pause pour plus d'effet) et qu'elle pratiquait tous les jours. Tous. Les. Jours.

Quand elle m'a parlé de ses leçons, je me suis dit que son prof se faisait de l'argent sur son dos parce que, bon, c'est LINDSEY STIRLING, quoi. Je suis sûre que si je google « violoniste », sa photo sort direct. Attends, je reviens, je vais essayer.

OK, j'avais raison. Ça m'a sorti sa photo, sans rire. Lindsey m'a expliqué qu'elle prenait encore des cours parce qu'elle avait l'impression d'avoir encore plein de choses à apprendre sur son art. Chaque jour, elle pratique des petits mouvements de doigts pour jouer avec plus d'aisance. Elle m'a montré l'un de ses exercices, et c'était amusant de la voir tenir un violon invisible et déplacer son auriculaire d'exactement un centimètre de gauche à droite.

La leçon qu'elle m'a apprise ce jour-là, et sur laquelle je continue à méditer sur ma route pour devenir une mégaboss, c'est qu'on n'est jamais assez bon pour arrêter d'investir dans sa personne. On vit dans un environnement en perpétuelle évolution, et on doit, nous aussi, s'adapter. Peut-être que la meilleure version de ton toi d'aujourd'hui ne sera plus suffisante l'an prochain, alors continue de progresser.

Voici quelques façons d'investir en toi, que ce soit en temps, en énergie ou en argent :

1 TEMPS

Quand j'ai obtenu mon diplôme et que j'ai quitté la fac, je me souviens avoir pensé que je n'aurais plus jamais à faire d'études. J'étais loin de m'imaginer que, en fait, j'allais continuer toute ma vie. Après tout, les meilleurs profs du monde sont ceux qui ne cessent jamais d'étudier.

Ça veut dire qu'il faut prendre le temps de lire des livres, de regarder des vidéos YouTube (vive la promo) et de participer à des événements qui vont élargir tes connaissances. Par exemple, quand ma campagne sociale #GirlLove a commencé à vraiment décoller, j'ai pris un peu de temps chaque jour pour faire des recherches sur les problématiques liées aux femmes. J'ai appris plein de trucs dont je n'avais pas idée sur l'inégalité des sexes grâce à de nombreux articles, au discours d'Emma Watson (légendaire) et à des bouquins. Investir ce temps m'a permis de modeler le futur de #GirlLove et a fait de moi une meilleure militante des droits des femmes.

2 ÉNERGIE

J'en suis consciente, à cause de l'ATP et des glucides, tous les conseils que je te donne vont techniquement te demander de l'énergie si tu décides de les suivre. Mais, s'il te plaît, arrête de jouer les premières de la classe et cesse de m'interrompre. Ce que j'entends par « investir de l'énergie », c'est prendre des cours (comme Lindsey), pratiquer son art (toujours comme Lindsey) et s'assurer de prendre des décisions bénéfiques pour soi (je ne l'espionne pas, mais c'est probablement aussi ce que fait Lindsey). Tout cela demande du temps, mais aussi de la concentration et de l'entraînement, et, par conséquent, de l'énergie. Par exemple, si tu es chanteuse, prends des cours de chant, entraîne-toi sous la douche et ne fume pas. On a toujours une marge de progression, quel que soit le domaine où l'on évolue. Certains des meilleurs acteurs du milieu ont toujours des coachs, des chorégraphes prennent des cours de danse, et The Rock a un entraîneur perso. Il serait certainement capable de soulever un train, mais il choisit de travailler avec un entraîneur, ce qui m'amène au paragraphe suivant…

3 ARGENT

Quand ça a commencé à bien rouler pour moi dans l'industrie du divertissement, j'ai hésité à embaucher un manager. Je pensais pouvoir gérer tout ce qui se présentait et ne pas avoir besoin de payer quelqu'un pour ça. Il a fallu que ma boîte de réception sombre sous des milliers d'e-mails non lus et que je manque des opportunités pour réaliser que j'avais besoin de quelqu'un pour m'aider. Au fil des ans, ma carrière s'est développée rapidement et j'ai beaucoup embauché. Pourtant, à chaque nouveau recrutement, qu'il s'agisse d'un avocat, d'un assistant ou d'un correcteur, j'hésitais. Personne ne travaille gratuitement. Je ne voulais pas continuer à rallonger la liste des gens que je devais rémunérer. Mes sorties d'argent se multipliaient et, en tant qu'entrepreneuse (et personne d'origine indienne), ça m'inquiétait. Pourtant, peu à peu, j'ai remarqué que plus je dépensais d'argent, plus j'en gagnais. Investir dans mon équipe m'a permis de produire plus de contenu, de conclure davantage de contrats avec des marques et de créer plus de sources de revenu. J'ai aussi eu plus de temps et plus d'opportunités, ce qui a contribué à développer mon business. Mon meilleur investissement a été mon équipe de relations publiques (probablement l'une de mes plus grosses dépenses mensuelles). J'ai hésité parce que je me disais que les relations publiques, c'était moi, puisque j'avais 10 millions d'abonnés. Mais, une fois encore, on n'est jamais bon au point de ne pas avoir de marge de progression. Depuis que j'ai embauché des attachés de presse, je suis passée dans *The Tonight Show Starring Jimmy Fallon* et *The Daily Show with Trevor Noah*, et plein de magazines m'ont consacré des articles. Ça ne s'est pas fait du jour au lendemain, et je n'ai pas récupéré tout de suite l'argent que j'avais investi, mais les résultats à long terme ont justifié mon investissement.

Une autre façon d'investir en toi est de soutenir tes projets personnels. Ce livre en est un bon exemple. Quand on a discuté de comment on allait annoncer la nouvelle à mon public, je voulais que ce soit épique. Je ne voulais pas simplement le dire à la fin d'une vidéo ou avec une photo sur Instagram. Je voulais quelque chose de bien plus grand et, comme toujours, ça impliquait de dépenser de l'argent.

Dans mon contrat d'édition, il n'y avait pas de budget pour ça et, quoi que je fasse, j'allais devoir le payer de ma poche. Je savais que je voulais créer un truc super spécial pour annoncer la nouvelle, j'ai donc investi une somme considérable dans un magnifique court-métrage pour promouvoir mon livre. Ça m'a coûté cher, sur les plans financier, physique et mental, mais il fallait investir de l'argent, de l'énergie et du temps pour que ça marche. Quelques

semaines plus tard, j'ai annoncé mon livre dans *The Tonight Show* (coucou, le retour sur investissement de l'équipe presse) et, le lendemain, j'ai mis en ligne ma superbe vidéo promotionnelle. Au moment où j'écris ces lignes, je n'ai pas encore reçu de vrai retour direct sur cet investissement. Je ne récupérerai certainement jamais via AdSense (les pubs qui passent sur la vidéo) les sommes que j'ai investies, mais ce n'est pas grave. J'ai fait cette vidéo pour me faire une place en tant qu'auteure et attirer l'attention sur mon livre, et j'en tirerai des bénéfices sur le long terme.

Tu es révolutionnaire. Tu as des super idées. Tu peux créer ou changer les choses, résoudre des problèmes et avoir de l'influence. Ne te laisse pas tomber en n'investissant pas ton temps, ton énergie ou ton argent pour créer la meilleure version de toi-même. Au lieu de t'offrir le dernier iPhone, qui sera un peu plus gros, rapide et waterproof, mais dix fois plus cher, utilise ce budget pour miser sur toi. Au lieu de glander sur Facebook en regardant ce que les autres font, prends le temps de faire le point sur ce qui se passe dans ta vie.

Je te dirais bien d'investir de l'énergie dans tes activités, mais ton corps utilise de l'ATP et des glucides pour en créer pour tout ce que tu fais, donc lire ce livre te permet de la multiplier. Bam, prends ça !

Non, sans rire, investis dans ta personne.

Investis

Identifie un investissement dans chaque item qui t'aidera à atteindre tes objectifs.

Temps : ____________________

____

Énergie : ____________________

____

Argent : ____________________

____

CHAPITRE 34

BYE BYE, LE PROTOCOLE !

ON APPREND TRÈS TÔT

que respecter les règles, ça paie. Quand j'étais en primaire, je recevais un bon point quand j'arrivais à finir mon coloriage sans dépasser, et on me félicitait quand j'enchaînais les paniers pendant les heures de sport. Même en tant qu'adulte, on attend de moi que je fasse avancer ma voiture dans une file étroite, sur une route guère plus large, coincée dans les bouchons, alors que je suis entourée de champs à perte de vue. À l'aéroport, après les contrôles de sécurité, je ne dois pas franchir la ligne jaune avant que l'officier de l'immigration ne me fasse signe. Une fois, j'ai remarqué qu'un agent était disponible et je me suis avancée spontanément. Il m'a arrêtée d'un geste, renvoyée faire la queue, puis il m'a fait attendre deux secondes, avant de me faire signe de revenir. Ah ! Le protocole...

Si tu veux mon avis, il faut un minimum de règles pour que le monde puisse fonctionner, sans quoi les gens feraient vraiment n'importe quoi. Imagine un monde sans lois, sans voies à sens unique, sans politesse. Ça ressemblerait à la file d'attente au buffet d'un mariage indien, et rien que d'y penser, ça me stresse. Pour le dire simplement, les règles sont importantes... LA PLUPART DU TEMPS. Parfois, il vaut mieux envoyer valser le protocole. Réfléchis. Si tout le monde suivait toujours les règles, on n'essaierait jamais rien de nouveau. Imagine un monde où rien ne change, où personne ne se distingue de la masse ni ne s'élève contre les injustices.

Prends Malala Yousafzai, par exemple. Elle a grandi au Pakistan, où les filles n'ont pas accès à l'éducation secondaire. C'est dans la loi. Mais, depuis son plus jeune âge, Malala s'y est opposée, et elle se bat désormais pour l'éducation des filles, même si cela la met en danger. En défiant le système, elle a changé non seulement sa vie, mais aussi celle de milliers d'autres jeunes filles qui auraient dû arrêter l'école avant le collège. En 2014, Malala a reçu le prix Nobel de la paix. Elle avait alors 17 ans.

Son courage est une source d'inspiration quotidienne pour moi. Il y a tellement de leçons à tirer de son histoire. Et même si je ne prétends pas comparer mes réussites aux siennes, j'observe que, à la base, elle n'a pas respecté

les règles, et que c'est extrêmement important. Montrer un bon gros majeur (enfin, de taille moyenne en ce qui me concerne, je ne suis pas Godzilla) au protocole a eu plusieurs conséquences positives sur ma vie. Voici juste un exemple.

Comme tu le sais, The Rock est mon héros depuis toujours. Quand j'étais en CM1, j'ai bondi de joie en apprenant qu'il venait signer des autographes dans ma ville. Le jour J, dès que la sonnerie marquant la fin des cours a retenti, j'ai couru jusqu'à la voiture de mon oncle et on a tracé jusqu'au centre commercial où la signature avait lieu. On s'est garés, et j'ai marché à toute allure jusqu'à la porte en rêvant de la grande conversation que j'allais avoir avec mon idole. Peut-être qu'il m'aimerait bien et qu'il voudrait m'adopter ? Mes parents comprendraient, c'était sûr – c'était The Rock, quand même. S'il voulait un enfant, on ne pouvait pas le lui refuser.

J'ai vu une file d'attente gigantesque et j'ai su que j'allais dans la bonne direction. J'ai essayé d'apercevoir la star du catch, et en effet, j'en ai vu une. Sauf que ce n'était pas The Rock, c'était Mankind (un autre catcheur). WTF ?! Dans la panique la plus totale, j'ai demandé à un vigile où était mon héros, et il m'a répondu qu'à la dernière minute, la WWF (c'était avant la WWE, #nostalgie) avait envoyé Mankind au lieu de mon futur daron. J'étais dévastée.

C'est ce qui a marqué le début de ma quête pour rencontrer l'homme qui m'avait inspirée durant toute mon enfance et mon adolescence. À compter de ce jour, je me suis rendue à des événements partout dans le monde pour essayer de le rencontrer. Malheureusement, il y avait toujours quelque chose qui se mettait en travers de mon chemin : des mesures de sécurité (logique), mon ticket d'entrée qui n'était pas assez VIP, ou bien je n'avais tout simplement pas les moyens de m'acheter un billet. Je l'ai mentionné dans des milliers de tweets, dans mes vidéos, en répétant systématiquement que le rencontrer était en numéro 1 sur ma liste des trucs à faire avant de mourir.

Avance rapide. Quelques années plus tard, suite à une série d'événements fortuits, Dieu m'a accordé la chance inouïe de recevoir un e-mail de Dwayne. On est devenus amis grâce à mon travail sur YouTube, et je me souviens très bien d'avoir légèrement paniqué quand il m'a donné son numéro de téléphone. Pendant un an, je l'ai texté de temps à autre, sans trop savoir ce que ça me ferait de le rencontrer en vrai.

J'ai déjà raconté comment ça s'était passé, alors je vais la faire courte, mais je voudrais insister sur une certaine partie de l'histoire pour illustrer mon propos. Dans le milieu du divertissement, le protocole, c'est la loi, du moins c'est ce qu'on m'a dit. Le moindre événement mineur doit être programmé et donner lieu à un *reminder* sur Outlook. « Tu as besoin de m'emprunter un stylo ? Que dirais-tu de passer le prendre aujourd'hui à 16 h 03 ? Je t'envoie une invit'. » Sur le tapis rouge, on respecte un certain code vestimentaire, peu importe qu'il soit physiquement possible ou non de marcher dans ces chaussures. Mais, surtout, un artiste n'entre pas directement en contact avec un autre artiste pour organiser un rendez-vous. Ce sont les gens de ton équipe qui parlent à ceux de son équipe. Avec The Rock, j'ai suivi le protocole. On avait beau être devenus potes de textos, mes chances de le rencontrer en personne n'avaient pas évolué d'un pouce. J'ai demandé à mon manager d'e-mailer le monde entier, mais ça n'a pas marché. J'ai essayé d'organiser un truc via mon agence, mais, chaque fois, je n'ai obtenu que des promesses sans lendemain. J'ai continué de respecter le protocole pour atteindre mon objectif numéro 1. Ça n'a jamais marché.

La veille des MTV Movie Awards, auxquels Dwayne et moi étions tous les deux invités, j'ai emailé toute mon équipe (pour la énième fois) en les suppliant de m'organiser un rendez-vous avec lui. J'étais dans le public, et lui en coulisse, et je savais que mon accréditation n'était pas suffisante pour l'y rejoindre. Après avoir envoyé l'e-mail, je me suis dit : « Tu sais quoi ? Laisse tomber le protocole, je vais m'y prendre à ma façon. » J'ai

dégainé mon téléphone et j'ai texté Dwayne directement pour lui demander si on pouvait se voir le lendemain. Tu es sûrement en train de te dire : « Évidemment ! Pourquoi ne l'as-tu pas fait avant ? » Eh bien, parce que, dans le milieu, tout le monde te dira que ça ne se fait pas. Je désobéissais à toutes les règles. J'ai pris ce risque parce que je ne voulais pas passer une fois de plus à côté de ma chance. Le lendemain, non seulement Dwayne m'a fait une bise sur la joue, mais il a filmé toute la scène avec son téléphone parce que lui aussi attendait de me rencontrer avec impatience. Il a fait en sorte que j'aie l'autorisation d'accéder à sa loge, et ça a été le moment le plus magique de ma vie. Prends ça, protocole de mes deux !

Depuis, à plusieurs reprises dans ma carrière, j'ai demandé à faire les choses différemment et, le plus souvent, je reçois ce type de réponse : « Ce n'est pas comme ça qu'on s'y prend d'habitude. » Mais je vais te dire un truc : une mégaboss ne fait pas les choses comme on les fait « d'habitude ». Ce qui compte, pour une mégaboss, c'est qu'elles soient faites, peu importe comment. J'ai fait carrière sur Internet avec des vidéos dans lesquelles je me déguise en mes parents et où je me dessine une barbe sur le visage, alors ne viens pas me parler de comment on fait « d'habitude ». On m'explique aussi, parfois, comment mon business devrait fonctionner. Par exemple, selon eux, je ne devrais pas être en copie de tous les e-mails qui concernent mon activité, parce que ce n'est pas comme ça que ça se passe. Si suivre le protocole signifie que je ne peux pas être tenue au courant des décisions prises à MON sujet, il peut aller directement en prison sans passer par la case « départ », et ne pas toucher 200 euros. Je me moque du système auquel les gens sont habitués ; ce qui compte, c'est ce qui marche pour moi.

Quoi que tu fasses dans la vie, il y aura des règles et, la plupart du temps, il vaudra mieux que tu les suives. Mais, de temps en temps, si tu as l'impression que c'est incompatible avec ton mode de fonctionnement, autorise-toi à colorier en dehors des contours, à faire tomber des pylônes et à franchir la ligne jaune.

Désobéis aux règles et fais ce que tu as à faire. Le résultat peut être aussi sublime que chaotique mais, parfois, il vaut mieux demander pardon que la permission.

Transgresse les limites établies. Ne laisse pas le protocole te dicter ta conduite si ça ne te convient pas. Fais les choses à ta façon. Fais péter le système !

16 h 11, ça te va pour faire péter le système ? Je t'envoie une invit' iCal. Quoi ? OK, certaines règles méritent d'être respectées...

CHAPITRE 35

DU CHARISME

« TIENS, JE NE T'AVAIS PAS VUE » :

le type de phrase que n'entendra jamais une mégaboss. Elle, on la remarque. Elle marche d'un pas affirmé, s'exprime avec confiance et illumine la pièce de sa présence. Impossible de la rater. Dans *L'Exorcisme d'Emily Rose*, tu as cru qu'elle tournait la tête à 360° parce qu'elle était possédée ? Pas du tout, c'est juste qu'une mégaboss venait d'entrer dans la pièce.

L'une des qualités les plus remarquables d'une mégaboss, c'est son énergie. Un je-ne-sais-quoi en elle qui la distingue des autres et qui laisse une impression durable. On ne peut ni l'ignorer ni l'oublier facilement. J'ai compris le pouvoir du charisme lors de ma première entrevue avec Studio 71, mon *network* actuel. En gros, c'est un peu comme un label, mais pour YouTube. J'avais rendez-vous avec Michael, le directeur du studio, et il fallait que je fasse bonne impression. On s'est présentés : « Bonjour, enchanté, etc. » Puis il m'a demandé : « Alors, qu'est-ce que tu veux que je te dise sur le studio ? » Je voulais signer avec eux, mais j'avais aussi conscience de ma valeur, et je voulais collaborer avec une entreprise qui soit à la hauteur, qui travaillerait dur pour moi, et vice versa. Alors, avec un grand sourire et un soupçon d'audace, je lui ai répondu : « À toi de me le dire. Qu'est-ce que je dois savoir sur le studio ? » Je n'oublierai jamais la tête des gens dans la pièce. Il m'a regardée, amusé, et j'ai vu que je l'avais complètement déstabilisé. Comme une mégaboss.

Il m'a présenté son entreprise en quelques mots (à cause de mon revers en fond de court) avant de me demander quel était mon objectif. Je lui ai répondu, sans sourciller : « Dominer le monde. » Après une pause (tu sais, pour plus d'effet), j'ai développé et parlé de tous les projets que j'avais en tête. Il y avait tellement de présence dans la pièce que le passé et le futur ont commencé à flipper.

À la fin de l'entrevue, on s'est serré la main et j'ai poursuivi ma journée. Peu de temps après, le directeur du département numérique m'a envoyé un e-mail pour me transmettre ce que Michael avait dit après le rendez-vous :

« C'est une star. Il faut qu'on fasse les choses bien. » J'avais fait forte impression, et Michael a donné son accord pour le contrat. Dans la semaine, j'ai signé avec Studio 71, et on a une super relation depuis. Je travaille dur pour eux, et ils travaillent dur pour moi.

Les premières impressions sont importantes, mais les occasions ne manquent pas pour faire preuve de charisme. Voici quelques conseils pour faire non seulement une bonne première impression, mais aussi pour que l'effet perdure au-delà de la première rencontre.

1 SOURIS POUR UNE BONNE RAISON

On nous a appris à sourire à chaque nouvelle rencontre. C'est la chose polie à faire dans ce genre de situations. Néanmoins, une mégaboss ne sourit pas sur commande. Ce ne serait ni sincère ni authentique. Si tu dois sourire, fais-le pour une bonne raison : quand on te dit le nom de la personne concernée, quand celle-ci te parle de ce qu'elle fait ou de comment elle a rencontré votre ami commun. Je ne suis pas en train de te suggérer de rester de marbre la prochaine fois qu'on te présente un inconnu, simplement de ne pas dévoiler tout de suite tes jolies dents. Souris parce que quelqu'un a dit ou fait quelque chose qui te fait plaisir, pas par politesse. Et un point bonus pour toi si tu souris en répétant le nom de la personne que l'on vient de te présenter. Ça montre que tu es contente d'avoir fait sa connaissance et qu'elle n'est pas juste une rencontre parmi d'autres.

2 ÉCOUTE POUR COMPRENDRE

Il arrive qu'on écoute les gens sans réellement prêter attention à ce qu'ils nous disent et en ayant déjà une réponse toute faite en tête. Au lieu de préparer ta réponse quand on te parle, concentre-toi sur ce que ton interlocuteur a à dire. Réfléchis-y, et ensuite pose-lui des questions pour mieux saisir son propos et alimenter la conversation. Être présente, c'est d'abord s'intéresser à ce que les autres ont à nous dire.

C'est mon amie Bridgit Mendler qui m'a appris ça. Je l'ai rencontrée lors de mon voyage au Kenya en 2016 et j'ai très vite remarqué l'intérêt sincère qu'elle portait à ses interlocuteurs. Quand je lui ai parlé de mon nouveau projet musical, elle n'a pas cherché à orienter la conversation vers ses propres projets, alors qu'elle est elle-même chanteuse. À la place, elle m'a écoutée avec attention avant de me poser tout un tas de questions : « Tu veux sortir un album ? Où est-ce que je peux le trouver ? Combien de chansons as-tu écrites ? » À chacune de mes réponses, elle prenait le temps

de réfléchir à ce que je venais de dire et poursuivait en approfondissant notre échange. Je l'ai quittée en ayant le sentiment d'être spéciale. Je me souvenais de chaque détail de notre conversation. La vraie présence passe par une écoute attentive.

3 NE SOIS PAS UN ROBOT

De même qu'on t'a appris à sourire automatiquement, on s'exprime parfois avec des phrases toutes faites. Quand on te demande « Comment ça va ? », tu réponds certainement : « Bien, merci. Et toi ? ». Mais est-ce que ça va vraiment bien ? Est-ce que ça reflète vraiment ton état ? « Tu sais quoi ? Ça va carrément bien. J'étais un peu patraque, mais cette fête m'a complètement reboostée. Et toi ? » serait une réponse plus engageante. C'est plus intéressant, et ça peut servir d'amorce à une conversation. Tu peux même dire à cette personne combien de fois tu as vomi le matin à cause de ta gueule de bois. Ou pas.

4 VIS L'INSTANT PRÉSENT

Le meilleur moyen d'avoir de la présence, c'est d'être présente (malin, non ?). Quand tu assistes à un événement ou que tu parles avec quelqu'un, sois tout entière à ce que tu fais. Laisse ton téléphone au fond de ta poche et regarde autour de toi, capte l'énergie de la pièce, va à la rencontre de nouvelles personnes, intéresse-toi à ce qui se dit : tu passeras un meilleur moment et tu auras l'air plus abordable. Qui aurait envie de parler à quelqu'un qui passe son temps à stalker son ex sur Instagram ?

Astuce : avant d'entrer quelque part, engage-toi à rester présente en te disant une phrase toute simple, par exemple : « Pendant les soixante prochaines minutes, je suis ici et pas ailleurs. »

5 AIE CONFIANCE

Ce n'est un secret pour personne : pour avoir de la présence, il faut avoir confiance en soi. C'est un de ces trucs faciles à dire mais durs à appliquer. T'inquiète, je suis là ! Voici quelques façons de booster ta confiance en toi et de briller :

PORTE DES HABITS CONFORTABLES. Peu importe ce que les gens ont sur le dos et ce que les magazines disent, habille-toi de façon à te sentir super bien. Si tu te sens belle en jean déchiré, en baskets et en sweat, alors vas-y. Pareil, si tu te kiffes en minijupe et en talons aiguilles, fais-toi plaisir. Ce qui est important, c'est comment tu te sens dans tes fringues, peu importe la marque. Plus tu te sentiras à l'aise, plus tu seras en confiance. Alors enfile une tenue, remue-toi un peu, et vois ce que tu ressens. Si tu dois constamment remonter ton pantalon pour cacher la raie de tes fesses, tu devrais probablement aller te changer.

C'est aussi important de s'habiller selon les circonstances. Si tu vas à une soirée fun, choisis une tenue dans laquelle tu te sens fun. Si tu dois rencontrer de nouveaux partenaires professionnels, habille-toi de manière à te sentir dans la peau d'une super P-DG. Pas besoin de porter des trucs hors de prix, il faut juste que tes habits t'aident à avoir le bon état d'esprit. Crois-le ou non, nos vêtements provoquent des émotions en nous. Par exemple, je ne peux pas bien jouer mes parents sans me déguiser en eux. J'ai lu une interview de Jennifer Lawrence dans laquelle elle disait qu'elle aussi avait du mal à se mettre entièrement dans la peau d'un personnage à moins d'en avoir revêtu le costume.

PRENDS LA POSE. Avant d'aller à un événement ou de rencontrer de nouvelles personnes, regarde-toi dans la glace pendant quelques minutes et prends des *power poses*. Assure-toi d'être seule, sinon ça pourrait devenir embarrassant. Bombe le torse et pose tes deux poings sur tes hanches comme Wonder Woman. Prends un air théâtral et sexy, comme sur les affiches de cinéma. Lève la tête et fais-toi un clin d'œil. Arrange ton col, même s'il est bien mis. Pourquoi ? Parce que tu es forte et sexy, et que tu fais ce que tu veux. Se regarder dans le miroir et voir l'image qu'on veut projeter aux autres est un excellent moyen de booster sa confiance en soi.

LANCE TA PLAYLIST. Choisis des morceaux qui te donnent de la force et de la confiance en toi. Moi, par exemple, j'écoute toujours Rihanna avant de sortir, parce qu'elle me fait me sentir cool et sexy. Ça peut te paraître anodin, mais écouter du bon gros son envoie des ondes positives à ton cerveau et te place dans un état d'esprit conquérant. Attention : laisse Adele tranquille si tu veux garder le moral. C'est plus le genre de morceaux que tu sors pour consoler ta copine dont le mec vient de la tromper.

“

IL Y AVAIT TELLEMENT DE PRÉSENCE DANS LA PIÈCE QUE LE PASSÉ ET LE FUTUR ONT COMMENCÉ À FLIPPER.

”

AFFIRME-TOI. Quand tu t'adresses à des gens, assure-toi de parler d'une voix suffisamment forte pour être entendue. Si tu parles trop doucement, tu risques de paraître hésitante. Autre astuce : à moins que tu ne poses une question, adopte un ton ferme. Dis les choses comme si tout le monde voulait les entendre. Laisse quand même une chance aux autres de s'exprimer !

LANGAGE CORPOREL. Ton langage corporel peut parfois en dire plus que tes mots. Lorsque tu croises les bras ou que tu mets les mains dans tes poches, tu peux donner l'image de quelqu'un d'inabordable. Tu ne fais pas face à ton interlocuteur ? Tu parais inattentive. Tu es avachie ou tu marches lentement : les gens penseront que tu manques de confiance en toi. Chaque fois que tu fais quelque chose, il faut que ce soit intentionnel. Tiens-toi droite, comme si tu posais pour ta statue. Imagine que tu es la star d'un film d'action et que tu marches d'un pas assuré, avec une explosion en arrière-plan.

Si tu n'as pas l'habitude de ce genre de conseils, cela peut te paraître compliqué à assimiler. Et tu sais quoi ? Ça l'est, en tout cas au début. Avoir du charisme n'est pas donné à tout le monde. Toi, par contre, tu es une mégaboss, et il est temps que tu commences à agir, à parler et à marcher comme telle.

La vérité

CHAPITRE 36

DIS

CE QUE TU

PENSES

TU ES EN TRAIN DE TE DISPUTER avec ton mec ou ta meuf par textos. Tu lui envoies pavé sur pavé. Tu es furieuse. Tu sais très exactement pourquoi tu lui en veux et tu penses être dans ton bon droit. À peine as-tu reçu sa réponse que tu commences à taper la tienne, rageusement. Juste avant de l'envoyer, tu prends un instant pour réfléchir : « Est-ce que ça va, ça, comme message ? » Tu demandes à une de tes copines de le relire. « Ça va si je le dis comme ça ? Et cet émoji ? C'est trop ? Pas assez ? » Je faisais ça super souvent, avant : mon téléphone était plein de captures d'écran de conversations. Ça a duré jusqu'à ce que j'apprenne une leçon importante : dis ce que tu penses. Quand on dit ce qu'on pense, on est sincère, authentique et en phase avec ses sentiments. Plus besoin de relecteurs !

La franchise est une grande et belle qualité. Je vis à Los Angeles et j'ai souvent l'impression que les paroles en l'air y sont monnaie courante. Attention, j'adore cette ville, il y a des palmiers et de la bouffe végétarienne partout, mais j'ai découvert que la norme était de ne dire que des choses positives. Je vais discuter cinq minutes avec une inconnue, et elle va conclure notre échange par un « Je t'adore ! ». Je dîne avec quelqu'un pour la première fois et, quelques jours plus tard, je recevrai un texto disant : « Tu me manques ! » Comment peux-tu m'adorer sans me connaître ? Et comment est-ce que je peux te manquer si tu n'as jamais vraiment passé de temps avec moi ? Je comprends que « je t'adore » et « tu me manques » sont des façons d'être sympa et poli, mais est-ce vraiment OK de mentir ?

Idem quand tu tombes sur quelqu'un que tu n'as pas vu depuis des plombes et que la conversation se termine par : « On devrait aller prendre un café, un de ces quatre, je t'enverrai un texto ! » On sait tous que ce texto n'arrivera jamais, mais c'est la chose polie à dire à ce moment-là. Sauf que ce n'est pas vraiment sincère. Une mégaboss ne parle pas dans le vent, elle dit ce qu'elle pense, vraiment. Une meilleure réponse serait : « C'était sympa de te revoir. J'espère qu'on se recroisera bientôt. » C'est tout aussi poli, sans être mensonger.

Ça devrait être facile, de communiquer, mais on complique souvent les choses en ne disant pas ce qu'on pense. On enrobe tellement nos propos que notre message finit par se noyer dans un océan de sucre. On tourne autour du pot, et les gens doivent lire entre les lignes pour comprendre ce qu'on veut réellement dire. Il est pourtant possible d'être à la fois franche et sympa. Une fois, en soirée, j'ai vu un mec incroyablement canon à l'autre bout de la pièce. Je n'arrêtais pas de le regarder en me disant que mes copines de Toronto seraient vertes si elles le voyaient. Au lieu de le suivre toute la soirée ou d'élaborer un stratagème compliqué pour l'approcher, je l'ai abordé en lui disant exactement ce que j'avais en tête, enfin pas *tout* ce que j'avais en tête (si tu vois ce que je veux dire)... J'y suis allée franco : « Salut, moi, c'est Lilly, et ça va te paraître bizarre mais je pense que mes copines de Toronto kifferaient de voir une photo de toi. Est-ce que ça t'embêterait que j'en prenne une pour leur montrer à quel point t'es canon ? » Il a rigolé et accepté avec joie (forcément).

Non seulement il faut dire ce qu'on pense, mais il faut le dire gentiment. Être franc, ce n'est pas être grossier ou méchant. Il y a toujours une façon d'être à la fois honnête et respectueux. Quand on se comporte autrement, c'est par pure paresse. C'est particulièrement vrai quand tu as des reproches à formuler. Je dois avouer que je n'ai jamais été très douée pour la confrontation, mais plus je m'efforce de dire ce que je pense, plus c'est facile. Avant, lorsque je rencontrais des problèmes avec mes employés, je répétais mon speech avant d'y aller pour m'assurer de me montrer à la fois professionnelle et autoritaire. Ça me stressait et, en général, je passais complètement à côté de la conversation. En revanche, une fois que j'ai commencé à dire ce que je pensais, les échanges sont devenus bien plus efficaces.

Voici un exemple de comment j'ai changé ma façon de communiquer.

LE PROBLÈME : Mon assistant oublie régulièrement de faire des trucs.

AVANT : « Il faut que tu te souviennes de ce que tu as à faire. Oublier de faire des choses, c'est inacceptable. Je t'ai demandé d'envoyer deux e-mails aujourd'hui, et tu ne l'as pas fait. Assure-toi que ça ne se reproduise pas. »

APRÈS : « Ça me stresse quand tu oublies de faire ce que je t'ai demandé. Devoir constamment te le rappeler, c'est le monde à l'envers : c'est *toi*, l'assistant. J'aimerais que tu trouves un moyen qui te permette de te souvenir de ce que tu as à faire. »

Avant, c'est du jargon de bureau. Siri aurait pu dire la même chose. Après, je dis honnêtement ce que je ressens et j'explique pourquoi son comportement est problématique.

Peu importe la situation, il est toujours tentant de répéter son speech pour être sûre de dire les choses telles qu'on est censée les dire. Et c'est super, mais seulement si ça aboutit à un échange sincère et authentique. Une mégaboss ne se contente pas d'énoncer des faits, elle communique. On est tellement habitué à rester à la surface qu'on sous-estime souvent le pouvoir d'une communication plus profonde, plus humaine. Par exemple, j'ai récemment dû annuler un déjeuner avec un pote. Je devais finaliser un projet ce jour-là, et je l'ai texté la veille. J'étais dégoûtée parce que ça faisait longtemps que je ne l'avais pas vu. Ça aurait pu se passer de deux façons :

DIRE N'IMPORTE QUOI

« Hé, désolée, mais je dois annuler le déj' de demain. J'avais oublié que j'avais un truc à finir. On peut remettre ça à plus tard ? Merci ! »

DIRE CE QU'ON PENSE

« Hé, désolée, mais je dois annuler le déj' de demain. J'avais oublié que j'avais un truc à finir. J'avais hâte de te voir et je suis déçue que ça ne se fasse pas. Ne va pas croire que je n'ai pas envie de passer du temps avec toi, j'espère vraiment qu'on pourra trouver un autre moment. »

Ça facilite vraiment la vie, de dire ce qu'on pense. Les gens apprécient lorsqu'on abandonne les tournures de phrases mécaniques pour une communication plus sincère, donc plus humaine. Au lieu de les obliger à lire entre les lignes, tu leur délivres ton message noir sur blanc. C'est plus efficace et reposant. Communiquer ne devrait pas être un jeu de devinettes. Ça devrait être productif et direct.

Cela étant dit, je ne veux pas seulement te remercier d'avoir acheté ce livre. Je veux aussi te dire combien je t'en suis reconnaissante. J'ai travaillé dur pour te faire marrer et te motiver. Je ne dispose pas de toutes les clés du succès, mais j'ai confiance dans la valeur des 50 chapitres que j'ai écrits. Le fait que tu prennes sur ton temps précieux pour me lire, alors que tu pourrais faire autre chose, compte beaucoup pour moi. Merci de m'avoir donné une chance.

SINCÈRES SALUTATIONS, PAS SIRI.

“

ÊTRE FRANC,
CE N'EST PAS
ÊTRE GROSSIER
OU MÉCHANT. IL Y A
TOUJOURS UNE
FAÇON D'ÊTRE
À LA FOIS HONNÊTE
ET RESPECTUEUX.

”

Someone At
UNICORN
ISLAND
Loves Me!

CHAPITRE 37

NON, TOUT LE MONDE NE TE DÉTESTE PAS

SI LES CHOSES

ne se passent pas toujours comme tu le souhaites, c'est forcément parce que le monde entier se réunit chaque semaine pour trouver des moyens de te mettre des bâtons dans les roues. Je te jure. C'est comme si tu étais Ned Stark dans *Game of Thrones* : tu essaies de faire le bien, et tout le monde conspire contre toi.

Désolée de te décevoir, mais tu n'es pas le centre du monde.

Rejeter la responsabilité de tes échecs et de tes défauts sur les autres, c'est non seulement une excellente façon de t'en dédouaner, mais aussi une solution de facilité te permettant de détourner ton attention des vrais problèmes. À mon avis, lorsque les gens disent « je n'arrive jamais à rien », c'est le plus souvent parce qu'ils refusent d'envisager une méthode autre que la leur. Quant à ceux qui disent « tout le monde est contre moi », peut-être devraient-ils essayer, de temps en temps, d'adopter un autre point de vue. La réalité, c'est que les gens sont bien trop préoccupés par leurs propres problèmes pour avoir le temps d'élaborer des plans maléfiques contre toi.

À la fac, mes amis n'arrêtaient pas de me dire : « Lilly, tu veux toujours avoir raison. » On s'entendait tous très bien, mais ils me ressortaient ça à chaque discussion un peu animée, et ça en devenait vexant. Je ne voulais pas avoir raison, j'avais raison ! Pendant des années, je me suis convaincue qu'ils étaient tous jaloux de la justesse de mes arguments. Mes parents, mes potes, mes codanseurs avaient tous tort, et j'avais raison… Ce n'était pas ma faute si j'avais ce don. J'avais parfois l'impression d'être cette personne un peu folle dans les films d'horreur, qui entend des voix et peut voir les morts. Ses proches pensent qu'elle a perdu la boule et l'enferment dans un asile. On lui diagnostique une quelconque maladie mentale, puis ils rentrent tous chez eux… et se font tuer par sept fantômes différents ! Eh non, elle n'était pas folle ! Elle avait raison depuis le début ! C'était moi… J'étais cette victime enfermée dans son asile, et j'avais raison.

Sauf que j'avais tort.

À force d'entendre encore et encore « Lilly, tu veux toujours avoir raison », j'ai commencé à me poser des questions. Et si les autres n'avaient pas

complètement tort et que j'étais juste trop têtue pour me remettre en question et admettre mes faiblesses ? C'était franchement plus facile de croire que tout le monde en avait après moi. Alors je me suis fait une promesse : j'allais m'occuper de cette vilaine habitude. Désormais, lorsque je suis en désaccord avec des gens, j'essaie de ne plus envisager la conversation sous l'angle de « qui a tort ou raison ». Ce changement de mentalité m'a demandé du temps et de l'énergie. En fait, ça m'a pris des années pour trouver mon nouveau mantra : « Personne n'a tort ou raison. » Plus je me le répétais, moins je ressentais le besoin de « gagner » dans mes différentes discussions. Mais si j'ai pu en arriver là, c'est aussi parce que j'ai cessé de m'apitoyer et que j'ai commencé à prêter attention aux signes que l'Univers m'envoyait.

Pas facile, d'admettre que tu es la seule personne dans tout ton entourage à ignorer l'existence d'une de tes faiblesses. Et c'est encore plus difficile d'y remédier. Mais une mégaboss sait qu'identifier ses points faibles est le premier pas vers l'amélioration.

Si tes trois derniers patrons t'ont licenciée, tu es peut-être victime. Mais peut-être aussi ne t'investis-tu pas assez dans ton travail. Si les deux dernières personnes avec qui tu es sortie t'ont trompée, tu as peut-être une part de responsabilité dans l'échec de votre relation… ou pas. Mais peut-être que si. Cela ne justifie pas leur comportement, mais c'est peut-être lié à ta façon d'être. Peut-être que tu fais trop confiance, trop vite.

J'ai eu une phase pendant laquelle je pensais que tous mes amis me mentaient. J'avais l'impression que, chaque semaine, je découvrais que quelqu'un m'avait menti sur un truc. La quatrième fois, j'ai pris du recul et je me suis remise en question. J'ai découvert qu'ils me mentaient parce qu'ils pensaient ne pas pouvoir me parler ouvertement. Chaque fois qu'ils avaient essayé, je m'étais mise sur la défensive et ils avaient eu peur de perdre mon amitié. Peu importe de savoir si la peur justifie le mensonge ou non, le fait est que quelque chose en moi poussait les gens à agir d'une certaine façon et que c'était à moi de modifier mon comportement. Il faut travailler sur ce qu'on peut contrôler (voir le chapitre « Joue à la console »).

Au bout du compte, on est tous attentifs et sensibles à ceux qui nous entourent. Si, dans un contexte donné, plusieurs personnes réagissent négativement à ton encontre, c'est peut-être que ton comportement les amène à avoir cette réaction. Si c'est le cas, tu as deux options : 1) te faire tatouer sur la poitrine les paroles de Drake « *I got enemies, got a lot of enemies* » (« j'ai des ennemis, plein d'ennemis ») ou 2) assimiler l'info et faire ce qu'il faut pour t'améliorer.

Un si gros tatouage, c'est pas ton style, de toute façon.

FAMILLE
AMOUR
BONHEUR
SUCCÈS
AMITIÉ
FASHION
ARGENT
BUSINESS
CÉLÉBRITÉ
AVENTURE
FAMILLE
CARRIÈRE
RÉSEAUX SOCIAUX
AVENTURE
RÉSEAUX SOCIAUX
SUCCÈS

CHAPITRE 38

LE SENS DES PRIORITÉS

EN SURFACE, les raisons pour lesquelles nos relations échouent sont multiples, et on peut spéculer indéfiniment. Est-ce parce que ta copine déteste que tu sortes regarder le foot avec tes potes ? Parce que ton mec sèche les cours pour aller draguer d'autres filles ? Ou parce que ta meilleure amie voyage trop et que tu as l'impression de ne plus la reconnaître ? On peut toujours reprocher aux autres d'être irrespectueux, infidèles, égoïstes ou bizarres, mais si on prend la peine de creuser un peu plus, on s'aperçoit que la majorité de nos relations échouent pour la même raison : nos priorités diffèrent.

T'es-tu déjà dit, en plein milieu d'une dispute avec un de tes proches : « Comment peut-il ne pas voir qu'il a tort ? » Je suis sûre que tu es en train de hocher de la tête devant ton livre. On a tous des priorités différentes, et quand on n'est pas sur la même longueur d'onde, nos relations peuvent en pâtir. Ce qu'il faut garder à l'esprit, c'est que les priorités, c'est comme les opinions : tout le monde a les siennes. SURTOUT, ce ne sont pas des faits avérés. Je vais le répéter pour que les gens du fond puissent entendre : *les priorités ne sont pas des faits avérés*. Ça signifie que personne ne peut avoir tort ou raison (voir le chapitre précédent).

Cette leçon a été l'une des plus difficiles à apprendre pour moi, mais le jour où j'ai fini par l'accepter, ce fut comme une révélation. Je me souviens que, à l'époque, j'étais en tournée pour *A Trip to Unicorn Island*. Alors que je me préparais pour ma prochaine date à Boston, j'ai appris deux nouvelles particulièrement stressantes. La première, c'était que l'intégralité du spectacle allait être filmée pour mon documentaire. Ce soir-là, il n'y aurait qu'un essai, et nous n'aurions pas le droit à l'erreur. L'équipe de tournage arrivait par avion avec tout le matos, et on ne pouvait tout simplement pas se permettre, pour d'évidentes raisons budgétaires, de la faire revenir à une autre date. Comme si tout cela ne suffisait pas, la famille de Dwayne Johnson allait venir nous voir jouer. J'étais surexcitée par cette idée, mais aussi extrêmement nerveuse. Je voulais donner le meilleur pour sa famille,

et surtout pour sa fille, qui est la première personne à lui avoir montré mes vidéos. Inutile de préciser que, la veille, j'étais une boule de nerfs.

J'ai réuni toute l'équipe pour lui expliquer à quel point la journée du lendemain allait être importante. J'ai insisté pour que tout le monde se repose et arrive à la représentation gonflé à bloc et prêt à donner le meilleur de soi-même. J'étais stressée, je tremblais et je répétais en boucle combien ce spectacle comptait pour moi en butant sur mes mots comme un disque rayé. (Chers millenials, un disque, c'est un vieil objet qui servait autrefois à écouter de la musique, sorte de version physique des MP3.) On s'est fait un gros câlin de groupe et j'ai mis fin à la réunion. Il était presque minuit. En me dirigeant vers ma chambre d'hôtel, je suis revenue brièvement sur mes pas et j'ai vu quelques danseurs, dont deux faisaient partie de mes plus proches amis, prendre une direction opposée à la mienne. Ils parlaient d'aller boire un verre et de manger un morceau. Stupéfaite, je suis allée vers eux et je me suis exclamée : « Comment pouvez-vous sortir après ce que je viens de dire ?! » Ils ont répondu que, pour eux, ce n'était pas si important et qu'ils avaient envie de prendre l'air. J'étais tellement furieuse que j'ai tourné les talons, sans dire un mot. Je ne savais tout simplement pas quoi répondre. Une fois dans ma chambre, je me suis repassé la scène dans ma tête pour voir si je n'avais pas surréagi. Je n'arrivais pas à croire que deux de mes amis et danseurs puissent me trahir et montrer si peu d'empathie pour ce que j'étais en train de traverser. Ils n'avaient aucune excuse, et rien ni personne ne pouvait me convaincre du contraire !

Le lendemain, tout s'est extrêmement bien passé. Les danseurs étaient au top, la famille de Dwayne a adoré et l'équipe de tournage est repartie avec de superbes images. En apparence, tout allait pour le mieux. Mais à l'intérieur, je fulminais. À cause de mes amis, je venais de passer la nuit la plus stressante de la tournée. Ça a duré quelques jours, et puis j'ai ressenti le besoin de me confier. J'en ai parlé à Dave, notre manager sur ce projet, qu'on appelait tous « Papa » car, en vérité, c'est ce qu'il était devenu. Il prenait soin de nous et s'assurait qu'on soit au top sur scène, mais aussi entre les spectacles. Déprimée, je me suis assise à côté de lui et j'ai dit : « Je ne comprends pas comment mes amis ont pu me faire ça la veille d'un show aussi important. C'est vraiment égoïste de leur part. » Je pouvais lire de la compassion dans son regard. Sa réponse n'en a pas moins été directe : « Lilly, ce n'est pas parce qu'un truc est important pour toi qu'il l'est pour les autres. »

As-tu déjà entendu quelque chose de si simple et de si profond qu'il éclaire tout à coup tes pensées d'une lumière nouvelle ? Papa avait raison.

Tous les danseurs, mes amis compris, faisaient du super boulot. Ils ne faisaient jamais rien en dehors du spectacle qui puisse nuire à leur performance. S'ils étaient sortis ce soir-là et qu'ils avaient mal dansé le lendemain, j'aurais eu raison d'être énervée. Mais ça n'avait pas été le cas. La vraie cause de ma colère, c'est que j'étais partie du principe que leurs priorités étaient alignées sur les miennes : grave erreur. Dwayne est le héros de *mon* enfance et les images étaient pour *mon* documentaire. J'étais stressée et anxieuse, pas eux. Ils étaient payés pour faire leur boulot, et ils le faisaient remarquablement bien. S'intéresser à ce qui m'intéressait n'était pas dans leur contrat. Tu te rappelles quand j'ai dit que rien ni personne ne pouvait me convaincre qu'ils n'étaient pas en tort ? Eh bien, Papa a réussi.

Ça vaut pour d'autres contextes. Si tu t'associes avec quelqu'un et que ton objectif est de travailler pour des organisations caritatives, alors que celui de ton partenaire est de gagner un maximum d'argent, vous risquez d'avoir un problème. Est-ce qu'il a tort pour autant ? Non. Certaines personnes veulent devenir riches, d'autres veulent changer le monde. Peut-être que vos priorités évolueront dans le temps, voire s'inverseront, mais, pour le moment, ce n'est pas le cas.

Ça ne veut pas dire que tu ne peux pas entretenir une relation épanouissante avec quelqu'un dont les priorités diffèrent des tiennes. Vous pouvez avoir le même but, mais vous devez apprendre à connaître vos priorités respectives et toujours les garder à l'esprit. De cette façon, tu n'auras jamais le sentiment d'être trahie ou que les autres te manquent de respect. Quand ton mec sort regarder le foot au lieu de rester avec toi, ça ne veut pas forcément dire qu'il est égoïste. Ça veut dire qu'il aime le sport et que regarder ce match est une priorité pour lui. S'il t'est catégoriquement impossible d'accepter que l'autre puisse avoir des priorités différentes des tiennes, c'est peut-être le signe que vous n'êtes pas faits l'un pour l'autre. Après tout, on envisage parfois nos relations sur la base de ce qu'on voudrait que l'autre priorise. Tu sais ce qui arrive quand on en attend trop : on est souvent déçu. Mais si tu parviens à interagir avec les autres sans qu'ils aient l'impression de devoir tout sacrifier pour te plaire, tu iras loin.

Une mégaboss sait combien il est précieux d'être entourée de gens qui respectent ses priorités. Je n'oublierai jamais la première fois où ma mère a accordé de l'importance à mon travail. Ça faisait des années que je bataillais pour que mes parents prennent ma carrière au sérieux. Mon père m'avait demandé de l'accompagner quelque part et, avant que je puisse répondre, elle lui a dit : « Elle ne peut pas. Aujourd'hui, c'est jeudi,

et elle doit publier une vidéo. » J'étais tellement fière. C'était super de voir quelqu'un que j'aime reconnaître et respecter mes priorités.

On avance tous à la carotte. Pour certains, c'est l'argent ; pour d'autres, la famille ou les likes sur Instagram. Les meilleures relations sont celles qui te permettent d'avoir ta propre carotte et d'aider ton partenaire à atteindre la sienne. Si deux personnes peuvent prendre soin l'une de l'autre tout en respectant leurs priorités respectives, c'est gagné. Ne pars pas du principe que tout le monde se préoccupe des mêmes choses que toi, et, surtout, n'en fais pas toute une affaire. On est 7 milliards sur la planète et on a tous une carotte différente.

Bugs Bunny se ferait bien plaisir. Mieux vaut peut-être pas lui confier la tienne.

Tes priorités

Quelles sont tes priorités dans la vie ? (SOIS HONNÊTE et souviens-toi qu'il n'y a pas de bonne ou de mauvaise réponse.)

1. ____________________

2. ____________________

3. ____________________

Maintenant, quelles sont les priorités de ton mec, de ta meuf, de ton père, de ta mère ou de ta sœur ?

1. ____________________

2. ____________________

3. ____________________

CHAPITRE 39

SOIS ABSOLUMENT TOI-MÊME

TOUT LE MONDE EST BIZARRE.

On a beau avoir l'air normal, on fait tous des trucs chelous. Quand je dois faire un discours, je porte des talons hauts, un tailleur et de l'ombre à paupières. Je me tiens droite et j'utilise un langage soutenu. J'ai l'air calme et ultra-normale. Puis je rentre dans ma loge, j'enfile mes pantoufles licorne, je forme une corne avec mes cheveux et je galope dans la pièce en faisant des bruits de cochon. Si on m'appelle, je réponds avec une voix de chanteuse d'opéra. Je suis bizarre et j'assume.

Mais être soi-même, c'est un peu plus compliqué que ça.

De nos jours, on croit tous être authentiques parce qu'on partage des tonnes de citations Tumblr qui parlent du sens de la vie et qu'on publie des selfies avec double menton. Mais je peux te dire que faire un selfie débile avec un double filtre, un haut mignon et deux hashtags à la « #dsl #oupas » en légende, ça ne fait pas de toi une grande ambassadrice de l'authenticité. J'ai récemment appris que, être soi-même, c'est comme un bon gros plat de lasagnes : une fois que tu dépasses la belle couche de fromage crémeux, ça devient lourd. J'ai longtemps cru être moi-même. J'acceptais mes bizarreries, je ne faisais jamais semblant d'être quelqu'un d'autre et je défendais mes convictions. Si tu m'avais dit que je pouvais être encore plus authentique, je t'aurais ri au nez : « Tu déconnes ? Je suis 100 % moi. Si quelqu'un faisait l'appel, je lèverais les deux mains en entendant mon nom. »

Mais ça, c'était avant que je rencontre quelqu'un qui, en une heure, a bouleversé ma vision de l'authenticité. Elle m'a montré une nouvelle façon d'être absolument moi, et ça a changé ma vie.

On est en octobre 2015. J'ai entre les mains un bocal de cornichons et un paquet de Cheetos épicés (comme tout un chacun), et je fais les cent pas en attendant de tourner une vidéo. Je suis anxieuse, nerveuse, surexcitée et terrifiée à la fois. Je suis une enfant de 27 ans. Je commence à balancer des trucs un peu détente à mon manager, mais surtout pour me rassurer moi-même : « Ça va être absolument génial. Je vais être mégacool, regarde comme je suis *peace*. Je suis genre l'émoji à lunettes de soleil, pépère sur

un transat. Ambiance vacances... » Et là, j'entends une voix au fond de la pièce qui demande avec enthousiasme : « Où est Lilly ? »

Toute ma tranquillité saute par la fenêtre et je passe en mode PANIQUE.

Selena Gomez se dirige vers moi et me prend dans ses bras en me serrant fort. TOUT VA BIEN. JE SUIS COOL. C'est cela, oui... Je me liquéfie sur place. On s'assoit et, pendant l'heure qui suit, Selena me donne à son insu un cours d'authenticité. La première chose que je remarque, c'est qu'elle a déjà ouvert les Cheetos que je lui ai apportés, et qu'elle les savoure, affalée dans son fauteuil. Elle se fiche bien de sortir tout juste du siège de la maquilleuse. Elle veut des Cheetos, donc elle mange des Cheetos. Moi, je suis en face d'elle, à essayer de me tenir droite, avec mon plus beau sourire, dans le top que j'ai acheté spécialement pour l'occasion. *Quoi ? Ce vieux truc ?*

On commence à parler de son nouvel album, *Revival*, et je fais une blague vaseuse sur sa photo : « Regarde-toi, meuf, ultra-sexy, toute nue sur la pochette... » Je m'attendais à ce qu'elle rigole ou sourie en disant merci, mais, à la place, elle m'a répondu calmement : « J'adore cette photo, elle est tellement belle et crue à la fois. » Je ne me souviens pas de la dernière fois où quelqu'un m'a parlé avec autant de confiance. Elle aimait le visuel de son disque, et elle l'a dit. La plupart d'entre nous sont incapables d'admettre qu'elles se trouvent belles par peur de paraître arrogantes. Mais pas Sel. Elle sait que dire qu'elle est belle peut être valorisant, sans pour autant être prétentieux.

Pendant le tournage, j'ai rigolé du fait qu'on me demande souvent si mes cheveux sont vrais. Selena a passé ses mains dedans et m'a dit : « Ils sont magnifiques et naturels. Les miens, par contre, sont complètement faux. » Aussi simple que ça. Après le tournage, on a pris des selfies et j'ai voulu les lui montrer pour qu'elle les valide. « Hé, Sel, c'est bon ? » *Et est-ce qu'on pourrait être amies pour la vie ?* Sans hésiter (ni même les regarder une seconde fois), elle a répondu : « Carrément, pas de souci. » Selena aimait ces photos puisqu'elles renvoyaient tout simplement une image fidèle de ce à quoi elle ressemblait au moment où on les a prises.

Bon, tu penses peut-être que je ne suis pas du tout objective parce que je suis une grande fan de Selena Gomez. C'est vrai. Elle est géniale. Mais je ne savais pas que c'était quelqu'un d'aussi naturel. Avance rapide : la deuxième fois où je l'ai rencontrée, en Californie, à WE Day (super événement pour motiver les étudiants). On est censées se croiser, mais je suis encore hyper nerveuse et, cette fois, je n'ai pas de Cheetos à lui offrir. Dès que je la vois, je lance : « Salut, je ne sais pas si tu te souviens de moi... » Elle me coupe direct. Je m'attendais à ce qu'elle me dise : « Bien sûr, c'est cool de te revoir » ou

« Désolée, c'est quoi ton nom, déjà ? » C'est ce que j'avais entendu toute la journée. Mais, une fois de plus, elle m'a surprise en répondant : « Arrête tes conneries, bien sûr que je me souviens de toi. » Avant de me prendre dans ses bras. Dans une journée remplie de gestes protocolaires, l'énergie et le ton rafraîchissants de Selena me sont allés droit au cœur. Elle se moque d'avoir l'air comme ci ou comme ça. Elle dit ce qu'elle pense.

Passons maintenant à notre troisième rencontre (bienvenue dans mon livre *Les Chroniques d'une fan de Selena Gomez. Édition spéciale*), dans les coulisses de son concert à Toronto. C'est un moment de ma vie où je suis un peu plus posée et je parviens à ne pas paniquer complètement. Dès que je suis entrée dans la pièce, Selena a dit : « Argh, je suis mégaballonnée, si tu vois ce que je veux dire. » C'était ça, ses premiers mots. J'adore cette meuf. On a ensuite commencé à parler de sa tournée, et c'est à ce moment-là que je lui ai dit qu'elle était la personne la plus authentique que j'aie jamais rencontrée. On a ensuite parlé de la vente de ses billets, et elle m'a dit cash : « Ça s'est vendu à 70 %, ce qui est un peu moins que la dernière fois. » J'ai déjà fait une tournée, d'une ampleur moindre que celle de Selena bien entendu (je ne suis pas une ancienne sorcière), mais si on m'avait demandé si mes billets se vendaient bien, j'aurais été bien trop stressée pour simplement dire : « Vendus à 70 %. » Je me serais sentie obligée de donner une explication. *Si tous les tickets ne se sont pas vendus, il doit y avoir une raison. La salle de spectacle ! Les revendeurs ! Le marketing ! Quelqu'un, quelque part, est raciste !* Alors que Sel, célébrité, star de la pop, se fiche de ce que les gens pensent de ses ventes et en parle ouvertement. Elle s'accepte à 100 % : faiblesses, défauts, forces et réussites. Si elle se sent belle, elle le dit. Si elle doute, elle ne se cache pas et en parle ouvertement.

J'ai changé, à son contact. Je comprends la différence entre être soi-même et être *vraiment* soi-même, jusqu'au bout des ongles. Au-delà de toutes mes bizarreries et des vannes que je me lance en interviews, j'apprends à accepter toutes mes facettes. Si je suis contrariée et que je prends une mauvaise décision, j'essaie de ne pas en avoir honte. C'est moi qui ai fait ce choix. Mes expériences et tout ce qui me définit ont mené à cette

décision et, même si je dois réparer les dégâts, ça reste ma décision. Si je suis jalouse ou si je manque de confiance en moi, je l'accepte et j'en parle avec fierté. C'est ce que je suis à ce moment-là.

Grâce à cette nouvelle confiance en moi, j'ai décidé de faire une vidéo intitulée *The Most Honest Q&A Ever* (« La séance de questions-réponses la plus honnête du monde ») pour ma chaîne YouTube. J'aimerais attirer ton attention sur deux passages en particulier :

1. QUE FERAIS-TU AVEC UN MILLION DE DOLLARS ?

ANCIENNE RÉPONSE : Je ne sais pas trop... Un don d'une partie de la somme ? Des voyages ? J'aimerais dépenser mon argent pour vivre de nouvelles expériences.

Pourquoi je réponds ça : *Je veux montrer que l'argent n'a pas beaucoup d'importance pour moi, sinon les gens penseront que je suis matérialiste.*

NOUVELLE RÉPONSE : Eh bien, pour tout dire, j'ai un million de dollars et ça n'a pas vraiment changé ma façon de vivre. L'argent est un résultat, et non un but.

Pourquoi je réponds ça : *Je suis fière d'avoir travaillé dur et gagné de l'argent. Je n'ai pas besoin de mentir. Je suis encore plus fière du fait que cela ne m'ait pas changée.*

2. ES-TU VIERGE ?

ANCIENNE RÉPONSE : Je trouve toujours ça à la fois intéressant et bizarre, quand on me demande ça.

Pourquoi je réponds ça : *Je vais essayer de contourner cette question et d'éviter d'en révéler trop, parce que c'est embarrassant.*

NOUVELLE RÉPONSE : Oui. Avant, j'étais gênée de l'admettre, mais maintenant j'assume, c'est mon choix.

Pourquoi je réponds ça : *Je suis fière de ma décision, non pas parce que je pense que c'est la bonne, mais parce que c'est la mienne. Mon corps, ma vie, mon choix. Pas de honte à avoir.*

Répondre à ces questions de manière honnête m'a apporté une nouvelle forme de bonheur. C'est beau, de s'accepter complètement. Rien à prouver, rien à cacher. Tu es qui tu es, et tu devrais en être fière, comme une MÉGABOSS.

Maintenant tu m'excuseras, mais on vient d'appeler une superlicorne (groin, groin), et c'est à moi de jouer. J'espère que c'est Sel. J'ai grave envie de Cheetos.

CHAPITRE 40

JEU DE MAINS JEU DE MALINS

LA PREMIÈRE FOIS

que j'ai rencontré Dwayne « The Rock » Johnson, j'ai remarqué quelque chose de très particulier chez lui. Tu dois te dire que j'ai pensé qu'il pouvait devenir la doublure de Godzilla ou qu'il était tellement beau que j'ai envisagé de me faire appeler Mme Ciseaux pour qu'il puisse m'écraser comme la pierre qu'il est (oui, j'en suis arrivée là.)

Bref, bizarrement, ce qui m'a marqué, ce n'est ni son charme ni ses muscles (même si c'est toujours un plus...), mais plutôt sa façon de se comporter avec les gens qu'il vient juste de rencontrer, en l'occurrence, mon équipe de tournage. Il a donné une poignée de main à tout le monde. Et quand je dis tout le monde, c'est tout le monde, de l'ingénieur du son à mon manager, en passant par mon assistant et le vigile qui essayait de me décoller de sa jambe. D'ailleurs, monsieur le vigile, fiche-moi la paix. Escalader un roc, c'est mon rêve !

(Accroche-toi, ça ne fait que commencer.)

J'ai été surprise que quelqu'un d'aussi riche et célèbre que Dwayne Johnson insiste pour se présenter à chaque personne qu'il rencontre sans même qu'on le lui demande. Il faisait comme si personne ne savait qui il était, ce qui était à la fois rafraîchissant et impressionnant. Toute mon équipe a parlé de son comportement respectueux après le tournage, et Grace Helbig, mon amie et collègue youtubeuse, a elle aussi souligné ce trait particulier de Dwayne après l'avoir rencontré

pour un tournage. Si, quand deux filles discutent de lui, elles évoquent tout de suite son habitude de serrer la main à tout le monde quand il arrive quelque part, c'est révélateur, même si, en fait, ça devrait être la norme.

Depuis, j'ai rencontré deux autres personnes exceptionnelles qui font la même chose. Lorsque le roi de la soca, Machel Montano, est passé à la répétition d'un spectacle que je donnais à Trinité-et-Tobago, il a commencé par faire le tour du stade pour serrer la main à tous les danseurs, à mon manager, à l'équipe audiovisuelle, voire à des inconnus qui s'étaient probablement incrustés. Après la répétition, mes danseurs ont dit que Machel était génial. Ils avaient rencontré plein de gens ce soir-là, mais c'était lui qui les avait marqués. (D'ailleurs, si tu ne connais pas la soca, cherche Machel Montano sur YouTube immédiatement. Ton déhanché me remerciera plus tard.)

L'autre personne dont la classe et les manières impeccables ont eu un impact majeur sur moi, c'est Jimmy Fallon, la star de *The Tonight Show*. Il est venu dans ma loge à New York le jour où je devais passer dans son émission, et on a tout de suite commencé à discuter de son show et de mes vidéos, jusqu'à ce qu'il regarde autour de lui et s'interrompe brutalement pour lancer « Bonjour, ça va ? Moi, c'est Jimmy ! » à ma maquilleuse et à ma coiffeuse. Submergée par une vague d'admiration, j'ai pensé : « Bien sûr, on sait qui tu es, c'est ton émission, tu es une superstar ! » Mais sa célébrité ne l'empêchait pas de saluer tout le monde.

Tu vas peut-être me dire que c'est une coïncidence, mais trois des personnes les plus brillantes que j'ai rencontrées partageaient cette caractéristique. Elles se présentaient, mais en plus elles tendaient la main aux autres parce qu'elles savent que ça en dit long sur elles.

J'ai donc décidé d'essayer aussi. J'étais à Anaheim, pour la VidCon qui, au cas où tu l'ignorerais, réunit des youtubeurs et leurs fans dans une ambiance digne d'*Armageddon*. Les créateurs doivent littéralement nager dans un océan de fans déchaînés pour aller d'une conférence à une autre. C'est grisant, mais limite terrifiant.

Après avoir survécu au trajet entre mon hôtel et le centre de convention, j'étais un peu naze et pas aussi énergique qu'à mon habitude. Mais il était temps de tourner *YouTubers Read Mean Tweets* (« Des youtubeurs lisent des tweets méchants ») pour l'émission de Jimmy Kimmel, et je ne pouvais pas me permettre d'arriver crevée. Je suis entrée dans la pièce avec un grand sourire et le réalisateur m'a immédiatement abordée. Il s'est présenté et m'a dit d'aller m'asseoir en face de la caméra. Ce gars avait dû

filmer des tonnes de vidéos comme la mienne. On voyait bien qu'il avait ses petites habitudes. Pourtant, j'ai décidé de ne pas m'y conformer. Avant d'aller m'asseoir, j'ai fait le tour de la pièce, et je me suis présentée au scénariste, au cameraman et au vigile. J'ai distribué des poignées de main. Je n'ai jamais vu autant de regards choqués. Sérieux. Pourtant, j'en ai fait, des trucs bizarres.

Après avoir enregistré mon passage, j'ai remercié tout le monde avant de me diriger vers la sortie. Le réalisateur m'a arrêtée et m'a dit en souriant : « Hé, t'es super cool ! Ça te dirait d'assister à l'émission, un de ces quatre ? C'est quoi, ton adresse e-mail ? » Avance rapide : trois mois plus tard, je suis dans le foyer des artistes pendant l'enregistrement d'une émission de Jimmy Kimmel, à manger du gâteau avec des gens vraiment très cool. C'est là que j'ai compris : s'il y a du gâteau gratos à la clé, c'est qu'il faut toujours se comporter comme ça.

Depuis, me présenter à toutes les personnes qui se trouvent dans la pièce est devenu un principe, dans la limite du raisonnable, bien sûr. Je n'entre pas chez Forever 21 en serrant la main à tous les clients, j'ai besoin de mes deux mains pour faire mon shopping. En plus, les Forever 21 sont souvent sur plusieurs étages, et trop de cardio tue la cardio. Mais donc, désormais, quand j'entre sur un plateau ou dans une salle de réunion, je m'assure de me présenter et, chaque fois, je remarque que c'est vraiment apprécié.

C'est à toi de créer tes opportunités. Quand tu rencontres quelqu'un, tu as l'occasion de faire une super première impression et qu'on se souvienne de toi. Alors tu as deux options : tu peux entrer dans la pièce et te fondre dans la masse. Je veux dire, c'est cool aussi si tu veux être un de ces personnages d'*Où est Charlie ?* que personne ne remarque. Sinon, avant d'entrer, tu peux prendre une grande inspiration et t'engager à faire une super impression. Oui, ça prend du temps de faire en sorte que les gens se sentent importants, et ce que j'ai à dire à ce sujet, c'est BOUUUUH. Tu es une mégaboss, maintenant, alors consacre moins d'énergie à espionner ton ex sur Instagram et davantage à faire une super première impression. En plus, y a vachement de chiots sur IG qui sont bien plus mignons que ton ex, alors revois tes priorités.

“

TU ES UNE MÉGABOSS, MAINTENANT, ALORS CONSACRE MOINS D'ÉNERGIE À ESPIONNER TON EX SUR INSTAGRAM, ET DAVANTAGE À FAIRE UNE SUPER PREMIÈRE IMPRESSION.

”

CHAPITRE 41

TON EX N'ÉTAIT PAS LA PERSONNE QU'IL TE FALLAIT

SI TU ES PASSÉE direct à ce chapitre, je suis désolée pour ta rupture récente. Lis ce passage et, quand tu auras fini de manger ta glace, ce serait cool que tu lises aussi le reste du bouquin. Mais maintenant que tu es là, bienvenue dans le chapitre le plus spécifique du livre. Le titre affirme que TON ex (si tu en as un·e, bien sûr, sinon... La, la, la, la, la...) n'était pas la personne qu'il te fallait. C'est plutôt présomptueux de ma part, vu que je ne vous connais pas personnellement. (À moins que je ne sois ton ex. Dans ce cas, dommage pour toi, je suis vraiment géniale.) Je ne sais pas pourquoi vous avez rompu, ni à qui en revient la faute, si faute il y a eu. Mais je sais que si quelqu'un n'est plus dans ta vie, il n'est pas pour toi. Que ce chapitre soit comme de la pizza pour ton chagrin d'amour, avec supplément fromage, champignons et double dose de vérité.

> « TU PEUX ÊTRE TRISTE ET **SOUFFRIR** PARCE QUE QUELQU'UN TE **MANQUE,** MAIS PAS PARCE QUE TU **PENSES** QUE CETTE PERSONNE ÉTAIT LA **BONNE.** JE SUIS À 99 % CONVAINCUE QUE CE N'ÉTAIT **PAS** LE CAS.

Les humains font le truc bizarre de se mettre en couple. Ce n'est pas le cas de toutes les espèces. Beaucoup comprennent l'importance de la procréation, font pipi dans des coins, se rencontrent, font leurs petites affaires, sortent des bébés de leur ventre, puis passent à autre chose. Peut-être qu'ils poussent des hurlements de temps en temps à destination de l'autre. En revanche, les humains se mettent en couple, et ça a de nombreuses conséquences. Pour simplifier les choses, je vais diviser les personnes qui connaissent des

ruptures en deux catégories : celles qui se remettent relativement vite et passent à autre chose, et celles qui restent clouées au lit pendant des mois, dans des habits recouverts de sauce barbecue. Ce chapitre est destiné à ces dernières, parce qu'il y a de fortes chances qu'une rupture les rende improductives et démotivées, tout le contraire de l'attitude que doit avoir une mégaboss. Comment en arrivent-elles là ? Elles sont effondrées, leur ex leur manque, et elles ne savent pas comment combler le vide qu'on a laissé dans leur cœur. Parlons-en.

Il est nécessaire d'évacuer ses émotions, donc, si tu es dévastée par une rupture, pleure autant que tu veux, reste au lit et crie sur une photo. On sait tous que le temps guérit les blessures, alors je ne vais pas te dire de ne pas faire ton deuil. J'aimerais par contre te convaincre que tu peux être triste et souffrir parce que quelqu'un te manque, mais pas parce que tu penses que cette personne était la bonne. Je suis à 99 % convaincue que ce n'était pas le cas. Et si tu fais partie du 1 % restant, continue de lire et garde l'esprit ouvert. J'arriverai peut-être à te faire changer d'avis. Je suis en forme !

Ce chapitre est né d'une conversation que j'ai eue avec un pote. Je le consolais après sa dernière rupture, qui datait pas mal, mais dont il souffrait encore. Par souci d'efficacité et pour que personne ne perde la boule, je vais te faire un résumé de la discussion. Pas besoin d'abattre des arbres à cause de ce chantier sans nom. On va dire que mon pote, c'est Garett, et que son mec, c'était Chris. Eh oui, bienvenue en 2017, où l'amour pour tous triomphe.

- Garett et Chris se rencontrent et tombent amoureux.
- Ils emménagent ensemble.
- Ils travaillent ensemble.
- Ils passent quasiment tout leur temps ensemble.
- Garett est très dépendant de Chris et est malheureux quand il n'est pas là.
- Garett se sent confiant grâce à Chris.
- Garett aime Chris plus que tout au monde.

C'est une histoire trépidante, comme tu peux le voir. Après avoir écouté à quel point sa vie de couple avec Chris manquait à Garett, je lui ai dit : « Ça m'a tout l'air d'une relation horrible et assez malsaine. » Garett a été décontenancé et n'a pas bien compris ce que je lui disais. Je sais qu'il est difficile de comprendre qu'une relation qui t'a façonnée, dans laquelle tu te sentais bien, et qui était pour toi la définition même de l'amour, ne l'était finalement pas.

Quand les gens me parlent de leurs histoires, ils parlent souvent de « la bonne ». Mais si ça n'avait en fait jamais été une histoire d'amour ? Après tout, les initiales de Garett et de Chris, c'est GC, comme « Grosse Connerie ». Oui, ton ex avait beaucoup de qualités, et votre relation t'évoque une super époque de ta vie, mais est-ce que pour autant vous alliez quelque part ensemble ? Quand tu rencontres quelqu'un et que tu le compares sans arrêt à ton ex, est-ce que tu le compares à quelqu'un qui était fait pour toi ou à quelqu'un qui représente l'idée que tu te fais de l'amour ?

Après cette discussion avec mon pote, j'ai retourné la loupe sur moi pour analyser certaines de mes relations passées. Je n'ai pas vécu beaucoup d'histoires d'amour qui m'aient fait souffrir (je suis dans la première catégorie), mais j'ai eu nombre d'amitiés qui m'ont fortement affectée. À la fac, j'avais une meilleure amie, comme la plupart des gens, et on était inséparables. De nouveau, par respect pour les arbres, je te fais le résumé :

- **Lilly rencontre une copine, elles deviennent meilleures amies.**
- **Elles se disent tout.**
- **Elles font tout ensemble.**
- **Lilly n'avait pas besoin de se faire de nouveaux amis, puisqu'elle en avait déjà une.**
- **Si la copine de Lilly n'allait pas à une soirée, Lilly n'avait pas non plus envie d'y aller.**
- **Lilly croyait tout ce que sa copine lui disait, et vice versa.**
- **Quand il y avait du monde, Lilly ne restait qu'avec sa meilleure amie.**
- **Lilly faisait passer sa meilleure amie avant tout le reste.**

Elle a vraiment l'air naze, cette Lilly. Heureusement que ce n'est pas moi... Notre amitié s'est terminée sur une gigantesque dispute, et je n'arrêtais pas de me dire que plus jamais je ne trouverais quelqu'un comme elle. Je vivais en pensant que ce vide était là parce qu'elle était partie. Après avoir discuté avec Garett, je me suis demandé : et si l'amitié n'était pas ce que j'avais connu avec ma copine de fac ? Pour toi, ça relève peut-être de l'évidence, mais moi, je n'y avais jamais pensé, et Garett non plus. Et si ce que je ressentais, c'était en fait le vide laissé par une relation malsaine ? Pourquoi je voudrais d'une amitié qui m'empêche de rencontrer de nouvelles personnes ? Pourquoi je ne préférerais pas me donner la possibilité d'aller à des soirées même si je suis seule ? Pourquoi je voudrais être dans une relation qui me fait ignorer les autres ?

Dans la plupart des cas, quand quelqu'un qui nous a fait souffrir nous manque, ce n'est pas vraiment parce que c'était la bonne personne pour nous, mais plutôt parce qu'elle nous était familière et représentait un idéal. C'est notre attachement à une relation idéalisée, qui est difficile à abandonner. Si ton ami·e t'a menti, si ton mec ou ta meuf t'a trompée ou si quelqu'un a tout simplement décidé qu'il ne voulait plus faire partie de ta vie, alors ce n'était pas la bonne personne pour toi. Tu as peut-être l'impression du contraire, même si tu souffres, mais c'est faux. Tu sais qui est la bonne personne ? Celle qui est tout ce que tu aimais chez ton ex, sans la partie qui t'a fait du mal. Il y a 7 milliards d'individus sur Terre. Alors croire qu'une telle personne n'existe pas, c'est naïf et mathématiquement impossible.

« TU SAIS QUI EST LA BONNE PERSONNE ? CELLE QUI EST TOUT CE QUE TU AIMAIS CHEZ TON EX, SANS LA PARTIE QUI T'A FAIT DU MAL.

Ne t'inquiète pas. Ton ex peut garder une place dans ton cœur, dans une petite section intitulée « C'était sympa ». Tu peux y penser de temps en temps, mais ne base pas ta vision du couple sur ce que vous avez vécu ensemble. Ne va pas te persuader que ton ex était la meilleure personne pour toi. Ensemble, vous avez connu une forme d'amour, mais il y en a des milliards d'autres dans le monde qui n'attendent qu'une chose : te rencontrer.

Allez, range tes fléchettes et reprends ce livre depuis le début.

APRÈS LA PLUIE

2009 Quand quelque chose est cassé, on le répare avec du Scotch, de la colle ou des clous. Mais imaginons que, chaque fois, il se casse en plus petits morceaux, jusqu'à finir en poussière. C'est ma vie en ce moment. Je n'arrive pas à la réparer. Je ne sais pas comment faire et, pour tout te dire, je n'en ai pas envie. Je ne veux pas que ma vie de demain soit constituée des restes de celle d'aujourd'hui ou d'hier. J'en veux une nouvelle.

Je suis trop lâche pour me suicider, alors je vais prendre l'option qui vient tout de suite après : partir loin, tellement loin que cette vie s'effacera de ma mémoire et que les gens m'oublieront. Ma vie ne vaut pas la peine qu'on s'en souvienne. Dans six mois, je vais déménager en Inde et tout recommencer.

J'ai déjà appelé ma tante, qui a une maison inoccupée dans le Pendjab. Je lui ai posé des questions vagues, mais j'ai eu les réponses que je voulais. Je ne suis pas sûre de ce que j'y ferai ou de comment je survivrai, mais je vais tenter ma chance et croiser les doigts. C'est mieux que tout ce que je peux espérer ici.

Je suis dans le salon face à mes parents et je prends une grande inspiration. Je ne sais pas quoi leur dire. Ils ne vont ni comprendre ni apprécier ma décision, mais je suis prête à les ignorer. J'ai l'impression que c'est bien tout ce que je sais faire, ces derniers temps. Je leur fais part de mon projet, et ma mère se met à pleurer. Je sais que c'est parce qu'elle a entendu la détermination dans ma voix. Elle connaît cette facette de ma personnalité, la Lilly têtue qui campe sur ses positions. Elle essaie de me faire changer d'avis, mais je reste là, indifférente au désespoir que je crée autour de moi. Ses mots rassurants et son amour ne réussissent pas à m'atteindre.

Je vais me coucher avec un compte à rebours dans la tête. Il me reste six mois pour économiser assez afin d'échapper à ce cauchemar. Je regarde ma chambre et je me sens déjà déconnectée de ce monde. Ma décision, c'est d'abandonner. La petite étincelle qui subsistait en moi s'est éteinte. Bienvenue dans un monde sans rêve.

2015 Aujourd'hui, j'ai décidé que j'en avais fini avec cette vie, cette zone de confort angoissante. Il faut que j'avance. Ma lâcheté m'a empêchée de développer ma carrière. Je veux partir, et c'est ce que je vais faire dans six mois. Je vais enfin réaliser mon rêve et vivre à Los Angeles.

Ça fait des mois que je dis que je vais le faire. J'avance bien, professionnellement, et je sais que ça va m'aider à aller encore plus loin. Je sais exactement ce que je vais faire une fois là-bas : conquérir. Je vais me créer une vie encore meilleure, qui me rendra fière, et mes parents aussi.

Je suis à ma soirée de départ, entourée de ceux qui m'aiment. Mes amis et ma famille sont là, et je sais qu'ils ne m'oublieront pas. Je leur rendrai visite souvent, et eux aussi, c'est sûr. Je leur montre des photos de mon appartement, le premier dans lequel je vivrai seule. Leurs yeux brillent de fierté.

Ce soir-là, mes amis m'aident à faire mes bagages, puis je vais me coucher. Je regarde ma chambre. Je ne me sentirai jamais déconnectée de cet endroit, ce sera toujours ma maison. Je pleure à la fois de joie et de tristesse en quittant ma zone de confort. Je ne m'enfuis pas d'ici, je passe juste à un niveau supérieur.

J'ai enregistré mes bagages et j'attends de passer les contrôles à l'aéroport. Mes amis et ma famille patientent derrière le cordon de sécurité pour me dire au revoir et me regarder disparaître à travers le portique. Je prends une grande inspiration en voyant ma mère pleurer. Elle pleure parce qu'elle connaît cette facette de moi, celle qui est déterminée et qui persévérera. Elle me prend dans ses bras, et on se serre fort. Je sens son amour et son soutien me protéger. Je vais la rendre tellement fière. Je dis au revoir à tout le monde avant de commencer un nouveau grand chapitre de ma vie.

J'arrive dans mon nouvel appartement, nerveuse et surexcitée. J'ai économisé pour ça, et ça y est, j'y suis. Je regarde autour de moi et je vois une vie aux nombreuses opportunités, qui laissera une trace. Je vais conquérir cette ville. L'étincelle en moi devient une flamme. Bienvenue dans mon rêve.

PARTIE 4
SOIS UNE LICORNE

Le moment est venu de roter un arc-en-ciel et de péter des Skittles. Dans cette section, je parlerai de l'importance d'avoir des valeurs solides et de se montrer reconnaissante. Je t'expliquerai aussi comment ne pas te contenter de coexister avec les autres, mais aussi avoir un impact positif sur eux. Tu apprendras également à gérer les situations difficiles qu'il est tentant de fuir en faisant n'importe quoi. Une mégaboss ne sous-estime jamais le pouvoir de la compassion, de l'amour et de la gentillesse.

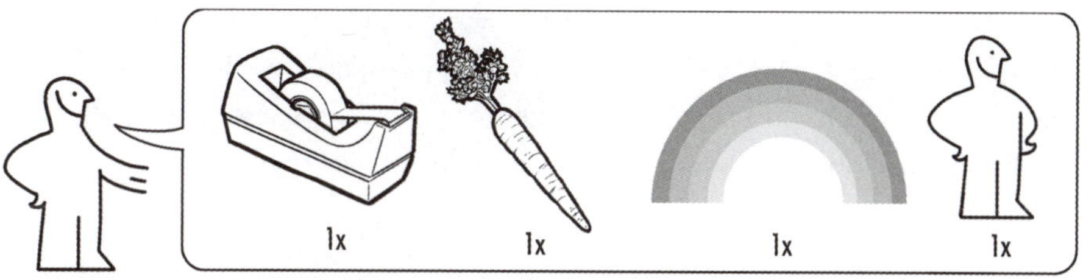

1
2
3

CHAPITRE 42

TU ES UN CAMÉLÉON

TU DEVRAIS HURLER

de rage en lisant ça. Je viens de te traiter de caméléon. Toi. Une mégaboss. Un caméléon ? Comment ai-je pu oser ? Tu as raison, tu devrais me défier en duel. J'essaie de t'apprendre à te distinguer, à t'affirmer, à être audacieuse, alors comment puis-je te comparer à un caméléon, un animal qui se fond dans son environnement ? En vérité, ce que je veux dire, c'est que ce qui t'entoure influence tes émotions, tes pensées et ton comportement. Est-ce que tu t'es déjà sentie optimiste au milieu de pessimistes ? As-tu déjà travaillé avec acharnement dans une équipe de glandeurs ? As-tu déjà mangé un Happy Meal dans un cimetière ? Je ne pense pas. Tu es humaine et tu es influencée par ce qui t'entoure. Qu'est-ce que ça veut dire ? Que tu dois créer un environnement qui t'aide à développer l'état d'esprit d'une mégaboss.

En ce moment, je suis super productive, j'écris mon livre et je suis heureuse. Pourquoi ? En partie parce que je suis une licorne, mais aussi parce que je me suis façonné un environnement professionnel qui encourage les ondes positives et la créativité. Sur l'écran de mon ordinateur, il y a un Post-it qui dit : « Concentre-toi sur ce qui mérite ton attention. » En dessous, il y a un tréteau qui m'encourage : « Vas-y, meuf. » Parmi ma collection de fournitures aux couleurs acidulées (j'ai une agrafeuse bleue qui est si parfaite qu'elle pourrait participer à Miss Univers), j'ai une bougie « Énergie positive ». Et si jamais je fais une erreur en écrivant avec l'un de mes crayons citron vert, ce n'est pas grave parce que j'ai une gomme « I ♥ my job ». J'adore, on dirait que la chocolaterie de Willy Wonka a explosé sur mon bureau. Cet espace m'inspire et m'encourage à travailler dur, tout en gardant le sourire.

Que ce soit la décoration de ta chambre, le fond d'écran de ton ordinateur ou la couleur de tes Post-it, ton environnement fait une différence, que tu l'admettes ou non. Personnellement, je suis obsédée par les couleurs parce qu'elles me font chaud au cœur. Dans mon appartement, j'ai sept serviettes de couleurs vives, toutes différentes. Mon placard à linge ressemble à une usine de Skittles.

Chaque fois que je mets une serviette dans ma machine à laver, j'en sors une nouvelle d'une autre couleur et, pour tout te dire, j'adore ça.

Tu dois penser que je suis une vraie névrosée. C'est ce qu'a dit un ami qui était venu passer quelques jours chez moi. Mais chaque fois que je change de serviette et que je sors de ma douche, je pose mes yeux sur cette superbe nouvelle couleur et mon cerveau remarque le changement. D'une certaine façon, je crois que ça égaie ma journée. D'ailleurs, un soir, mon ami s'est approché de moi et, en fuyant mon regard, a murmuré : « J'avoue, les serviettes font une différence », avant de s'éloigner. C'EST ÉVIDENT ! Qui ne voudrait pas de serviettes magiques aux couleurs de l'arc-en-ciel ? J'aime me dire que, même les jours où je suis pressée et où je n'ai pas le temps de les admirer, mon cerveau les voit quand même et sourit un petit peu.

J'HALLUCINE. Je viens d'écrire tout un paragraphe sur des serviettes de bain. MAMAN, SORS DE MA TÊTE !

CINQ FAÇONS de créer un environnement de mégaboss

1 **CHOISIS UNE INJONCTION** ou un rappel important comme mot de passe Facebook, Twitter ou pour ta boîte e-mail. Réfléchis-y. Tu le tapes plusieurs fois par jour, alors autant qu'il veuille dire quelque chose ! De cette façon, même si tu es pressée, tu enverras un message subliminal positif à ton cerveau. Exemples : travailledur, soisdéterminée ou tunaspasbesoindunmecparcequetuestresbientouteseuleetsituendoutes-ecoutesingleladies (certes, le dernier risque de dépasser le nombre de caractères autorisé).

2 **SI TU BATAILLES** avec une idée ou une mauvaise habitude en particulier, écris-toi des petits mots et place-les là où tu les verras constamment. Mon Post-it « Concentre-toi sur ce qui mérite ton attention » est là pour me rappeler de ne pas perdre mon temps à répondre aux commentaires haineux sur YouTube, c'est pourquoi je l'ai collé sur l'écran de mon iMac. Si tu n'es pas du matin, mets un mot sur le miroir de ta salle de bains qui dit : « La matinée est presque terminée ! Tu vas passer une super journée. » Si tu procrastines souvent sur Twitter, mets en fond d'écran de ton téléphone : « Tu n'es pas censée bosser, là ? »

3 **COMME SONNERIE** pour tes appels et tes textos, choisis une chanson qui te rend heureuse. Ici, il est important d'être le plus *geek*

“

TU ES HUMAINE ET TU ES INFLUENCÉE PAR CE QUI T'ENTOURE. QU'EST-CE QUE ÇA VEUT DIRE ? QUE TU DOIS CRÉER UN ENVIRONNEMENT QUI T'AIDE À DÉVELOPPER L'ÉTAT D'ESPRIT D'UNE MÉGABOSS.

”

possible. Par exemple, la sonnerie pour mes textos, c'est le sifflement de Rue dans *The Hunger Games*. Eh oui. Tu peux m'idolâtrer, je comprends.

4 **SUR INSTAGRAM,** abonne-toi à des comptes de chiens trop mignons ! En voici quelques-uns : @jiffpom, @beanzhart et @marniethedog. Et si, pour je ne sais quelle raison, tu n'aimes pas les chiens mignons (pense à consulter), abonne-toi à des comptes consacrés à d'autres trucs qui te font sourire, comme les chatons, la cuisine ou les bébés (sinon je te suggère @iisuperwomanii).

5 **CERTAINES COULEURS** peuvent nous faire ressentir des émotions particulières, et on peut en faire un avantage. Les images de ce chapitre, par exemple, ont un fond jaune, parce que cela évoque le bonheur et l'intelligence : parfait pour une licorne. Fais des recherches avant de peindre les murs de ton bureau ou de ta chambre, d'acheter un cahier ou de choisir le tee-shirt que tu vas porter aujourd'hui.

En dehors des petites choses comme les serviettes (qui sont plutôt importantes, avouons-le), dans la vie, il faut parfois prendre des décisions majeures pour se créer un meilleur environnement. Quitter ma ville natale, Toronto, pour aller m'installer à Los Angeles était vraiment terrifiant, mais nécessaire pour mon développement personnel et professionnel. Tu vois, à Toronto, j'étais toujours celle qui travaillait le plus, et personne ne comprenait vraiment ma carrière, pas même mon comptable ! Essayer de lui expliquer le nombre de vues sur YouTube à la fin de l'année fiscale, ça a été tout un sketch. Je suis sûre qu'il a noté que ma profession, c'était « propriétaire d'Internet » (mais bon, c'est la classe...). Emménager à L.A. m'a plongée dans un environnement dans lequel je suis constamment poussée à en faire davantage parce que tout le monde autour de moi se trace un chemin à la vitesse grand V. À L.A., je suis entourée de gens comme moi, qui comprennent ma carrière et dont je peux m'inspirer. L'absence de températures négatives et l'abondance de Chipotle sont aussi deux bonus non négligeables.

C'est ton job, de te créer le meilleur environnement possible pour toi. Ce n'est pas celui de tes parents, de ton mec ou de tes profs. C'est ta vie, ce sont tes objectifs, tes ambitions, et donc c'est à toi de le faire. Tu es un produit de ton environnement, alors décide intelligemment dans quel genre d'usine tu veux être fabriquée.

Et, surtout, achète-toi des serviettes colorées.

CHAPITRE 43

BOUCHE COUSUE

TON CERVEAU

est une éponge gigantesque, extra-absorbante, bizarre et toute ridée que tu viens titiller de temps à autre avec un coton-tige. Il reçoit des informations de l'extérieur, que tu le veuilles ou non. Il a soif de connaissances et de stimulation, alors il gobe tout ce qui passe, un peu comme moi chez Chipotle. Quand on regarde un film, on lui déroule une histoire faite d'images et jouée sur un écran. Quand on lit un livre, le cerveau invente ses propres visuels. Quand on fait des rencontres, c'est comme si on le nourrissait d'un nouveau visage, d'une nouvelle voix et d'un ensemble de caractéristiques. Et tu sais ce qu'on dit : on est ce qu'on mange. Donc, quand tu parles mal des autres, devine ce que tu lui sers ? Une bonne plâtrée de crottes, sans supplément de frites.

C'est honteux, d'avoir un si bel outil dans notre crâne, capable de si grandes choses, et de l'utiliser pour propager des ragots. Quand on se sert de notre cerveau pour parler des gens qu'on n'aime pas ou pour critiquer ce que les Kardashian portent, c'est tout simplement du gâchis : imagine que celui de Thomas Edison a inventé l'ampoule !

Une mégaboss a conscience de la beauté de cet organe et ne cherche pas à l'endommager en le recouvrant d'ordures. Si tu veux renforcer un muscle, qu'est-ce que tu fais ? Tu l'exerces. C'est pareil pour ton cerveau. En commérant, c'est comme si tu le laissais boire des bières sur le canapé. Fais-lui plutôt faire des pompes !

Avec mon pote Humble, on a récemment décidé de consacrer vingt minutes par jour à échanger des idées. On peut parler de tout et de n'importe quoi. Nos conversations vont des inventions qu'on souhaiterait voir exister à la religion, en passant par l'écologie. Je me rappelle avoir été surprise de constater à plusieurs reprises que nos idées et nos opinions divergeaient, et ça m'a appris plein de choses. Par exemple, je lui ai demandé : « Que peut-on faire de plus pour sauver la planète ? », et il m'a répondu : « Je crois que c'est arrogant de penser qu'on peut sauver une

planète qui nous a donné la vie. » BOUM ! Ça ne m'avait jamais traversé l'esprit. C'est génial. Les idées abondent dans ma tête. Et si... ? Comment ça se fait que... ? MAIS ! C'est tellement plus enrichissant que de parler de qui est « débile » ou « moche ».

Parfois, « tu ne peux pas t'en empêcher », je me trompe ? On a tous une tendance naturelle à dire du mal des gens qu'on n'aime pas, surtout parce que, de façon un peu malsaine, ça nous aide à nous sentir mieux dans nos baskets. Ça demande un vrai effort d'amener son cerveau à penser différemment, mais, au lieu d'essayer de passer en un claquement de doigts de *Gossip Girl* à Einstein, commence plutôt par résister à l'envie d'infuser du mauvais esprit dans tes conversations. Voici un défi pour toi : la prochaine fois que tu es tentée de dire quelque chose de méchant, mords-toi la langue, marque une pause et compte jusqu'à dix dans ta tête. Fais comme si cette mauvaise pensée était ton petit secret, que tu n'allais jamais dire à personne ni libérer dans l'Univers. Comme c'est excitant ! Tu as un secret rien qu'à toi ! Quel pouvoir ! Ensuite, quand tu seras toute seule, murmure cette pensée. (Assure-toi bien d'être seule, sans quoi la situation pourrait dégénérer en scène de comédie.)

Une fois que tu maîtrises cette technique, l'étape suivante consiste à chasser tout jugement ou toute pensée négative de ton esprit. Quand tu rencontres quelqu'un, observe-le et choisis un élément de son physique qui le distingue et qui te plaît, puis enregistre-le dans ta liste mentale de contacts. Si tu as la chance d'avoir une discussion avec lui, choisis un trait de caractère, par exemple son calme, son humour ou sa façon de parler. Considère ça comme étant une partie intégrante de la rencontre. Ne pas le faire, ce serait comme enregistrer son numéro en oubliant un chiffre. Je sais que ça peut sembler naïf, mais c'est principalement parce qu'on n'est pas habitué à réfléchir de la sorte. Bien souvent, dans ce livre, réussir nécessitera une certaine reprogrammation, alors sors ton fer à souder. Essaie ça : tape « visages » dans Google et clique sur « Images ». Entraîne-toi à trouver un trait positif chez tous ceux qui apparaîtront. Ça peut te paraître superficiel, mais ça t'aidera à reprogrammer ton cerveau.

Tu dois te demander : « Si mon cerveau est censé être dévolu aux idées plutôt qu'aux gens, pourquoi est-il permis de parler des autres en bien ? N'est-ce pas non plus du gâchis ? Après tout, un jugement, même positif, ça reste un jugement, non ? » Eh bien, ma chère et brillante amie, tu as raison. Parler de ce qu'on aime chez les autres, c'est quand même parler des autres. Toutefois, si tu te remémores certaines discussions passées,

tu remarqueras que, quand tu parles de quelqu'un en bien, tu le fais avec une certaine admiration. Tu as remarqué une grande qualité chez cette personne, et il y a de fortes chances que ça te pousse à chercher à la développer à ton tour. Peut-être que, pendant le dîner, ton ami a parlé du travail qu'il faisait pour aider les plus défavorisés. Si cet ami t'inspire, tu envisageras probablement de t'engager aussi. Il serait surprenant que tu admires une qualité sans essayer de la posséder.

À l'inverse, quand tu passes de longues minutes à te répandre sur la personnalité de quelqu'un que tu détestes, tu noteras que la discussion s'allonge et tourne rapidement en rond. On a tendance à ruminer. Pourquoi consacrer du temps à ce qui nous déplaît ? Ça n'a pas de sens. C'est pourquoi, si tu dois parler des gens, parle de ce que tu admires chez eux et que tu voudrais introduire dans ta vie.

Le but, c'est d'entraîner ton cerveau à penser positivement. Une fois que le positif aura pris le pas sur le négatif, tu auras plus de place dans ta tête pour créer et provoquer des étincelles.

C'est beau, les idées. Tu peux penser librement à tout ce que tu veux. Dans la vie, presque tout est limité, à l'exception de ton esprit. Alors, à quoi vas-tu penser ? De quoi vas-tu parler ? Vas-tu mobiliser tes précieuses pensées pour de vulgaires commérages ? Tu ne devrais pas, ton cerveau mérite mieux que ça, et l'évolution aussi.

Consacre du temps chaque jour à des IDÉES qui t'enrichissent et résiste à l'envie de critiquer les autres. Tu n'es pas programmée en binaire, alors ne le sois pas.

“ TU N’ES PAS PROGRAMMÉE EN BINAIRE, ALORS NE LE SOIS PAS. ”

Om

CHAPITRE 44

UNE FORCE QUI TE DÉPASSE

TU POURRAIS ÊTRE

la personne la plus riche du monde, avec quarante-deux voitures et quatorze manoirs... Tu pourrais être en haut de tant d'échelles que ton adresse serait juste « Au top »... Tu pourrais être experte en self-control, avoir la plus belle âme et les plus beaux cheveux du monde... Tu pourrais même appliquer les cinquante chapitres de ce bouquin à la lettre, les connaître sur le bout des doigts... Tu pourrais être tout ça à la fois... Et ne pas être la plus grande mégaboss du monde.

Une vraie mégaboss reconnaît l'existence d'une force supérieure, que ce soit Dieu, la science, les esprits, les superpouvoirs, l'évolution ou les miracles. C'est primordial, et comprendre ce chapitre t'aidera à mettre en pratique d'autres leçons de ce livre.

Tu sais déjà qu'être une mégaboss implique de gravir une échelle, voire plusieurs. Cependant, une fois arrivée en haut, il est important de se rendre compte que ce n'est pas *vraiment* le haut. Il y a toujours quelque chose de plus grand que toi qui peut causer ta chute, à tout moment. Si tu es croyante, ça pourrait être Dieu, qui te punit pour tes péchés. Si ton truc, c'est la science, dis-toi que tu pourrais t'évaporer. Si tu crois aux esprits, que tu pourrais être possédée. Si c'est le destin, que tu pourrais être frappée par la foudre. Garder en tête qu'il y aura toujours une mégaboss à l'échelon du dessus est une bonne façon de garder les pieds sur terre, peu importe le niveau où tu te trouves. C'est particulièrement important si tu es à un moment de ta vie où les gens commencent à se comporter différemment avec toi à cause de ton succès. C'est facile, de se laisser monter la tête. Tu peux commencer à te sentir invincible, mais croire en quelque chose de supérieur t'aidera à garder le contact avec la réalité.

Tu peux travailler dur et passer autant de nuits blanches qu'il est humainement possible d'en passer, mais sans cette force qui te dépasse, tu n'aurais pas tout ce que tu as. Comprendre cela, c'est aussi prendre conscience que tout peut nous être repris du jour au lendemain. Et ça, ça aide à apprécier ce qu'on a, tant qu'on l'a.

Une mégaboss ne peut maîtriser que ce qui est en son pouvoir. Savoir qu'il y a une force au-dessus de nous, en charge de ce qui est imprévisible ou échappe à notre compréhension (météo, catastrophes naturelles, maladies, miracles, etc.) nous rappelle a) de ne pas essayer de contrôler ce qui ne peut l'être et b) d'envisager l'imprévisible. La vie te réserve peut-être des coups durs, sois prête à les accepter et à y faire face.

Je crois en Dieu. Enfin, je crois aussi en la science et aux esprits (*Paranormal Activity* m'a convaincue), mais la puissance supérieure en laquelle je crois, c'est Dieu. Ma foi me donne de la force et m'aide à me sentir en sécurité, mais elle me sert également à remettre les choses en perspective. Je pense que tout ce que j'ai est le résultat de mon travail, de mon engagement et de ma persévérance, mais, avant tout, je crois que c'est grâce à Dieu. Quand mes prières sont arrivées sur son bureau, il a signé l'autorisation, et je lui en suis reconnaissante.

Faisons de la place pour cette force supérieure. C'est elle, la véritable star et la plus grande mégaboss de tous les temps.

« IL Y A TOUJOURS QUELQUE CHOSE **DE PLUS GRAND** QUE TOI QUI PEUT **CAUSER TA CHUTE,** À TOUT MOMENT.

CHAPITRE 45

NE PORTE PERSONNE

J'ADORE CETTE CÉLÈBRE PHOTO où l'on voit un groupe d'amis se porter les uns les autres sur le dos. Tous ces gens qui rigolent et font semblant d'être naturels alors qu'ils savent pertinemment qu'ils sont pris en photo. Pour quelle autre raison se porteraient-ils ainsi, sinon ? Personne ne se rend au centre commercial en disant : « Tu sais quoi, je vais m'accrocher à ta colonne vertébrale. Mais non, pas besoin d'appeler un Uber, je vais tout simplement m'enrouler autour de ton épine dorsale, et c'est parti ! » C'est n'importe quoi.

(Je le fais tout le temps.)

Porter un pote sur son dos, c'est cool sur les photos, mais pas dans la vraie vie. Il est important de savoir faire la différence entre soutenir quelqu'un et faire le travail à sa place. Soutenir, c'est encourager, donner des conseils, voire donner de l'élan, mais ça ne veut pas dire que la personne n'a pas besoin de bosser pour autant. Faire le travail à sa place, c'est lui donner les fruits de ton labeur sans qu'elle ait à retrousser ses manches. C'est comme donner une Ferrari à quelqu'un de fauché en s'attendant à ce qu'il paie l'assurance et l'entretien. J'ai un pote qui a éraflé une Ferrari, une fois. Depuis, il dort sur mon canapé.

On me demande souvent des coups de main. Après mon passage dans *The Tonight Show Starring Jimmy Fallon*, ma boîte Facebook a été assaillie de demandes en tout genre. La même chose s'est produite quand j'ai publié une photo avec Drake. Si j'étais élue gardienne de la galaxie, le seul truc qui ferait plus de bruit que la fête que j'organiserais, ce seraient les notifications de ma boîte Facebook. Les messages commencent tous de la même façon : « Salut ! Tu te souviens de moi ? » Oui, je me souviens de toi. Et je sais aussi très bien pourquoi, soudainement, toi, tu te souviens de moi.

Remarque : quand tu atteins un certain succès, beaucoup de vieilles connaissances se persuadent qu'elles t'ont toujours soutenue. C'est peut-être vrai, mais elles ne te l'ont jamais dit ou montré. Elles n'ont jamais rien fait pour t'aider non plus. Pourtant, maintenant que la réussite te sourit, elles ont l'impression d'y être pour quelque chose et d'avoir le droit d'en profiter.

Après « Tu te souviens de moi ? » arrive « Je me demandais si… tu pouvais partager ma vidéo… faire un don à mon asso… faire un peu de pub pour ma sœur… venir à cette soirée, gratuitement, et avec un chèque pour faire un don à mon asso… Ah, pardon, je te l'avais déjà demandé ? ». La dernière chose à faire, c'est s'énerver. Bien sûr que c'est pénible quand on te demande des services, surtout quand ça vient de personnes à qui tu n'as pas parlé depuis dix ans. Mais c'est comme ça. Ces gens ne se rendent probablement pas compte que j'ai reçu dix autres messages du même type en même temps que le leur. Alors, au lieu de m'agacer, je décide de m'en tenir à ma ligne de conduite : je ne porte personne sur mes épaules. Je le leur dis clairement parce que, pour moi, il faut travailler dur pour atteindre ses objectifs, comme je l'ai fait. D'ailleurs, ça n'aurait pas beaucoup de sens d'aider quelqu'un de cette façon : il n'irait pas bien loin. Laisse-moi m'expliquer.

Je n'ai aucun problème à soutenir les gens qui travaillent dur et qui ont de l'ambition, parce que je sais qu'ils iront loin grâce à ça. Ça me rend même très heureuse d'aider ceux qui, selon moi, le méritent. Du moment que mes efforts ne sont pas gâchés, aucun souci. Si tu crées des vidéos hebdomadaires de qualité et que tu n'obtiens pas de vues, il est possible que je les partage. Si tu as écrit trois bons livres et que tu veux vraiment que le quatrième devienne un best-seller, ça ne me dérangera probablement pas d'en parler. Si tu me demandes des conseils, que je t'explique comment améliorer ta chaîne, et que le lendemain tu appliques toutes ces méthodes, je continuerai à t'aider. En revanche, si une semaine après je vais sur ta chaîne et je vois que rien n'a changé, ça ne va pas m'encourager à te donner de nouveaux conseils. De la même façon, je ne vais pas partager ta chaîne si tu n'as fait aucune vidéo « hebdomadaire » depuis deux mois. Pourquoi ? Ça ne t'avancerait à rien. Ta dernière vidéo aura peut-être plein de vues, et puis quoi ? Si tu ne fais pas l'effort de créer du contenu, mon soutien ne sera qu'un pic dans un encéphalogramme plat.

Le vrai succès se bâtit sur des fondations solides. Si quelqu'un t'utilisait en tant qu'escalator vers la réussite, il sauterait cette étape fondamentale (voir le chapitre « Prends les escaliers »). C'est parfois vraiment très difficile de dire « non » aux gens, surtout si tu te sens obligée de les aider. Mes amis et ma famille savent qu'ils peuvent compter sur moi pour les soutenir, mais que je ne les porterai jamais sur mon dos (sauf mes parents, qui m'ont portée toute ma vie – merci de m'avoir appris à marcher, etc.). Ça peut être blessant, mais c'est souvent nécessaire pour le développement de chacun.

“

PORTER UN POTE SUR SON DOS, C’EST COOL SUR LES PHOTOS, MAIS PAS DANS LA VRAIE VIE. IL EST IMPORTANT DE SAVOIR FAIRE LA DIFFÉRENCE ENTRE SOUTENIR QUELQU’UN ET FAIRE LE TRAVAIL À SA PLACE.

”

En tant que mégaboss, tu ne peux porter qu'un poids limité sur l'échelle que tu gravis. La dernière chose que je te souhaite, c'est d'avoir quelqu'un qui s'accroche à toi et te ralentisse. J'ai déjà du mal à monter les escaliers après avoir mangé une assiette de pâtes, alors je ne vois pas comment je pourrais gravir les échelons avec quelqu'un sur le dos.

Tout ce que tu vas croiser sur la route de Mégabossville est essentiel à ton succès. Chaque nuit blanche, chaque investissement financier, chaque étape franchie te façonne en tant qu'individu. De la même manière, une apprentie mégaboss doit affronter les mêmes obstacles, leçons et virages en épingle à cheveux. Une mégaboss doit respecter le travail bien fait et s'assurer que cette qualité ne devienne pas une espèce en voie de disparition. Si tous ceux qui bossaient dur filaient des coups de main aux glandeurs, le travail lui-même finirait par perdre de sa valeur. Soutiens ceux qui bossent dur. C'est une question de survie.

Reconnais les vrais

Liste trois personnes qui, selon toi, devraient être soutenues pour leur application et leur détermination dans le travail.

1. ______________________________

____

2. ______________________________

____

3. ______________________________

____

Maintenant, réfléchis à des façons spécifiques de les aider.

TIMBRES
MIKASA

CHAPITRE 46

DES VALEURS, PAS DES HOBBIES !

NOUS SOMMES DES MILLIARDS sur Terre. Certaines personnes seront sympas et te tiendront la porte. D'autres prendront ta place de parking et rayeront ta voiture. D'autres encore emprunteront le chargeur de ton téléphone et promettront de te le rendre tout en le glissant dans leur sac à dos. Il y en aura même qui te balanceront des horreurs un jour de pluie, alors que tu seras en retard pour le boulot, que tu porteras des habits trop courts et que tu avaleras un café au lait alors que tu es intolérante au lactose. Chaque fois, tes valeurs seront mises à l'épreuve. Par conséquent, assure-toi qu'elles sont bien ancrées si tu ne veux pas qu'elles s'envolent. Si tu ne les respectes que lorsque tout va bien, ce ne sont pas des valeurs, ce sont des hobbies.

Une mégaboss sait qu'elle doit tenir bon, même dans les situations les plus éprouvantes. Si quelqu'un te lance une insulte raciste, est-ce que tu t'abaisses à son niveau ? « C'est lui qui a commencé. » D'accord, mais est-ce une raison ? Ce comportement est-il en accord avec tes valeurs ? C'est facile, de t'asseoir sur tes principes quand quelqu'un te provoque, mais tu ne devrais pas faiblir face à l'adversité. Ça nous arrive à tous. On se met en colère et on dit des choses qu'on ne pense pas, puis on se persuade que nos actes étaient justifiés.

Le harcèlement en est l'exemple le plus universel. J'aimerais croire que l'être humain de base s'y oppose. Nous avons toutes été victimes ou bourreaux à un moment ou à un autre, mais la plupart d'entre nous seront d'accord pour dire que c'est mal. On participe à des événements contre le harcèlement, on utilise des hashtags sur Twitter et on soutient des programmes scolaires qui aident les enfants à prendre la mesure du phénomène. Quand on regarde des films sur le sujet, on compatit à la souffrance les victimes, parfois on verse même une petite larme. Pendant les journées de sensibilisation, on porte des vêtements d'une certaine couleur pour montrer qu'on est solidaire. Puis, après s'être intensément investi, on rentre chez soi, on va sur Facebook et on partage une vidéo d'une Kardashian mal habillée ou qui se casse la figure, parce qu'on trouve ça super drôle.

Si c'est ton cas, sur ton CV, dans la rubrique « loisirs », tu devrais inscrire « harcèlement ».

C'est la même chose, que la victime soit millionnaire ou non. Il n'y a pas de raison de croire qu'on a plus le droit de se moquer d'une célébrité que d'une personne lambda. J'entends souvent les gens se justifier ainsi :

- **Elles n'ont pas de problèmes, elles sont riches.**
- **Elles ne le sauront jamais.**
- **Elles sont horribles et elles le méritent bien.**

Voyons pourquoi aucune de ces justifications ne tient la route.

Elles n'ont pas de problèmes, elles sont riches. Même s'ils sont différents des tiens, les gens riches ont quand même des soucis. Mais supposons qu'une célébrité n'en ait pas (je répète, c'est quasiment impossible). Est-ce que ça te donne le droit de la harceler ? Est-ce que tu penses que le harcèlement n'est condamnable que dans certaines situations ? Est-ce que, quand les gens n'ont en apparence aucun problème, se montrer cruel envers eux est justifié ? Ton système de valeurs ne devrait pas changer selon les circonstances.

Elles ne le sauront jamais. Si tu respectes tes valeurs en public, mais que tu les mets au placard à la première occasion, ce sont plutôt des objets d'exposition. Si tu penses réellement que le harcèlement, c'est mal, peu importe que tu sois dans une pièce bondée ou sur une île déserte comme Tom Hanks dans *Seul au monde*. Ton comportement devrait rester le même.

De plus, figure-toi que plein de célébrités voient ce qu'on publie sur les réseaux sociaux. Et même si ce n'était pas le cas, tous ceux qui ont accès à ton mur Facebook voient ce que tu publies. En faisant circuler des propos malveillants, tu perpétues l'idée que ce n'est pas grave de harceler les autres.

Elles sont horribles et elles le méritent bien. Il y a de fortes chances pour que tu ne connaisses pas les célébrités en question et que tu bases ton jugement sur ce que tu vois dans les médias. Peut-être qu'elles font ou disent des choses avec lesquelles tu n'es pas d'accord, mais est-ce que ça justifie de faire passer tes valeurs à la trappe ? Conclusion : peu importe ce que tu penses de la personne, harceler quelqu'un, c'est mal.

En vérité, peu de gens vont s'offusquer si tu te moques d'une Kardashian, moins que si tu harcèles une collègue au travail, mais peu importe. Même si les autres ne t'en tiennent pas rigueur, tu devrais

prendre tes responsabilités. Tu es une mégaboss, et des valeurs faiblardes ne sont pas des ingrédients de ta recette du succès. Lorsque le monde met tes valeurs à l'épreuve, tu dois sortir ton bouclier pour les protéger.

Voici deux façons de muscler tes valeurs.

1 UN MANIFESTE PERSONNEL

Quand j'ai du mal à rester fidèle à mes valeurs, je le sens à l'intérieur de moi. Je sais que je fais des choses qui ne me correspondent pas, et je me sens sale. Ça arrive de temps à autre, et ce n'est pas grave, du moment qu'on fait l'effort de corriger son comportement. Et, comme chaque fois qu'on est perdu, la seule façon de s'en sortir, c'est d'établir des lignes de conduite claires.

Il y a des années, j'ai créé un manifeste qui mettait en avant toutes les valeurs que je voulais incarner. J'ai écrit une liste de phrases, de règles et d'exemples à suivre. Elle comportait des concepts que je venais tout juste de commencer à comprendre, ainsi que des idées plus simples qui relevaient pour moi du bon sens. Cette liste s'allongeait à mesure que je découvrais de nouvelles choses. C'était comme une liste personnelle de ce que devait être, selon moi, un bon être humain. Exemples :

- **Si quelqu'un parle en mal d'un autre, ne t'en mêle pas.**
- **Arrête d'interrompre les gens et laisse-les s'exprimer.**
- **Tes parents ont été patients avec toi quand tu étais petite, à toi d'être patiente avec eux maintenant qu'ils sont âgés.**

Cette liste, j'y suis revenue de temps en temps, et elle m'a toujours été utile, surtout durant des périodes où je croyais m'être perdue. Je relisais ces notes et je me souvenais de la personne que je voulais être. C'était du travail en plus, mais tu dois commencer à comprendre qu'être une mégaboss n'est pas facile. Si tu veux devenir avocate, tu vas à la fac de droit. Si tu veux être chanteuse, tu prends des cours de chant. Si tu veux être une bonne personne avec de solides valeurs, c'est pareil, tu y travailles. On n'a rien sans rien.

2 RÉCITE

Je suis persuadée que, dans le monde, toute personne ayant été au collège sait deux choses : 1) si tu ne lèves pas la main, tu as plus de chances de te faire interroger ; 2) dans un triangle rectangle, le carré de la longueur de l'hypoténuse est égal à la somme des carrés des longueurs des côtés de l'angle droit. J'ai pratiquement oublié tout le reste (je crois me souvenir

d'un type qui s'appelait Freud, à moins que ce ne soit Fred ?), sauf le théorème de Pythagore. Pourquoi ? Parce qu'on me l'a implanté dans le cerveau à force de répétition. Dans tous les livres, peu importe le niveau, la forme était la même. Je l'ai lu au tableau, recopié dans des contrôles et récité lors d'exposés. Traitons nos valeurs comme on traite le théorème de Pythagore : faisons en sorte de ne jamais les oublier. Comment ? En les apprenant par cœur.

Maintenant que tu as rédigé ton manifeste, lis-le une fois par semaine. Récite-toi ces valeurs dans la journée. Gribouille-les dans ton classeur. Quand tu es contrariée, prends un moment pour les visualiser. Souviens-toi de la personne que tu veux être. Quand j'ai besoin d'un rappel, je m'assois seule dans un coin, j'allume une bougie, je ferme les yeux et je dresse la liste de mes valeurs. Si je veux qu'elles dictent ma conduite, il est important que je les connaisse bien.

En définitive, avoir des principes solides n'est pas une obligation. Plein de gens n'en ont pas, et leurs croyances évoluent plus souvent qu'un Pokémon. Mais toi, tu es une mégaboss, et quand tu crois en quelque chose, peu importe qu'il vente ou qu'il neige, tu agis en accord avec tes principes. Ça fait de toi une personne de confiance, mais ça t'aide aussi à exercer ton self-control.

Tu te souviens de tous ces problèmes inutiles que tu devais résoudre en cours de maths ? Eh bien, figure-toi que, contrairement à eux, établir une liste de tes valeurs sert à quelque chose. Tu n'essaies pas de trouver *x* ou *y*, tu cherches simplement la solution pour donner du sens à ta vie.

Que tes principes soient égaux à la somme des carrés des longueurs des côtés de l'angle droit. Tu vois, en dehors de la salle de classe, ça ne sert pas à grand-chose...

Commence ton manifeste

Écris trois valeurs qui te sont chères et qui définissent le type de personne que tu souhaites devenir.

1. ______________________________

2. ______________________________

3. ______________________________

adidas

CHAPITRE 47

SOIS SYMPA

« TRAVAILLER DUR ET ÊTRE SYMPA » : voilà ce que je réponds quand on me demande les clés du succès. Le plus souvent, en entendant « travailler dur », les gens hochent ostensiblement la tête parce que ça leur semble logique. Mais dès qu'ils entendent « être sympa », ils buguent. « Est-ce que c'est vraiment nécessaire, pour réussir ? Qu'est-ce que ça change, au final ? Après tout, on ne vit pas dans le monde des Bisounours, la réalité n'est pas rose. Ceux qui réussissent sont ceux qui ont du talent et qui travaillent dur. »

Tout d'abord, les Bisounours jouent un rôle important dans le monde, alors fais attention à ce que tu dis. Ensuite, laisse-moi te donner trois raisons pour lesquelles il est essentiel d'être sympa si tu veux réussir.

> « ÊTRE DÉSAGRÉABLE, C'EST COMME S'EMPOISONNER AVEC DE MAUVAISES ONDES.

1 JE PEUX T'ASSURER que derrière chaque personne talentueuse, il y a une équipe qui l'accompagne et avec laquelle elle communique quotidiennement. Le travail collectif est un ingrédient essentiel de la recette du succès. Chaque membre de l'équipe a conscience d'œuvrer pour quelque chose de plus grand que lui. En d'autres termes, chacun sait que le total est supérieur à la somme de ses parties. Tu te dis peut-être : « Je travaille seule, ce conseil ne s'applique donc pas à moi. » Or, je te rappelle que tu appartiens à l'espèce humaine, la plus grande équipe au monde. Agir comme un super membre de la *team* Humanité fera de toi un « encore plus super » membre de la *team* Toi. C'est un peu comme si, en contribuant par ta gentillesse à la *team* Humanité, tu t'entraînais pour toutes les autres équipes de ta vie. Par ailleurs, petit détail, si la majorité des gens sur Terre étaient d'horribles personnes et qu'on finissait par tous s'entre-tuer, tu ne pourrais pas réussir parce que tu serais morte. Eh oui.

2 **LES GENS QUI RÉUSSISSENT** connaissent l'importance de la pensée positive. Ils savent rester optimistes même lorsqu'on rejette leurs idées, que les choses tournent mal ou qu'ils font des erreurs. Tu as déjà rencontré quelqu'un d'à la fois désagréable et positif ? Moi non : les personnes aigries transpirent la négativité. En étant sympa, tu prends le contrôle des énergies qui gravitent autour de toi. Tu crées un environnement favorable qui t'aidera à réussir (et à être heureuse). Être désagréable, c'est comme s'empoisonner avec de mauvaises ondes.

3 **DANS LA PLUPART DES CAS,** les opportunités viendront des autres. C'est une personne qui va te faire passer un entretien, t'embaucher, te donner ta chance, te parrainer, te donner une deuxième chance, t'apporter son aide, t'apprendre des trucs et t'aider à te construire. Derrière chacune de ces actions, il y a un être humain, mieux vaut donc être sympa avec tous ceux que tu côtoies. On traite parfois mieux nos machines (demande à ton iPhone !) que certaines personnes qui partagent notre vie, et, pourtant, difficile d'imaginer que R2-D2 roule un jour vers quelqu'un pour lui proposer un job… Donc si la gentillesse ne te vient pas naturellement, ou si tu te fiches de l'humanité tout entière, souviens-toi que même la plus égoïste des bosseuses se doit d'être sympa, si elle ne veut pas passer à côté d'opportunités. Les gens choisiront rarement de travailler avec quelqu'un de désagréable.

Il ne faut pas sous-estimer le pouvoir de la gentillesse. Elle m'a souvent ouvert des portes et permis de faire des rencontres. Il y a quelques mois, j'étais invitée à une soirée organisée par YouTube. Scooter Braun, le manager de Justin Bieber, se trouvait à 2 mètres de moi. Je ne le connaissais pas personnellement, mais j'admirais son éthique de travail. J'avais très envie de lui parler, mais j'étais nerveuse et je ne savais pas par où commencer. Évoquer la soirée ? Justin ? Lancer un débat sur le port de sandales avec des chaussettes ? Faire semblant de le confondre avec quelqu'un d'autre et l'appeler Nick ? J'étais en plein délire. J'ai pris une minute pour réfléchir, et c'est là que j'ai réalisé que le plus simple était encore de lui dire la vérité. Je me suis dirigée vers lui : « Salut, je voulais juste te dire que je t'admire beaucoup et que j'adore ta façon de bosser… »

Il se trouve que Scooter passait une sale journée et que mes compliments sont arrivés pile au bon moment. Il a semblé vraiment apprécier que je l'aborde juste pour lui dire quelque chose de sympa. Le lendemain, il a posté une photo de notre rencontre sur Instagram avec le texte suivant :

« De temps à autre, une inconnue vient te voir et te dit quelque chose qui illumine ta journée. Merci @iisuperwomanii, tu es géniale. C'était un plaisir de te rencontrer :) »

Redis-moi qu'être sympa ne sert à rien... Désormais, il lui arrive de partager certaines de mes vidéos, et ça me fait chaud au cœur de savoir que ce soutien est né d'un geste aussi simple.

Être sympa, c'est être polie, sourire et laisser la dernière part de gâteau à ton pote, mais si tu veux te comporter comme une mégaboss de la gentillesse, tu dois être plus proactive et trouver des manières de marquer durablement les gens par tes actions. Tu devrais considérer la gentillesse comme une tâche récurrente sur ta *to-do list* et lui donner la même importance qu'au reste.

J'aime penser que j'ai la réputation d'être sympa au travail. Pendant le shooting de la campagne YouTube, j'ai vraiment fait de mon mieux pour être le plus cool possible avec toute l'équipe. Ce qui signifiait être patiente, polie, parler à tout le monde, sourire tout le temps, avoir une attitude positive et ne pas faire de caprices. Selon moi, ce sont des comportements que tout le monde devrait adopter dans ce genre de situation. Mais une mégaboss ne s'arrête pas là. Après la séance, j'ai demandé à l'un de mes contacts chez YouTube de créer une liste de diffusion comprenant tous ceux qui avaient participé au projet. Je leur ai envoyé un message groupé pour les

remercier de leur travail et leur dire que j'avais vraiment conscience des efforts qu'ils avaient faits et de leur implication. J'ai reçu des tonnes de réponses reconnaissantes. Quelques semaines plus tard, je suis tombée sur l'un des managers, qui m'a dit que personne avant moi ne leur avait envoyé d'e-mail de ce genre et que ça avait vraiment plu à l'équipe. #mégaboss.

Avant un spectacle, je me répète toujours la même chose : « Les gens oublieront ce que tu as dit ou fait, mais ils se souviendront toujours de ce que tu leur as fait ressentir. » Chaque fois que je monte sur les planches, j'essaie d'avoir un impact positif sur toutes les personnes du public. Ce principe peut aussi s'appliquer en dehors de la scène. Chaque fois que tu fais preuve de gentillesse, les autres le ressentent, et ils t'associent à ce ressenti. Ce lien est essentiel si tu veux réussir. C'est avec quelqu'un comme ça que les gens voudront travailler. Pourquoi s'entoureraient-ils de gens qui leur déplaisent ? Tout le monde n'est pas Meg Griffin. Réfléchis-y : les gens que tu soutiens en général sont certainement ceux qui te font voir la vie en rose et te sentir bien.

Un peu comme les Bisounours...

Un petit effort

Liste cinq trucs gentils que tu trouves faciles à faire.

1. ______________________________

2. ______________________________

3. ______________________________

4. ______________________________

5. ______________________________

CHAPITRE 48

METS EN AVANT CE QUE TU AIMES

TU SERRES TRÈS FORT la batte entre tes mains. Tu relâches tes épaules et t'apprêtes à frapper un grand coup. Devant toi, il y a une piñata remplie de tout ce que tu détestes : des commentaires malveillants, des sujets tendance tous plus bêtes les uns que les autres, et la cruauté envers les animaux. La piñata est en forme de vache, ce qui t'énerve encore plus. Tu respires un grand coup, prends de l'élan et frappes de toutes tes forces, la faisant exploser en mille morceaux. Le contenu se répand sur le sol et, dans un accès de rage, tu le piétines pour le réduire en miettes. Tu en viens à défoncer le carrelage en dessous. Tes voisins commencent à se plaindre. Tu finis par relever la tête pour admirer ton œuvre. Tu te sens bien...

... jusqu'au lendemain matin, où tu te réveilles dans un monde rempli de commentaires malveillants et d'actes de cruauté envers les animaux. Sans parler du fait que la tendance numéro 1 sur Twitter, c'est « Remplacez les derniers mots de titres de films célèbres par "trou de balle" ». Comment est-ce possible ? Tout simplement parce que passer ses nerfs sur ce qui nous déplaît ne le fait pas disparaître pour autant. Ça ne nous soulage que pour un temps. Si tu veux résoudre un problème, inutile de te répandre en critiques. À la place, pense à toutes les merveilleuses solutions qui existent. En d'autres termes, valorise ce que tu aimes, au lieu de dénigrer ce que tu détestes.

> « PROMOUVOIR CE QUE TU **AIMES** TE PERMET AINSI DE LE **RÉPANDRE** DANS LE **MONDE.**

C'est une leçon que j'ai apprise quand j'ai commencé à donner régulièrement des interviews. Avant mon passage dans *The Tonight Show Starring Jimmy Fallon*, j'ai suivi une formation en relations médias. J'y ai notamment appris que les journalistes recherchent toujours du croustillant. Le plus souvent,

ils vont chercher à déterrer quelque chose de négatif ou de sensationnel dans la vie d'une personne et déformer légèrement ses propos. C'est triste, mais c'est malheureusement ce qui marche dans le monde actuel. J'ai dû apprendre à répondre aux questions sensibles, et mon expérience m'a permis de formuler ce mantra : « Mets en avant ce que tu aimes au lieu de démolir ce que tu détestes. »

Voici un exemple concret :

QUESTION :

Que penses-tu de la guéguerre entre Taylor Swift et Katy Perry ?

RÉPONSE :

Je pense qu'elles sont toutes les deux des femmes fortes et influentes qui sont de vraies sources d'inspiration pour les jeunes filles, et j'ai beaucoup de respect pour ça. Pour moi, le super travail qu'elles font est plus important que tout le reste.

Au lieu de parler des raisons pour lesquelles cette question me hérisse, je souligne tout ce que j'aime chez Taylor et Katy. Je souhaite voir davantage de femmes fortes et influentes dans le monde, donc je mets en avant cette partie de l'histoire plutôt que de lister tout ce qui m'exaspère dans l'attitude des médias.

Imagine que ce que tu fais dans la vraie vie fonctionne de la même façon que les recommandations de YouTube. Plus tu aimes et regardes des vidéos de chats, plus YouTube t'en propose. Dans la vie, c'est pareil : renforcer les attitudes positives crée un cercle vertueux. De la même façon, si tu regardes des tonnes de vidéos gore, tu en verras de plus en plus apparaître sur ta page d'accueil. Si, sur Facebook, tu vois qu'un ami (c'est-à-dire quelqu'un avec qui tu es allée à l'école il y a dix ans, mais dont tu te souviens à peine) a écrit quelque chose qui te semble inapproprié, lui répondre l'encouragera certainement à te renvoyer la balle, créant ainsi un débat sur un sujet qui te déplaisait au départ. En revanche, si tu ignores ce commentaire et que, à la place, tu likes le super statut de ta sœur, tu continueras de voir ses messages à elle sur ton fil d'actualités. En plus, promouvoir ce que tu aimes te permet ainsi de le répandre dans le monde.

Certes, il y a plusieurs exceptions à cette règle. Comment peux-tu ne rien dire quand on dit ou fait du mal à quelqu'un que tu aimes ? On a tous des sujets qui nous tiennent à cœur et, quand ils tombent sous le feu des critiques, on se fait un devoir de les défendre. C'est absolument normal parce que

(oh, surprise !) nous sommes tous humains. Il faut parfois s'élever contre ce qui se heurte à nos valeurs. Mais il est important de faire la différence entre aller au clash, et argumenter pour faire évoluer les mentalités. Ça ne sert à rien de se contenter de dénigrer quelque chose, il faut aussi tenter de l'améliorer.

Un truc qui me met hors de moi, c'est le sexisme. Je reçois des commentaires machistes à longueur de journée, et j'ai pris l'habitude de les ignorer. À la place, je me concentre sur ceux des gens qui me soutiennent. Pourtant, après avoir mis en ligne ma vidéo *Why I am NOT in a relationship* (« Pourquoi je ne suis PAS en couple »), j'ai reçu une salve de critiques parce que les gens ne pouvaient pas accepter qu'une femme déclare qu'elle n'avait pas besoin d'un mec dans sa vie. La majorité provenait d'hommes qui pensaient que quelque chose ne tournait pas rond chez moi. Bon, j'ai plein de vidéos sur la drague, les coups de foudre, les petits amis et les trucs mièvres, et elles sont toutes populaires. C'est ça qui m'a agacée. La seule fois où je déclare être absolument heureuse sans mec, on me dit que je dépasse les bornes. J'ai fini par aller à l'encontre de mes principes en répondant aux commentaires sous ma vidéo, pour souligner à quel point ils étaient rétrogrades. Des réponses cinglantes peuvent-elles annihiler le sexisme ? La réponse est non, même si elles étaient géniales, pleines d'esprit ET grammaticalement correctes (une rareté sur Internet !). J'ai également pris soin de mettre en avant les messages qui soutenaient les femmes fortes et indépendantes. J'ai fait référence à ma campagne sociale #GirlLove, dont le but est de valoriser les femmes. En plus de ça, j'ai écrit un article à rallonge sur ma page Facebook pour encourager les gens à réfléchir davantage avant de céder à une idée sexiste. Quitte à me laisser emporter par ma passion, autant mettre en avant ce que j'aime par la même occasion.

> « QUITTE À ME LAISSER EMPORTER PAR MA **PASSION,** AUTANT METTRE EN AVANT CE QUE **J'AIME** PAR LA MÊME **OCCASION.**

Il faut savoir choisir ses combats et lutter avec les bonnes armes. Si tu milites pour les droits des animaux et que tu penses que tout le monde devrait être vegan, n'écris pas de commentaires culpabilisants sous une photo de McChicken sur Instagram. À la place, publie un article pédagogue sur ton profil pour informer les gens des différents choix qui existent.

Si tu penses qu'on devrait aider davantage les villages reculés d'Inde, ne critique pas ton pote qui s'est acheté une nouvelle Mercedes. Montre-lui comment tu aides les gens dans le besoin et encourage-le à faire pareil. Quand tu peux mettre en avant ce que tu aimes, profites-en, au lieu de démolir le reste. Si ton esprit militant est plus fort que tout et que tu ressens le besoin de critiquer, garde en tête que les propos méchants ou blessants, même accompagnés de trente points d'exclamation, ne résoudront pas le problème. Si tu dois t'exprimer sur un sujet qui te déplaît, fais en sorte que tes arguments orientent les autres vers la voie que tu défends. On ne peut pas contrôler tout ce qui nous horripile sur Terre, mais on peut toujours injecter davantage de ses idéaux dans l'atmosphère.

Cela étant dit, j'aimerais exprimer ma reconnaissance envers les hommes et les femmes qui ont acheté ce livre sans frissonner à l'idée de recevoir des conseils d'une « femme originaire d'Asie du Sud-Est ». Merci de considérer mon intelligence avant mon sexe ou la couleur de ma peau. Même si, admettons-le, les deux sont plutôt cool.

Pardon, j'oubliais : aucune piñata n'a été maltraitée pendant l'écriture de ce chapitre.

Prêche

Pense à une chose qui te passionne et que tu voudrais mettre en avant. Trouve trois façons de le faire sans démolir personne.

1. ______________________________

____

2. ______________________________

____

3. ______________________________

____

UNE VUE
D'ENSEMBLE

CHAPITRE 49

DE LA GRATITUDE

IL NOUS ARRIVE PARFOIS

à toutes d'être énervées parce que notre vie n'est pas parfaite ou que quelque chose n'est pas à la hauteur de nos attentes.

Peut-être qu'il ne reste plus de places pour le concert de ton groupe préféré, que tu as foiré ton contrôle de maths ou qu'il a plu le jour de ton barbecue. Peut-être que tu as vu une femme à la peau mate sur la couverture de ce livre, que tu l'as acheté en pensant que c'était Mindy Kaling, et que tu es à présent profondément déçue. Ta vie est POURRIE (non).

En vrai, elle est géniale, ta vie. Une mégaboss en a non seulement conscience, mais elle sait aussi combien il est important de se montrer reconnaissante.

Là, tu te dis : « Écoute, usurpatrice de Mindy. Tu ne sais rien de ma vie, alors comment peux-tu affirmer qu'elle est belle ? » Ce à quoi je te réponds : « Ta vie est un gigantesque album photo, et une mauvaise passe, ce n'est jamais qu'une image parmi toutes celles qui le composent. Et quand bien même il y en aurait deux ou trois, ça ne reflète pas tout l'album. »

Prenons un peu de recul. Si je dis que ta vie est chouette, c'est parce qu'en ce moment tu dois être à l'école ou chez toi, en train de lire ce livre que tu as acheté avec ton argent ou qu'on t'a offert. Tu portes des habits (si ce n'est pas le cas, *grrrrroar*...) et tu ne meurs probablement pas de faim. En m'avançant un peu, j'ajouterais que tu as probablement pris une douche aujourd'hui et que, ce soir, tu dormiras dans un lit. Ce n'est pas parce que tu t'es habituée à tous ces éléments qui forment ton quotidien qu'il faut les ignorer. Si tu dois évaluer ta vie, considère-la dans son ensemble et n'isole pas seulement les points négatifs.

Je sais, on est humains et, en tant que tels, on considère un peu vite les vêtements que l'on porte, l'eau qu'on boit et l'air qu'on respire comme dus. On oublie qu'il s'agit d'un privilège, et c'est pour moi notre plus grande faiblesse. Être une mégaboss, c'est aussi se montrer reconnaissante pour tout ce que l'on possède et apprendre à l'apprécier à sa juste valeur. Pour ça, il faut reprogrammer son cerveau. Voici quelques idées pour t'y aider :

1 **JE DRESSE À VOIX HAUTE LA LISTE** des choses que je néglige pour m'entraîner à être plus reconnaissante. Imaginons que je sois énervée parce que je suis coincée dans un bouchon. Je vais donc me dire : « Je suis au volant d'une voiture, dans une belle ville, par une chaude journée d'été. » Ainsi, je me rends compte que a) j'ai la chance d'avoir une voiture, b) je vis dans une belle ville et c) j'adore ce climat. Ensuite, je regarde autour de moi et je prends le temps d'absorber ces quelques mots. Pour en faire une habitude, essaie d'utiliser cette technique même quand tout va bien. Quand je sors avec des amis et qu'on s'éclate, je me dis : « Je passe un super moment avec mes copains, et on partage un délicieux dîner. » Quand on y prête attention, il y a tant de choses pour lesquelles on peut être reconnaissantes. Par exemple, à cet instant, tu peux dire : « Je suis dans un endroit sûr, en train de lire un super bouquin, avant de prendre mon déjeuner. » La chance !

2 Parfois, pour être reconnaissante, il faut **SE CONFRONTER À D'AUTRES RÉALITÉS QUE LA NÔTRE.** C'est triste à dire, mais on ne prend jamais vraiment conscience de la chance qu'on a tant qu'on ne voit pas comment les choses se passent ailleurs. Après tout, on ne peut pas se languir de ce qu'on a toujours eu. Il n'y a pas si longtemps, j'étais cette personne qui s'énervait dans l'avion parce qu'il n'y avait pas le wifi. La dernière fois que ça m'est arrivé, c'était sur un vol de quatorze heures et, au lieu de passer ce temps précieux à travailler, j'ai dû me contenter de somnoler dans un espace exigu et inconfortable. Avance rapide... Vingt-quatre heures plus tard : je suis au beau milieu du Kenya. Sur le chemin de notre campement, j'ai vu des enfants jouer devant leur hutte, portant des habits déchirés et des sandales usées. Quand notre voiture est passée devant eux, ils se sont rués vers la route, surexcités, et nous ont fait coucou en souriant. Voir de nouvelles têtes dans une voiture était le climax de leur journée. Après ça, j'ai su que je ne pourrais plus jamais me plaindre de ne pas avoir de wifi. Une fois de plus, je comprends, on a toutes des vies différentes et on s'habitue à un certain confort. Mais il est bon, de temps en temps, d'aller constater de nos propres yeux la chance qu'on a. Pour ça, tu peux voyager, regarder des documentaires, lire un livre ou simplement aller sur YouTube. Sois consciente de ton statut privilégié.

3 Que tu commences tout juste ta carrière, une histoire d'amour ou un nouveau chapitre de ta vie, **PRENDS LE TEMPS DE RÉFLÉCHIR** à ce que cette étape signifie pour toi. C'est triste, de travailler dur pour ne pas

vraiment apprécier le but une fois qu'on l'a atteint. Ne laisse pas ton cerveau te faire ça ! Écris-toi une lettre ou crée un journal vidéo pour te rappeler dans le futur à quel point tu étais motivée par cet objectif. Par exemple, si tu sors de la fac, que tu as du mal à trouver un travail et que tu t'inquiètes pour ta situation financière, partage-le dans une lettre et décris ce que tu ressens. Explique ce que trouver un bon emploi signifierait pour toi. Ensuite, quand tu l'auras décroché (je sais que tu vas y arriver, parce que tu vas travailler dur), relis-toi pour te rappeler le chemin que tu as parcouru.

Il n'y a pas très longtemps, alors que je discutais avec mon ami David, il a dit quelque chose qui m'a marquée. En fait, il a simplement répété ce qu'un prof lui avait dit : « Il y a plein de choses horribles dans le monde et, pour y faire face, on a deux choix : on peut faire comme si de rien n'était, et il serait certainement possible d'avoir une vie longue et heureuse comme ça, tout en ayant l'impression d'être une bonne personne ; sinon on peut reconnaître qu'on a gagné à la loterie des privilèges et s'en servir. »

La reconnaissance est un ingrédient important dans la recette du bonheur, qui est lui-même important pour devenir une mégaboss. Et (surprise !) pas besoin de faire préchauffer le four. Tu peux soit te concentrer sur la pièce déformée du puzzle que tu tiens dans ta main, soit prendre du recul et admirer le vaste ensemble formé par ta chance. C'est ce que tu as gagné à la loterie. Comment vas-tu t'en servir ?

Déjà, tu peux commencer par aller t'acheter le livre de Mindy. Il est vachement bien.

Exercice de gratitude

Liste cinq choses que tu considères comme acquises.

1. ______________________________

2. ______________________________

3. ______________________________

4. ______________________________

5. ______________________________

“

ÊTRE UNE MÉGABOSS, C'EST AUSSI SE MONTRER RECONNAISSANTE POUR TOUT CE QUE L'ON POSSÈDE ET APPRENDRE À L'APPRÉCIER À SA JUSTE VALEUR.

”

CHAPITRE 50

SOIS SYNCHRO

QUELLE EST L'ÉQUIPE

la plus importante de ta vie ? L'équipe de foot de ta ville natale, tes collègues qui restent à tes côtés lorsque tu dois travailler tard le soir au bureau, ou bien ta famille, qui te soutient contre vents et marées alors qu'elle sait à quel point tu es bizarre ? (Et quand je dis « bizarre », je ne veux pas dire bizarre-mignonne, je veux dire bizarre-bizarre.) Toutes ces équipes sont importantes, mais aucune ne l'est autant que celle qui est en nous. Cette équipe est responsable de notre bonheur, de notre conscience et de notre productivité.

MESDAMES ET MESSIEURS, laissez-moi vous présenter les membres de l'équipe qui jouent à domicile ! Tout d'abord, pesant à peu près 1,5 kilo et arborant de superbes méninges, voici L'ESPRIT !

Ensuite, pesant environ 3 kilos de plus qu'avant le déjeuner et seul joueur à avoir une chance de marquer des points dans une épreuve physique, voici LE CORPS !

Enfin, ne pesant concrètement rien du tout (même si on a parfois l'impression qu'elle est très lourde) et ayant le pouvoir de se mettre dans tous ses états, voici L'ÂME !

Attendons un peu que la foule se calme...

Conquérir son esprit, son corps et son âme et les entraîner à travailler de concert permet d'aligner ses pensées, ses actes et ses émotions. Non seulement cela peut nous amener à connaître un bonheur authentique, mais, en plus, ces conditions sont idéales pour la productivité. Après tout, quand une équipe unit ses efforts, elle peut accomplir de grandes choses. Mais il suffit qu'UN SEUL membre refuse de coopérer, et c'est tout le groupe qui souffre. Imagine que ton esprit, ton corps et ton âme travaillent ensemble pour votre TPE. Quand tout le monde s'y met, tu obtiens une super note. En revanche, dès que quelqu'un sort l'excuse « mon ordinateur a planté », c'est tout le projet qui en pâtit.

Si l'idée d'avoir une petite équipe à l'intérieur de toi te terrifie, commence par regarder *Vice versa*. Tu verras, c'est adorable. Sinon tu peux faire comme si tu étais une machine. (Depuis quand les robots sont-ils plus mignons que les petits bonshommes colorés ? Revois ton échelle de valeurs.)

Imaginons que tu conduises ta voiture. Tu tournes le volant à gauche, mais elle tourne à droite. Tu appuies sur le frein, mais elle accélère. Si les pièces ne s'accordent pas les unes avec les autres, tu n'iras nulle part. Les meilleurs résultats viennent des machineries bien huilées. C'est pourquoi il faut s'efforcer de transformer son esprit, son corps et son âme en un mécanisme qui te permette de donner le meilleur de toi-même.

Comment savoir si les membres de ton équipe sont synchronisés ? Eh bien, par exemple, ton statut Facebook reflète-t-il tes actions dans la vraie vie ? Ces actions traduisent-elles tes valeurs ? Fais-tu des choses qui te font constamment culpabiliser ? Est-ce que tu te dis souvent que tu vas faire quelque chose sans jamais arriver à t'y mettre ? Si oui, tes pensées, tes actions et tes émotions ne s'alignent pas bien et c'est que ton équipe n'est pas synchro : tu vas devoir procéder à quelques ajustements.

Quand on me demande si je sors avec quelqu'un, je réponds très honnêtement : « Non, parce que je suis une mauvaise copine. » Il y a de fortes chances pour que, au moment où tu lis ces lignes, rien n'ait changé puisqu'on n'a pas encore inventé d'hommes artificiels et que Chris Hemsworth ne sait pas (encore) que j'existe. J'ai découvert que j'étais une mauvaise copine quand j'ai réalisé, pendant ma dernière histoire d'amour, que mon équipe n'était pas synchro. Je sortais avec un garçon depuis environ deux ans (en gros, une éternité) et, en dehors de quelques incompatibilités, il était super. Je me disais : « Il remplit tous mes critères, et il compte vraiment pour moi. » Quand on me parlait de lui, je disais la même chose. Chaque fois qu'on se disputait parce que je ne lui consacrais pas assez d'attention ou de temps, je répondais : « C'est ridicule. BIEN SÛR QUE TU COMPTES POUR MOI. » J'avais l'IMPRESSION qu'il comptait, je le DISAIS, mais je n'AGISSAIS pas en conséquence. Je faisais passer plein de choses avant lui. Mon corps n'était pas synchro avec mon esprit et mon âme. Ma machine ne pouvait pas produire l'amour et l'engagement nécessaires à une histoire qui marche.

J'ai fini par rompre parce que je savais que quelque chose clochait. Au sein de mon équipe, si les avis étaient partagés au sujet de ma relation amoureuse, ils étaient en revanche unanimes lorsqu'il s'agissait de ma carrière. Tout le monde préférait que je passe une nuit blanche à faire des vidéos plutôt qu'à discuter avec mon copain. Et c'est vrai que, lorsque je leur disais que j'allais travailler, j'en avais envie, donc je le faisais. C'est quand j'ai compris que mon équipe était synchro pour ce qui était de faire avancer ma carrière que j'ai réalisé que je n'étais pas prête à faire passer une histoire

“

IMAGINE QUE TON ESPRIT, TON CORPS ET TON ÂME TRAVAILLENT ENSEMBLE POUR VOTRE TPE. QUAND TOUT LE MONDE S'Y MET, TU OBTIENS UNE SUPER NOTE.

”

d'amour avant tout le reste. En gros, mon esprit, mon corps et mon âme étaient comme une équipe de natation synchronisée médaillée d'or.

Ton équipe est là pour t'aider à prendre les décisions les plus difficiles de ta vie. Quand je postulais pour des masters, je me souviens avoir PENSÉ et AGI comme si c'était ce que je voulais, alors que mon âme me disait d'arrêter d'écrire ces lettres de motivation. Je ne le SENTAIS pas, et c'est ce qui m'a poussée à entreprendre ma carrière actuelle. Les membres de ton équipe vont te donner des indices sur ce dont tu as besoin, alors ne les ignore pas. En outre, ne t'avise jamais de croire que ton corps, ton âme et ton esprit ont tort juste parce que des gens ont une idée différente de ce que tu devrais faire. C'est ton équipe. Elle joue pour TOI.

La prochaine fois que tu fais un truc, prête attention à comment tu te sens après. Si tu culpabilises ou que tu as des regrets, il y a des chances pour que ton équipe ne soit pas synchro. Si les 140 caractères que tu tapes sur Twitter ne reflètent pas ta personnalité hors ligne, tu as du *team building* à faire. C'est beau de sentir que son corps, son esprit et son âme bossent ensemble dans un but commun. Quand tout est en harmonie, tu n'as pas à mentir. Tu peux être absolument toi-même. #équipederêve.

Écoute ton esprit. Fais travailler ton corps. Ressens avec ton âme. Sois synchro. Enfile ton bonnet de bain, ton pince-nez et ton maillot à paillettes.

Synchro

Pense à une grande décision que tu dois prendre et réponds aux questions suivantes.

Qu'est-ce que je pense devoir faire ? ______________________

____

Qu'est-ce que j'ai l'impression de devoir faire ? ______________

____

Qu'est-ce que je vais faire ? ____________________________

____

APRÈS LA PLUIE

2007 J'ai 19 ans et je me fais appeler Superwoman depuis plusieurs années, même si je ne suis pas sûre de vraiment le mériter. Je trouve ça cool, et ça me donne un sentiment d'invincibilité et de puissance, mais c'est peut-être bête de ma part.

J'écoute en boucle *Superwoman* d'Alicia Keys, et je suis complètement hypnotisée par le clip. On y voit des femmes fortes qui ont traversé des épreuves et qui respirent la confiance en elles. Elles méritent qu'on les appelle comme ça, personne ne peut dire le contraire. Je les regarde avec admiration en rêvant du jour où, moi aussi, je mériterai ce surnom. Je veux être forte, je veux me battre et défendre une cause, comme elles.

Les paroles m'inspirent, mais j'éprouve des sentiments mitigés. Au fond, j'ai peur que ces mots ne s'appliquent jamais à moi. Et si je n'étais pas destinée à accomplir de grandes choses ? Et si ma cape disparaissait et que le S sur ma poitrine n'était qu'un rêve d'ado ? Je ne sais pas dans quelle direction aller ni qui je veux devenir. Tout ce que je sais, c'est que je veux faire quelque chose de spécial et être reconnue pour ça.

Ce serait un rêve devenu réalité.